图书在版编目（CIP）数据

国变：错综复杂的庚子乱局 / 马勇著．--2版．--

北京：新星出版社，2020.4

（马勇讲史）

ISBN 978-7-5133-3697-0

Ⅰ.①国… Ⅱ.①马… Ⅲ.①八国联军-侵华-研究

Ⅳ.①K256.707

中国版本图书馆CIP数据核字（2019）第221197号

国变：错综复杂的庚子乱局

马勇 著

策　　划：彭明哲
责任编辑：李文彧
责任印制：李珊珊
装帧设计：冷暖儿

出版发行：新星出版社
出 版 人：马汝军
社　　址：北京市西城区车公庄大街丙3号楼　100044
网　　址：www.newstarpress.com
电　　话：010-88310888
传　　真：010-65270449
法律顾问：北京市岳成律师事务所

读者服务：010-88310811　service@newstarpress.com
邮购地址：北京市西城区车公庄大街丙3号楼　100044

印　　刷：北京天恒嘉业印刷有限公司
开　　本：660mm×970mm　1/16
印　　张：19
字　　数：243千字
版　　次：2020年4月第二版　2020年4月第一次印刷
书　　号：ISBN 978-7-5133-3697-0
定　　价：65.00元

新版序

日月如梭，光阴似箭，不想不惊诧。当我要写这一篇新序时，竟然发现再过两个月又见庚子。1900 年之“庚子国变”，竟然有两个甲子了。

两个甲子，中国历史发生了巨大变化。仅从政治形态而言，我们虽然不能说什么改朝换代，但从那至今，当年庚子国变的重要一方清王朝早已成为历史陈迹。即便接续清王朝的中华民国，不论是袁世凯的北洋系，还是蒋介石一系的国民党，也相继从政治主流生活中销声匿迹或退隐。如果从历史轨迹复盘，今日中国之主体，实为清王朝之后第三个历史阶段，庚子国变也就是前朝之前朝的历史。

然而，岁月的流逝并没有消解庚子国变在现实中的意义，反而充满了启示，这主要是因为庚子国变赖以发生的内外条件并没有根本变化，更不要说消失。引发庚子国变的民教冲突，列强与中国政府之间的不和谐，中国人对外部世界的认知、本能反应，中国资本主义力量的脆弱等，在在都有不少足以参照的相似乃至相同之处。因而在过去许多年，每当中外之间有大事发生，庚子国变、义和团、“拳匪”、老佛爷、李鸿章等，都会被拿出来重述一番。

作为历史专业研究者，多年来我对这一深刻影响近代中国历史进程的义和拳、义和团、八国联军、庚子国变、《辛丑条约》等，几乎始终保持着浓厚兴趣。在过往三十多年的研究生涯中，我最大限度地阅读过这些题目的相关史料，也不止一次就这些题目做过一些探究，渐渐形成一点粗浅思考，并诉诸于文字，或作为专题论文发表，或作为一些大型项目中的一章、一节，或一部分。我的看法，就其总体而言，与几十年来最流行的表达有同有异，这本《国变》大体系统记录了我的一些粗浅看法。

我认为，1900 年发生的义和团排外运动，并不是空穴来风的乌合之众的聚集，而是先前几十年持续积累而又得不到解决的民族情绪的总爆发，是中国工业化运动开启以来的一次最重要的“反向运动”。从运动参与者的实际情况看，毫无疑问，那些底层民众不论是与外国资本及其代言人、代理人的反抗、斗争，还是针对清政府及其各级政府的斗争，都具有正当性、合理性。

尽管 1860 年开始的工业化运动为中国打造了一个工业发展的基础，但由于先天畸形，中国为此付出了巨大代价。那场工业化运动又称为“洋务运动”，或“自强新政”，主要用力点就是魏源那代人概括的坚船利炮、声光电化。由于人为耽搁了整整一百年，与西方原发的工业革命相比，洋务新政无法顾及社会的、政治的、文化的、教育的，特别是社会公平与正义方面的调整、变革，为后来的发展预留或者说埋下了无数陷阱。

比如对外国人的态度，中国从来并不以排外著称，包容、互容、互鉴、共享，是中国文明发展的主旋律。中国文明之所以能从黄河中下游一个很小的区域滚雪球般越来越大，主要就是能宽容地接纳域外文明，重构边界。但是，洋务新政却不然，严分彼此，强调东西界线，而忽略了工业化原本就来自西方。真正的工业化一定是西方化。就像那时的海关税务、海军诸洋务一样，几乎完全用西语，完全西方化，才能建构起合乎实际需要的海关、海军。

在实际工业化运动中清政府的许多做法并未错，然而他们并没有将此转化为整个体制的理性行为。他们没有向人民解释清楚工业化就是西方化，工业化就是要引领中国步入世界，并让世界进入中国。他们不能强调壁垒森严的中西隔绝，更不能利用民粹，煽动人民排外，而是应该像 1901 年之后那样，用各种方式引导人民与世界一致。只有一致，才能与世界对话，也才能让世界理解中国，认识中国。

按照马克思的说法，工业化本身就具有世界化、全球化的意味，只是近代中国历史的特殊性，即人为耽搁的一百年，让后来的中国人步履总是失调。洋务新政三十余年，不是拉近了中国人与世界的心理距离，而是有意无意强调了中西之间的差别、冲突。应该说，这是 1900 年义和团运动发生的大背景。

假如不是 1898 年政治变革的巨大挫折，不是光绪帝无论如何说不清楚与康梁等人是否策划过“围园劫后”惊天大阴谋，即便 1900 年的中外冲突还会发生，但也一定不会发生“己亥立储”，动摇国本的大事件。己亥立储是 1900 年事件的直接导火索，而端郡王、毓贤、徐桐、徐承煜诸人过度操作，则极大恶化了中外关系，是 1900 年华北特别是京津地区局面不可收拾的最直接原因。

说到这里，不能不重新思考近代中国的对外关系。一般认知强调列强总是无端干预中国内部事务，因而列强，进而帝国主义都在被打倒之列。其实仔细阅读 1900 年前后中外交往的外交文件，我感觉到的事实可能相反。列强如果在大阿哥问题上给予某种干预或者表示，哪怕是暗示出自己的看法，事情从一开始可能就不一样了；至于后来，列强如果不是刻意进京保卫使馆、拯救公使、侨眷，而是像在南部中国那样，与中国内部某种势力或某个地方政府进行合作，京津，华北、东北等地大规模的动荡或许不至于这样严重。

历史当然无法假设，但历史研究允许复盘，允许按照历史逻辑推导历史发展的诸多可能性。

往者不可谏，来者犹可追。过去的没有办法通过假设重构事实，但未来却可以通过对历史事实的清理重新理解，选择一条不同于以往的新路径。

这本书只是我对 1900 年庚子国变前因后果的一种非常个人化的解释。对与错，正与误，谨请读者诸君有以教我。

是为序。

马勇

2019 年 10 月 28 日星期一

目　录

第三章 ╱走向对抗

第四章 ╱不宣而战与宣而不战

第五章 ╱围而不攻的战争

小　引

按照西方人的说法，1900 年是 20 世纪第一年，全世界都对这一年充满期待和热望，期待着第十九个一百年能呈现出新的面貌。

按照中国人的说法，这一年为庚子年，清光绪二十六年。中国人在结束了 1898 年的故事后，经过一年的调整，各方面的情形进入正轨，似乎也要与时俱进，开始一个新时代。

然而一百年后回望这一关键年份，我们很遗憾地发现，这一年不仅没有开辟一个新时代，反而在中国人的心灵中留下尴尬记忆：中华帝国蒙受了奇耻大辱，中国人民遭受了巨大损失；中国的国际化程度有了很大提升，国际地位却一落千丈，跌至六十年来的谷底，清廷几乎成了“洋人的朝廷”；国际制裁、武器禁运特别是远远超出中国人支付能力的巨额赔款，给中国戴上了沉重的镣铐。中国的发展面临前所未有的困难，国内矛盾日益突出，逐渐成为决定中国未来走势的主要力量。

这一切究竟是怎样演变的呢？

传统的研究把这一切归结为帝国主义的侵略，把义和团描绘为反抗列强侵略的重要力量。

最近二十年有一个与此相反的观点，说是义和团的盲目排外导致了八国联军的入侵，最极端的言论认为义和团民众是在进行一场“反人类的战争”。

事实到底如何，我们接着“1898 年中国故事”往下说，尽可能多地提供历史场景和历史细节，然后由读者自己下判断，做总结。

第一章　义和团起山东

“义和团起山东，不到三月遍地红。”义和团在山东兴起发展，不是偶然的。甲午战争期间，山东民众备受日本侵略者的蹂躏；战后，列强掀起瓜分中国的狂潮，山东又首当其冲，成为英、日、德等强国垂涎欲滴的一块肥肉和反复争夺的战场。到1897年底，德国出兵胶州湾，造成既成事实，迫使清政府出让，遂将胶州湾建成自己的军事基地，将山东划为自己的势力范围。

失去土地的农民

德国人将山东划为自己的殖民地，破坏了远东均势，俄国人不干了，乘机索要与山东半岛隔海相望的旅顺口和大连湾，从而使俄国军事力量能够通过东三省直达太平洋。

俄国人达到了自己的目的，而英国人又觉得吃亏了，觉得远东格局被德国、俄国打破了，于是英国人乘机索要威海卫作为补偿，以此与俄国人抗衡。

威海卫此时尚在日本的占领下，英日两国经过一系列秘密谈判达成谅解，英国人也如愿以偿。

于是，山东在甲午战争后几年间，实际上被这几个帝国主义国家所瓜分占领，山东民众在殖民主义统治下受尽煎熬。

下层民众当然不知道甲午战争对他们来说意味着什么，也不知道这些外国人不远万里来到山东究竟是为了什么，但是他们清楚知道，在经历了这一系列巨变后，他们的生活更加艰难，“集体无意识”促使他们不甘心于中国社会继续沉沦，不甘心于具有悠久历史文化传统的中国就此消亡，当然最不甘心的就是他们的生活水平随着这些外国人的到来逐步下降，甚至到了难以为继濒临死亡的困境，民族主义情绪在山东油然而生。

民间社会的民族主义情绪有着非常具体的政治背景和利益指向。自《马关条约》签订后，中国市场开始向外部世界开放，新兴市场的价格洼地和廉价的劳动力资源、低廉的成本，都在吸引着外国投资者。国际巨资不需要中国提供怎样的实质性担保，它们争先恐后涌入中国，攫取巨额利润。

外国资本潮水般地涌入，促动了中国经济超常规发展，促动了中国经济结构大幅度调整，中国经济获得了空前增长。然而，超常规的经济增长改变了中国的面貌，中心城市开始成型，经济网络开始布局。与此相伴的是，失业人口，特别是随着经济大发展而失去土地的农村人口大幅度增加，相对贫困化和绝对贫困化的人口也都有所增加。日出而作、日落而息的田园生活成为历史的记忆，动荡不安、朝不保夕，成为转型期中国民众必须承受的心理压力。

下层民众并没有上层社会那种“非我族类，其心必异”的心理，他们是最实际的自然人。他们不知道中国向西方学习究竟意味着什么，更不知道中国为什么要走向世界，与世界同步，他们所关心的只是出门七件事，柴米油盐酱醋茶。他们知道几十年前五口通商了，给他们带来了许多洋货和生活上的便利，洋火总比打火石来得方便和实用，洋布总比土布光鲜和耐用，洋油总比松脂光亮和持久。这些变化使他们并不觉得洋人可恶。相反，那些传教士不辞辛苦深入中国内地和边远乡村，为缺医少药愚昧落后的村民带来了外部信息和近代文明，他们对洋人反而有一种不同寻常的亲近感。

然而，甲午战争后随着生活状况日趋恶化，下层民众的民族主义情绪开始滋生蔓延。特别是随着洋货无节制大量输入，近代新式工业自沿江沿海向内地无止境崛起，民间生存状况较之战前进一步恶化。下层民众在将这种责任归罪于政府无能的同时，也感受到可能与那些洋人有关。洋人来之前，他们处在均贫状态，我穷，你也富不到哪里。现在不一样了，最先紧随洋人捞到第一桶金的那些假洋鬼子富裕了，而更多的人则因为跟不上时代步伐而日趋贫困。他们的不满和愤怒于是慢慢对准了传教士和那些所谓“教民”。

就传教士本身来说，他们肩负着传播“福音”的使命。甲午战争前，大多数传教士做了许多有益的慈善、教育普及等工作。但到了甲午战争后，相当一部分传教士已不安心于本职工作，开始直接或间接地为其国家利益服务，违背了其为上帝传播“福音”的原初宗旨。比如被罗马教廷批准归德国保护的圣言会的中国主教安治泰，就是具有浓厚政治偏见和文化偏见的宗教徒。在他的领导下，圣言会不惜与中国传统文化正面冲突，竭力向孔孟故里曲阜、邹城等地扩张，导致山东境内频繁的教案冲突。

面对这些教案冲突，清政府按照传教章程，大都采取保护传教士稍微亏待自己人的策略予以化解，下层民众虽然略有怨言，但也没有办法。在这种情况下，一个本分的传教士应该知足，应该以为上帝服务的精神对待中国所有民众。可是安治泰并不这么想。他认为，中国民众之所以对圣言会抱有某种程度的偏见，是因为圣言会在中国享有的优待不够，于是他通过德国政府向清政府索要官阶，1893年获得了三品顶戴，翌年又获二品顶戴，以此提升自己和圣言会的政治地位。

安治泰如果仅是为了传播宗教而获取政治地位，人们或许还能理解。然而，当中德利益冲突时，安治泰不顾主教的尊严及保持中立的基本原则，这就不能不引起中国人的反感了。1897年底，巨野教案发生后，正在欧洲的安治泰闻讯后立即赶到柏林，急切建议德皇应该利用这个大好机会占据胶州湾，并将此变为德国在远东的一个重要基地。这种具有明显政治色彩的行为显然是以宗教外衣从事政治活动。

像安治泰这样的传教士在当时虽然并不具有普遍意义，但也为数不少。诸如法国传教士樊国梁、美国传教士丁韪良、李佳白等，他们虽然在近代中国社会转型过程中起过相当重要的作用，但当中国政府与西方国家发生冲突或外交紧张时，他们都在某种程度上背弃了宗教，屈从于更现实的政治，都曾向他们自己的国家竭力鼓吹过瓜分中国，要求其政府动手建立自己的侵略基地。在某种程度上可以说，甲午战争后列强在中国争夺租借地、抢占势力范围，企图通过武力或非武力的手段瓜分中国的阴谋，一直有传教士在其间起作用。正是在这样一种背景下，中国人民反对传教士和外国教会的斗争在甲午战后进入新的历史阶段，自然地与反对列强瓜分中国的阴谋紧密结合起来。

甲午战争后真正对中国人生存状况构成重大威胁的，无疑还是经济因素。根据《马关条约》和在此前后中国政府与列强所签订的一系列最惠国利益均沾原则，日本和西方各国大幅度扩大了向中国的资本输出。清政府当时完全可以不必向西方国家借钱偿还日本的战争赔款，可是，西方国家的银行向中国主动放贷，强迫放贷。他们不再像日本那样继续在领土、资源上打主意，而是通过贸易往来攫取利益最大化。

中国尚未充分开发，向中国投资就是一本万利的买卖。《马关条约》将中国大幅度拉入世界一体化轨道。这是一把双刃剑。外国投资为中国经济布局和后来的经济成长做出了贡献，但也彻底破坏了中国自给自足的自然经济。中国农民赖以为生的土地被大规模无限度地征用，修建庞大的铁路网，开发资源丰富的中国矿产，兴建各种各样的新兴新型工厂。这是一场非常奇怪的“羊吃人运动”。中国农民失去土地，一小部分成为城市新兴工业建设的廉价劳动力，但大批失地农民流浪在城市、乡间，他们没有工作，没有收入，可依然要养家糊口。

除此之外，还有大量的兵勇无法安置。甲午战争后，中国步入一个相对和平的发展时期，大量军队被裁减。这些人可不像一般农民那样老实，他们成为后来政治动荡的一个重要因素。

基于直观感受，流民们认为这一切都与洋人大规模进入中国有关。他们不知道中外之间达成的利益补偿原则，不知道外国人建厂房开矿山修铁路征用他们的土地，已经在双边或多边政府协议中达成补偿机制，所有损失都由外国政府外国企业通过贸易或税收的方式补偿给了中国政府中国企业，由中国政府负责这些失地农民的具体补偿。这些农民只知道自己的土地没有了，却没有得到补偿，或者补偿非常少。但作为真正的“弱势群体”，他们没有反抗的办法。他们一方面向外国企业出卖着廉价劳动力，一方面对外国人颇有微词，对于假洋鬼子特别是那些教民，更是不齿乃至痛恨。

他们以为，要想恢复往昔宁静生活，就只有将那些可恶的洋人驱逐出去。这种情绪持续发酵，终于酿成此伏彼起连年不断的教案。仅德国占据胶州湾后一年半，山东省境内因铁路、矿山及教案所引发的外交纠纷就有一千余件。

山东在甲午战争后先是遭受日本人的蹂躏和掠夺，胶州湾事件后又成为德国人的殖民地和势力范围。德国人在山东大肆修筑铁路，开采矿产，抢占强占民房民田，破坏水道坟茔，破坏中国人格外看重的风水。山东人民，尤其是铁路沿线的居民久已不堪忍受德国人。

按照中德双方约定，一旦发生群体性突发事件，应由中国地方官府从重惩办，德国人不得插手，更不得派兵直接镇压。然而由于中国地方官府行政效率太低，这些事件发生后，往往得不到有效控制。地方官府或许也对德国人的蛮横久怀不满，多少有点纵容中国民众的意思，事件往往由小变大，逐步蔓延。久而久之，德国人根本不再顾及之前的约定，一旦某地发生群体性事件，他们往往绕开中国地方官府，第一时间直接派兵镇压。但这并不能从根本上解决问题，反而使对立愈演愈烈。

为了平息中国民众的不满，参与处理纠纷的山东官员也曾向清政府提出过一些建议，希望仍由政府出面协调山东地方与德国殖民当局的关系。租界外发生纠纷，仍应归山东地方官府处理，德国人不能插手和干预。然而这样的建议或不被清政府所重视，或不被德国人所接受，导致矛盾越积越深，终于演化成大规模有组织有计划的武装反抗。

秘密社会悄然复兴

民间秘密结社在中国有着久远的历史传统，最近的源头也要从清初“反清复明”的白莲教算起。

白莲教最早就是净土宗，其始祖也就是净土宗始祖慧远法师。大约东晋时，慧远法师在庐山邀集十八高贤，结社于东林寺，立誓死后往生西方极乐世界。由于他们在立誓处凿石种植白莲花，因而将念佛之地命名为白莲社。名士陶渊明、谢灵运等时来游玩酬唱，东林寺遂成为僧俗雅聚之地。

经过几百年低调的发展，到了南宋，吴郡僧人茅子元在净土结社的基础上创建白莲宗，崇奉阿弥陀佛，“谨葱乳，不杀不饮酒”，因而被称为白莲教，并建立有比较成型的教门，师徒传授，宗门相属。

到了元代，白莲教一度被官方认可，进入发展全盛期。至元末，元朝统治者不顾人民死活，强征民夫堵塞黄河缺口，引发全国规模的白莲教起义。起义军以白莲教明教“弥勒下生，明王出世”的口号，帮助朱元璋夺取了政权，建立了“大明王朝”。

朱元璋当然知道白莲教的厉害，所以他在登基称帝不久就下令禁止白莲教。

奇怪的是，在明朝受到严格压制的白莲教却对明朝抱有不可思议的好感。明亡清兴之后，白莲教长时期倡导“日月复来”，倡导“反清复明”。因此，长时期受到清政府的严厉镇压。不过，这些秘密结社在下层社会盘根错节，世代相沿，拥有不易消除的巨大势力和不易掌握的庞大网络。他们时隐时现，起伏不定。一般来说，在政治统治比较巩固时，人民的利益诉求容易表达，民间秘密结社比较萧条；反之，民间秘密结社就比较活跃。

甲午战争后，各种秘密结社重新活跃。根据不完全统计，自1895—1899年间，在华北地区至少存在着武圣教金、如意教、弥勒教、八卦教、离卦教、黄洋教、在理教以及大刀会、江湖会、仁义会、红枪会、天地会、哥老会和红拳、义和团、梅花拳、六合拳、铁布衫、金钟罩、红灯照、圣贤道、一炷香等。这些教门成员游离于传统农业社会之外，诸如和尚、道士、拳师、术士、游勇、流民等。他们长年浪迹于江湖，见多识广，行踪诡秘，一无所有，勇于反抗，故而往往充当活动的急先锋或组织者。

这些民间秘密结社有着不同的复杂来源，但基本上都与白莲教有或多或少的关联。1899年，吴桥县令劳乃宣根据官方档案文献著有《义和团教门源流考》一书，认定义和团是19世纪初信奉太平盛世说的白莲教中的一个重要教派。这一观点影响很大，许多研究者认定义和团起源与这一以反朝廷为主旨的民间秘密组织有关。不过，后来的研究者并不完全认同这一观点，或以为义和团源于一种由官方提倡和主导以勤王为目的的民团组织，即担负着村庄防卫功能的民团；或以为大刀会和神拳在义和团运动发展过程中扮演着重要角色，但直鲁边界地区的义和团是这次民众运动的主要来源，即义和团运动显然是义和团运动的直接发展；或以为义和团运动的兴起和传播主要是因为鲁西地区特殊的文化环境，最具有核心作用的是其具有标志性仪式，即“刀枪不入”和“降神附体”。这种仪式易于接受，又与华北农村的文化和风俗习惯息息相关。

华北地区的这些秘密结社随着社会人口流动规模扩大和速度加快，逐步走向联合，大致形成以白莲教为主，以金钟罩（大刀会）、义和团（梅花拳）、神拳、红拳等为核心组织的网络架构。至1899年，逐渐归并为以刘士端为首的大刀会，以赵三多为首的梅花拳，以朱红灯为首的神拳等几大教门。这些组织最初并不以政府为斗争目标，而是以杀富济贫、打家劫舍、相互救济、相互保障为特征。他们最初活动于德国人控制比较薄弱的鲁西南以及直隶、山东交界地区，其中，活动最为频繁、影响最大的主要有曹州、单县的大刀会，冠县的义和团，以及茌平、高唐、平原等地的神拳等。

这些组织通过揭帖、坛谕、传言等方式，宣扬民间宗教的所谓“劫变”观念，宣称他们是顺应天意，拯救劫难，有神佛保护的团体，以此作为动员群众、组织群众，扩大影响的手段。他们在习拳练武外，兼习法术，举行各种具有明显荒诞特征的宗教仪式，渲染各种所谓刀枪不入的超自然本领。尽管这些手段在吸引群众、鼓舞士气、提高战斗力方面起过重要作用，但其非理性色彩比较容易受到具有一定文化水平的知识分子的质疑。

政府的态度：有限的镇压

义和团运动在初期，并没有引起清政府重视。他们觉得以强身健体、保家卫国为宗旨的民间秘密结社或许有利用价值，因而坐视这些组织成长壮大。

曹州、单县等地大刀会首领是刘士端，他们以“保卫身家”相号召，秘密反对外国教会。1896 年 3 月，刘士端邀集大刀会众约十万人在山东单县城关火神庙聚会，唱戏四天，以聚会友，展示功夫。他们大多手持红缨枪，公开活动，捏言掐诀，念咒画符，吐火吞剑，排砖排刀，浑身上下无所不排，一夜即成，不畏棒击刀砍，不畏火枪洋炮，故其会众中又有金钟罩、铁布衫、无影鞭等名号。甲午战争后社会秩序比较混乱，农村居民为患盗贼，闻大刀会能避刀枪，可以保身家，于是争相学习，不惜钱钞，富庶之家堕其术者千万户。

刘士端为山东曹县烧饼刘庄人（今属单县），幼年时从白莲教传人赵金环习武，主攻金钟罩。后参与创立大刀会，并逐渐上升为曹县大刀会首领。与刘士端齐名的还有曹得礼，曹家境遇不错，有田数十亩。他们有点像走江湖的艺人，凭借身手吸引群众，并换得生活费用。当然，由于他们常年游走江湖，身上必然存在着浓厚的江湖义气。这种义气在升平时代固然有助于社会稳定和政治统治，而一旦社会动荡时，则不可避免地成为加剧社会动荡的因素之一。

天主教当然不相信大刀会真能刀枪不入，他们指责这些江湖艺人愚昧。大刀会就此与天主教结下梁子，凡天主教堂，大刀会思尽烧毁；天主教人，思尽杀灭。尤有甚者，大刀会聚众数万人，在曹县、城武县、单县、丰县、沛县、萧县、砀山、考城、兰仪等地同时举事，不仅烧毁了一些教堂，还伤害了一些教民。这大概是甲午战争后大刀会起事的开端。

1896年6月，江苏砀山县（今属安徽）刘隄头村教民凭借教会势力无理抢割平民庄稼，双方发生械斗。当地大刀会集合千余人，焚毁刘隄头教堂以示惩罚。邻近数县大刀会众闻讯后群起声援，先后焚毁、捣毁教堂二十余处。刘士端还派单县大刀会会众千余人赶赴江苏助战。他们在山东、江苏交界马良聚集捣毁官署，焚毁教堂。

江苏砀山县大刀会首领庞三杰闻讯后联络山东大刀会以及牛金声（一作尤金声）、彭桂林、韩秉义、陈玉得、刘仲文等首领，率众前往单县及江苏丰县戴套楼等地，找教民复仇，砸毁一些教民家中的家具，焚烧了薛孔楼洋学堂等。此次大规模民教冲突引起清廷注意，清廷谕令两江总督刘坤一、山东巡抚李秉衡各派队伍，速往镇压。

庞三杰起事之初，率众不过四五百人，活动区域主要集中在苏鲁交界马良集等地。刘坤一与李秉衡派出官兵与大刀会在马良集等地鏖战数次，先后杀伤大刀会众八百余人，彭桂林、刘士端、曹得礼等首领先后被捕，残部千余人继续活跃于山东曹州、河南东诸、江苏徐州等三省周边地带。

曹州、单县的大刀会斗争是甲午战争后山东地区第一次规模较大的反教会斗争。这次斗争时间不长，尽管遭到了无情镇压，但它对山东地区正在兴起的反洋教斗争以及义和团运动的进一步展开起到了相当重要影响。

李秉衡在对大刀会进行镇压的同时，也对山东民间结社的兴起高度关切。他一方面看到，这些秘密结社主要是为了对付外国教会的非法行为，当官府的力量不足以制约外国教会的不法行为时，这些秘密结社对于平衡民间社会结构是一种比较有效的组织；另一方面，他也注意到这些秘密结社的前身虽然具有反对清朝统治的性质，但现在已大为改变。他们不再是清朝统治的异己力量，反而成为清政府可以利用的一种民间势力，在与列强进行交涉时，也可以成为一种政治砝码。

基于这种认识，包括李秉衡在内的几任山东巡抚对民间秘密结社进行镇压时就远不如甲午战争前严厉。李秉衡在处理这些事件时，区别会与匪、首与从的关系，对不同成员采取或镇压或安抚的政策。对于那些不愿屈从的“悍匪”，李秉衡进行残酷无情的镇压；对于并无政治主见的一般“会匪”，则采取较为温和的处理措施。其结果，在会者闻朝廷法外之恩，多能洗心革面，重做良民；其顽梗抗拒者，又即迅速捕获，悉以歼除。

李秉衡这种方法在某种程度上使民间秘密结社得到了控制。这既为他的继任者们所仿效，也是清廷在向外国宣战前对付山东、直隶一带义和团的一般方针。

后来接任山东巡抚的毓贤也对民间结社怀有某种好感。在李秉衡、毓贤影响下，山东一些地方官对于当地民众反对教会的斗争尽量予以掩盖；实在掩盖不住，就指责是那些“外来匪徒”假托当地拳会之名而捣乱。这在某种程度上纵容或支持了义和团运动的发生。

与李秉衡“会匪区别”政策相比，毓贤更进一步。他不仅认为应该区分会与匪，而且从根本上否认拳会是反洋教斗争的发起者和组织者。他的目的一是要以镇压“外匪”的名义，把人民自发反对外来侵略的斗争纳入官方许可的轨道；一是避免损伤人民群众反对外国教会势力的热情，并以此来抵制教会势力过分嚣张。

因此，毓贤采取了“惩首解从”的方针，对那些不堪教民欺侮投身拳会进行斗争的平民，毓贤要求分别良莠，悉令解散，反复告诫部署不要因少数人不法行为而扩大打击面，以免事态进一步扩大。显然，毓贤担心如不分别对待，诚恐株累太多；担心老百姓一旦不能忍受，势必铤而走险，溃川决防，不可收拾。

义和团之所以在那么短的时间里迅速发展成长，除了官方纵容、默许、支持外，也与山东地方政府试图将他们“官方化”有关。据记载，

1898年6月30日，山东巡抚张汝梅上奏清廷，称正在山东、直隶交界处活跃的义和团实际上是清咸丰、同治年间创立的乡团，建议“化私会为公举，改拳勇为民团”，督饬地方官吏剀切劝谕，严密禁察，将拳民列诸乡团之内，听其自卫身家，守望相助[①]，将民间无序力量纳入官方轨道。

张汝梅的建议得到了清廷默许，于是“改拳勇为民团”成为山东地方当局对待义和团、大刀会的一般方针。至1898年11月，清廷又将这一方针推广到直隶、奉天等地，许多拳会、大刀会会员都被政府强制收编为乡团，使这些民间秘密组织公开化、官方化。

毓贤出任山东巡抚后，继续执行张汝梅这一方针，一方面禁止民间私立大刀会、义和团等名目的拳会，一方面命令地方官员认真稽查，凡属私团，概行收归官办，以杜流弊，并企图以官办方式将这些民间自组织转换成政府能够掌控的力量。

“改拳会为乡团”在最初确实有一定效果，秘密结社在一定程度上有所遏制。然而这一政策的主观目的不是要从根本上消除民间秘密结社，而是期望通过将民间力量整合为政府所能凭借的工具。这一政策必然使民间秘密结社扩大、兴盛。大刀会、义和团、神拳相继兴起，斗争规模越来越大，政府越来越无法控制。

不过必须指出的是，义和团在山东的势力越来越大的另一个原因，是外国势力特别是列强驻北京公使过于偏袒传教士和中国教民，举凡发生民教冲突，公使们就听信传教士一面之词，一味向清政府施压。特别是德国公使，甚至不惜制造谣言以影响舆论。这样一来，中国地方政府理所当然对中国民众产生同情，并对外国势力深恶痛绝，于是矛盾越积越深。这一点诚如山东巡抚张汝梅1898年2月20日致盛宣怀信中所说

---

① 《义和团档案史料》上，16页，北京：中华书局1959年。

的那样：在山东境内，中德冲突越演越烈，而我政府迄今并没有引起足够的重视，一味听从德国人摆布。德兵占据胶澳，将及两月。巨野教案一月前早已办结，而德国方面忽借口曹州又有欲杀洋人之事。实际上，据该道府县禀报，全属捕风捉影之谈。简直就是以势相凌，故意与我为难。胶澳为南北洋枢纽，事关全局，如果处理不当，后果不堪设想。

张汝梅建议政府坚持定见，维护中德之间已达成的诸多谅解。他还说，在山东，不仅德国人飞扬跋扈，而且英国人也仗势欺人，无视中国主权与文化传统。如英国传教士至曲阜欲游览文庙，守门者以无人带领相阻，致彼此口角。英领事不明真相，竟相信传教士被戕害的谣言，向清政府提出抗议。似此无中生有，令人应接不暇，交涉何从措手？真令人闷损！

在这样一种委屈心情支配下，怎能指望地方官如列强所期待的那样，不分青红皂白去镇压那些可怜的同胞呢？

李秉衡、张汝梅、毓贤等之所以对大刀会、义和团等民间秘密结社采取有限的镇压政策，除了他们的个人思想认识外，更多是历史条件使然，是清廷在外国教会势力、地方统治势力以及民间势力多种因素中平衡的结果。清政府认为，当外来压迫日益严重时，不妨有限度地利用民间力量予以制衡。毓贤就曾说过：当此时局艰难，外患纷沓之际，当“以固民心为要图”[①]，试图以民间自发力量平衡中外矛盾。

当然，清政府对秘密结社的政策也与当时的外交困境密切相关。1898年秋天以来，光绪帝或许因百日新政的操劳而健康受损，或许因为用人失察而自我反省，总之，无法在皇位上安稳地待下去。1899年底，废帝另立新主或为皇上立储的传言满天飞，列强对光绪帝深表同情，希

---

① 中国社会科学院近代史研究所，中国第一历史档案馆编《筹笔偶存》，《义和团史料》45页，北京：中国社会科学出版社1983年。

望清廷不要废黜皇上另立新主。这在清廷看来，无疑是干涉内政。外交胶着由此产生，义和团不期然成了清政府对外斗争的一个武器。

不到三月遍地红

继曹州、单县大刀会起事后，冠县义和团反洋教活动相继展开。冠县反洋教斗争始于梨园屯教案，起因也是民教经济纠纷。

康熙年间，梨园屯士绅李成龙捐出一些土地和闲宅一所，本村富户在李成龙的示范下，也相继捐些土地，兴建了一所义学。后来村民在义学后面兴建了一座玉皇庙，作为本村和四乡敬神赛会场所。

随着传教士东来，先前宁静的梨园屯不再是中国传统神祇的一统天下，至 1869 年（同治八年），梨园屯的天主教徒已发展到二十余户。他们与村民发生了分歧，先前由大家出资共建的义学、玉皇庙等公有财产都面临着解体与分析的危险。经三街会首、地保及执事人等公议，梨园屯将土地、义学、庙宇按四股均分。非教民分得三股，计坡地三十余亩。教民分得宅院一处，上带破厅房、破西房各三间，大门一座，计宅基地三亩余。

1873 年（同治十二年），梨园屯外籍传教士违背总理各国事务衙门传教章程，公然以个人名义在宅地上拆庙堂建教堂，引起村民公愤。村民以三街会首为首，教民以王贵龄为首，互控到县。冠县令韩光鼎以同治八年分单为依据，审断可以在庙宅基地上建立教堂，并将阎立业等人以滋事之由分别责押，以示惩罚，后经保释。

第一次庙堂之争暂时化解，但双方对于玉皇庙地基的归属一直存在很大争议，矛盾不断。1881 年 2 月 7 日（光绪七年正月初九），梨园屯举行新年玉皇庙会，村民雇得彩船、小戏庆贺。当这些村民拥挤着经过天主教堂时，游人围观，不慎将教堂大门挤开。这是否为村民故意挑衅行为不得而知，但由于民教双方有很深的心结，引发了很大冲突。

教民向教会方面做了夸大性汇报，天主教方济各会山东主教顾立爵要求法国驻华公使出面干涉。在法国驻华公使压力下，总理衙门行文山东巡抚，要求秉公处理梨园屯庙堂纠纷。山东巡抚任道镕经调查禀报，称法国公使所责各节似与原案不符，根据该教堂建有多年的事实，不便骤令搬出，故最后议定先将原宅基归教民“暂行借用”，待教民另买地基建立教堂后，再议归还原宅基地。这是第二次庙堂之争，教民在官府的偏袒下将先前不太合法获得的土地继续占有，这自然使村民不太甘心。

1887年（光绪十三年），传教士费若瑟到梨园屯传教，欲重建教堂房屋。唆使教民王三歪等人拆毁村民公有的庙堂扩展地基，再次激起梨园屯乡民的公愤。梨园屯三街会首左建勋、刘长安、阎立业等集众数百人，手持器械阻止教会建堂，民教冲突一触即发。

为平息事态，民教双方又呈讼到县，请求官府审断。村民方面推举士绅王世昌、刘长安、左建勋等六人赴县呈控。知县何世箴明知教会无理，却不敢触动教会势力，强行压制村民，依然允许教会重新建筑教堂。

何世箴的袒教激起村民激烈反对，村民齐心合力继续公推六位绅士向东昌府控告。不料，东昌府知府洪用舟竟公开表示不敢约束教民，劝告村民忍辱做点牺牲。王世昌等据理力争，洪用舟大怒，遂将六位士绅监禁半年。他们六人打了两年官司，不但没赢，还破财遭禁，故人称“六大冤”。后经十八村梁庄名绅潘光美等出面调停，民教双方都不愿将争讼延续下去，教民王三歪等情愿将教堂所占庙基归于该村为庙，刘长安等亦情愿另购地基为王三歪等新建教堂。知县亦考虑若矛盾太深，难保酿成祸患，既经调停，两方就此完结，期望民教相安。

不过，两年后，争议再起，法国公使依照方济各会山东主教马天恩请求，于1889年10月向总理衙门提出按照同治八年所立地亩分单，同意教会在原庙基上建立教堂。

官府的偏袒深深伤了村民的心，他们由此不再相信官府，觉得只有凭借自己的力量才能保护财产不受侵犯。于是，许多村民在阎书勤、高元祥等人率领下练功习武，期待将来有机会与教会一决胜负。

阎书勤出身贫苦，平时善习红拳，长于刀法，刚直不阿，在远近村民中享有较高威望。高元祥平时疾恶如仇，爱打抱不平，深受村民信任。包括阎书勤、高元祥在内的十八位村民在习武练功的同时不断表示要用武力夺回庙宇，保护村民公产，被村民誉为“十八魁”。此后，该屯乡民纷纷跟随他们习红拳，加入武装护庙行列。与此同时，教会方面为防不测，也派人持枪把守，寻事生非。1892年（光绪十八年），知县何世箴担心事态扩大，亲到梨园屯调解，再次将庙产判归天主教堂。翌年春，教会继续修建教堂，反诬“十八魁”谋反，要求官府予以严惩，甚至开枪射击前来辩论的乡民。阎书勤等人怒不可遏，奋起开枪还击，并把枪械集中在玉皇庙中，准备与教会拼命。

为解决多年来的土地纠纷，至少是为了打击教会的嚣张气焰，阎书勤等人主动与位于直鲁豫三省交界的梅花拳首领赵三多联系，加习梅花拳。

赵三多又名洛珠，字祝三、祝盛，人称赵老祝，威县沙柳寨人，自幼习拳练武，为人仗义豪爽，痛恨洋教势力，是远近闻名的梅花拳第十四代传人，其势力范围遍及冠县、威县一带。

对阎书勤等人盛情相邀，赵三多慨然应允，遂传帖集合直隶威县、曲周、清河、南宫及山东临清、邱县等地拳众三千余人，于1897年3月24日到梨园屯“亮拳”三天，显然是向教会示威。

数千人在小小的梨园屯纷扰三天，难免与教会方面发生争执。第三天，数千拳众在赵三多、阎书勤率领下，向梨园屯玉皇庙教堂工地发起攻击，阻止教堂继续施工，打死教民一人。

纠纷发生后，东昌府知府洪用舟奉旨前往查办调解，并按照一般教案处理原则赔款缉凶，将玉皇庙地产充公。至于教堂建设用地，由官府另行解决。这一方案兼顾了双方利益，尽管对村民来说还是有点不公。

然而到了德国强占胶州湾后，时局动荡，方济各会山东主教马天恩反悔，推翻原议，坚持拆毁庙宇，索讨原基地，致使村民与教会的冲突再次发生。

冲突发生后，东昌知府洪用舟于 1898 年 2 月 28 日率兵勇赴梨园屯镇压，击毙一名拳民，枪伤阎书勤，并将庙宇拆毁，将原基地归还给教会。这引起了当地拳会及村民的严重不满。再加上当时“要来洋兵”的传言，冠县、威县一带拳民迅速集结，并与外地拳会取得了联系，似乎在酝酿更大规模暴动。

洪用舟闻讯后传见赵三多，劝告他不要用梅花拳蛊惑人心，聚众闹事。洪用舟的警告引起了赵三多的警觉，为了梅花拳各支未来前途，于是联合其他拳众，打出“义和团”的名号，由此揭开义和团运动举事序幕。

3 月，阎书勤、赵三多以义和团名义传书直隶、山东、河南、江苏等地，呼吁“毁教灭夷”，各地拳会数千人闻讯赶往冠县梨园屯援助，并焚毁附近教堂。新任冠县代理知县曹倜软硬兼施，一面劝谕赵三多“解散徒众”，一面调集马队攻剿坚持斗争的义和团余众[①]。

曹倜的手腕使义和团活动一度消沉，然而法国公使却不满足，一再要求总理衙门威逼山东巡抚严禁拳会，赔偿梨园屯方济各会的损失，并指名索要“十八魁”。7 月，山东洋务局与方济各会主教马天恩就教

---

① （清）曹倜：《古春草堂笔记》，《义和团史料》上，269 页，北京：中国社会科学出版社 1982 年。

会损失赔偿问题达成妥协，由洋务局赔银两万两，并答应严厉缉拿十八魁。梨园屯教案本可就此了结，然法国公使仍坚持缉拿十八魁之后始能销案。

10月中旬，姚文起以山东巡抚衙门出票缉拿拳民，传帖聚众；又因驻临清小卢防勇至沙柳寨抢夺村民牛肉，与拳民发生冲突，姚文起遂于10月25日与阎书勤等并威县二门拳民至沙柳寨，拥赵三多到冠县蒋家庄。第二天在蒋家庄马场祭旗起义，聚众两千余人用头帕和长靴做标记，主要武器为火枪或长矛，旗号则冠以“扶清灭洋”，公开昌言与列强为敌。拳民们首先攻打了冠县、临清交界的黑刘村教堂和红桃园教堂。队伍随之扩大，活动区域遍及直隶曲周及山东临清、邱县一带，威震四方。

蒋家庄起事后，清政府急电直隶总督裕禄、山东巡抚张汝梅加速镇压。裕禄、张汝梅遂派两队人马分路围剿，擒获义和团早期首领姚洛奇等数十人。义和团受到一定程度打击，部分拳民在赵三多率领下主动北撤，继续进行一些小规模反教会活动。

冠县义和团起事后，邻近的高唐、恩县、茌平、临清、平原一带拳会及其他民间秘密会社也纷纷起事，反教会斗争此起彼伏，声势浩大，逐步形成以朱红灯为首领且具全省规模的义和团。

朱红灯本名或为朱红登，因自称为明朝皇帝朱元璋后裔，故有人称其为朱红灯，或朱逢明，暗示其具有“反清复明”的寓意。朱红灯家无亲属，只身游荡，稍有文化，略通医道。1898年春，因避水灾来到长清县大李庄（今齐河县）舅父家，以卖药行医为生，并兼设神坛练习神拳，招收门徒，似乎也是为了补贴生计。由于朱红灯略通医道，且自称其拳术得自神授，可打击洋教，故其名声越来越大，活动也旁及周边一些地区，追随者越来越多。后来由于受挫于当地民团，转至山东茌平五里庄，遂以茌平为基地，发展组织，训练拳众，从事反教会政治宣传。

朱红灯的神拳注意与当地及外地各路神拳联合，在茌平县860个自然村中，几乎村村设有供拳众练拳的专门场所。

1899年9月，平原县杠子李庄神拳与教徒冲突，该县知县蒋楷率官军前往捕拿拳民六人，激起众怒。该庄神拳首领李长水幸得逃脱，遂邀朱红灯相助复仇。仗义行侠的朱红灯义无反顾，慨然答应。10月9日，朱红灯联合高唐、茌平、长清等地拳民数百人前往平原县杠子李庄支援，又传帖邀请附近拳民相聚。由于朱红灯名声太大，平原、恩县拳众及曹州府大刀会会众等先后赶来。

11日，知县蒋楷闻讯率官军数十人前往杠子李庄捕拿。朱红灯闻讯，迅速将旗号并不统一的各路拳民集中改编成"义和团"，竖起"天下义和团兴清灭洋"的旗帜，表明他们尽管受到袒护教会的官军迫害，但他们并不以官军为敌，而是坚持反教会的既定立场。

在朱红灯指挥下，天下义和团"轮伏轮起，轮退轮进"①，在杠子李庄大败前来镇压的清军，击毙官兵二名，击伤数人，蒋楷率兵仓皇退出，朱红灯的名声由此更加响亮。朱红灯决定乘胜追击，17日率众攻打恩县刘王庄、庞庄两个教堂，后驻扎于距平原县城十八里的森罗殿。各地拳民陆续前来参加，人数扩大到数千人。

朱红灯起事震动朝野，对义和团原本非常同情的山东巡抚毓贤速派官兵前往镇压。18日，朱红灯的队伍在森罗殿一带受到清军三路围攻，激战数小时，互有伤亡，情形万分危机。

面对险境，朱红灯沉着应战，集中兵力猛攻中路清军。中路清军终于溃退，其他两路清军也不战而逃。朱红灯率领拳民取得了战斗的胜利。

森罗殿战斗在义和团运动史上具有转折意义。通过这次战斗，不仅

① （清）蒋楷：《平原拳匪纪事》，《义和团》（1），356页。

展示了拳民战斗力量，而且使山东反洋教斗争的各种力量很快集中在以朱红灯为首领的旗帜下，并将各地队伍普遍改称为“义和团”，明确提出“天下义和团兴清灭洋”，使群众性运动变得更加组织化、政治化。

就义和团组织形态而言，它们比较松散，虽然在一些重大战斗战役中能够紧密团结、相互配合，但基本上没有上下级隶属关系。各个自然村设立“坛口”或拳场，由武艺高强、威望较高、入道较早的拳师出任首领。这些人一般被称为大师兄、二师兄等，具有浓厚的宗法社会色彩及秘密结社特征。在各个自然村暨各个坛口拳场上，有时也有几个或几十个坛组成一个总坛，其首领一般被称为“老祖师”。

当义和团发展到直隶后，组织形式变得稍微紧密。他们遇到一些大的战斗或某些特殊需要希望联合时，往往通过揭帖聚合，将几个坛组成一个团，然后以八卦中的某一卦名为团名，比如“乾字团”、“坎字团”等。

第二章　谁制造了华北大乱

山东地方官员对民间结社的纵容、默许和支持，在一定意义上带有抵制列强干涉中国内政的意图。因此列强对于各地不断发生的焚毁教堂、攻击传教士事件极为关注。英、美、法、德四国公使不断向清政府提出抗议，要求严惩义和团、大刀会并撤换那些镇压不力的地方官吏。正是在这种外交压力下，清廷不得已在那么短的时间里接连撤换了三任山东巡抚。

卜克斯事件

但是，事件发展并没有如列强所愿。大刀会、义和团的活动在这三任巡抚的统治下不是减少了而是增多了，不是消失了而是扩大了。

1899 年下半年，整个华北地区特别是山东的事态越来越严重。美国驻华公使康格几次建议清政府切实重视义和团在山东省的活动，保护在那里的外国人。在康格等公使看来，山东省的形势之所以急剧恶化，主要是清政府用人不力，他们坚决要求将山东巡抚毓贤撤职，并向清政府推荐袁世凯继任。

在各国公使看来，袁世凯具有国际视野，这会使他对义和团、大刀会有比较正确的判断；而其在天津小站聘请德国将领所训练的新建陆军数千人，也使他有力量迅速剿灭义和团、大刀会；其在危急形势下每每从容不迫的镇静坚持，更使他们期望在袁世凯的铁腕统治下，迅速剿灭义和团、大刀会，恢复山东乃至华北地区的秩序。

列强的建议得到清廷积极回应，清政府遂于 1899 年 12 月 6 日宣布免去毓贤的山东巡抚职务，任命袁世凯署理。

袁世凯没有辜负列强的期待。12 月 26 日，袁世凯率领数千名新建陆军自天津小站向山东济南进发。到任第二天，就颁布了措词强硬的《禁止义和团匪告示》，扬言说如不听从解散自新的命令，必将派军队严厉镇压，不分首从，格杀勿论，决不姑息。

另一方面，袁世凯也听从重要谋士徐世昌的建议，软硬兼施，奖励“献首”，鼓励自新，分化瓦解[①]。

在剿抚兼施政策影响下，大批义和团首领被出卖被杀害，许多义和团队伍被迫解散。为数不多的几支继续坚持，但处境非常艰难。

不过，袁世凯万万想不到的是，在他上任后不几天，英国传教士卜克斯竟然成了他的“格杀勿论”政策的第一个冤魂。

卜克斯为英国基督教会驻山东平阴的传教士，此时正由泰安返回平阴，他雇用泰安居民柳士仁的一头青驴驮运行李。

当此时，平阴一带的局势几近失控，中国官员获悉卜克斯的意图后，竭力劝说他暂缓返回。然而，卜克斯是一个典型的宗教狂热分子，

---

① 《袁世凯致徐世昌函》,《近代史资料》1978（2）。

根本听不进任何劝告，执意要在如此骚乱的情形下从泰安返回平阴，并且坚决不同意中国方面派员随从保护。

12月30日近午，悠闲的卜克斯骑着毛驴行至距平阴县境还有二十余里的肥城张店村，与来自茌平的孟广文，来自肥城的吴方城、吴经明、庞蒸木，以及来自长清的李同官等13名中国人不期而遇。

卜克斯在平阴或许很有名气，但在肥城却没人知道他。吴方城等人看到卜克斯一个人悠闲前行，不由怒火中烧，以为近来教民欺压非教民，皆系洋人主使，于是他们毫无来由地命令卜克斯从毛驴上滚下来。

卜克斯年约三十，身强力壮，仗其擅长技击，桀骜不驯。尤其是作为一个宗教狂热分子，他在心理上早已做好为传教事业献身的准备，所以毫无恐惧，当然不会在意吴方城等人的吆喝，甚至异想天开地想开导这些人放弃反基督教情绪，皈依基督教。

卜克斯从容下驴，然而他并不是采取宗教劝说方式规劝对方，反而有意动武，凭借体力优势，神速夺获了孟广文手中的刀子。吴方城见情势危急，顺手拔刀扎伤卜克斯右额角，孟广文也趁势夺回自己的刀子。争夺中，又不慎扎伤卜克斯右胳膊肘。寡不敌众，卜克斯只好束手就擒。

吴方城、孟广文等人只是非常简单地要用他做人质去敲诈当地一个信仰天主教的中国富户，即所谓教民。然而这个富户教民不好打交道，吴方城等人空手而归。

敲诈不成，孟广文、吴方城商定把卜克斯交给毛家铺拳会处理。当行至肥城、平阴交界的“四棵树”时，天已傍晚，卜克斯见有机可乘，即挣脱逃走，但跌倒在地，摔伤左臂。

这一行动激怒了孟广文等人，特别是鉴于袁世凯刚刚颁布的严厉措施，如果释放了卜克斯，无疑等于放虎归山；更重要的是，他们势必会被政府严惩。于是，他们只能将卜克斯杀死。先是吴方城用刀扎伤卜克斯的项颈，卜克斯两手护头，吴方城连扎数刀，然后由孟广文割下卜克斯的头颅，将尸首弃之沟内，显然是要销毁证据，免遭惩罚。

英国教会管理平阴教务的马焕瑞获悉卜克斯被俘的消息后，立即向平阴知县梁石甫、肥城知县金猷大告急，山东巡抚衙门获悉后也立即向总理衙门做了报告，并采取营救措施。可惜还是迟了一步，卜克斯已成为民教冲突的牺牲品。

卜克斯不是第一个在中国被杀害的传教士，但这一事件的特殊性只在于他是英国人。英国驻华公使窦纳乐于 1900 年 1 月 2 日获悉卜克斯被俘的消息后，立即委派助理中文秘书柯韪良将这一情况向总理衙门通报，并要求清政府指示袁世凯务必迅速营救。他此时尚不知道卜克斯已经遇害。

总理衙门章京耐心接待了柯韪良，并请他转告窦纳乐：总理衙门已收到卜克斯事件的初步报告，并已向袁世凯下达指示。

第二天，窦纳乐亲自前往总理衙门探寻消息。中国大臣告诉他，今天早上刚刚收到袁世凯的紧急电报，发现卜克斯神甫已于 12 月 31 日不幸惨遭杀害，中国政府对此深表惋惜。

窦纳乐郑重告诉中国大臣，重要的是应当采取有力措施处理这个案件，并防止再次发生类似事件，以此证明中国政府剿灭义和团、大刀会的决心。

不论出于怎样的原因，在中国合法传教的神甫被杀害都是非常严重的外交事件。为了尽快平息英国人的愤怒，清政府于 1 月 4 日发布上谕，一面表示“殊深惋惜”，一面命令袁世凯速将那些疏于防范的地方官员先行参处，限期缉拿凶犯，务获惩办，以靖地方而敦邻好[①]。

在发布上谕的同一天，清政府还利用一年一度新年拜会惯例，委派

① 1900 年 1 月 4 日上谕，《义和团》(4)，10 页。

总理衙门大臣王文韶专程前往英国公使馆，表示光绪帝和慈禧太后听到卜克斯神甫不幸遇难的消息后深切忧虑，已要求袁世凯立即捕获凶手，并惩治失职官员。

剿抚之间的摇摆

窦纳乐在卜克斯事件之初非常愤怒，但后来转变了态度，认为在袁世凯的治理下，局势将很快得到控制。

袁世凯对义和团的镇压只代表清廷一部分人的主张，并不能从根本上改变先前清廷对义和团以安抚为主，以剿灭为辅的既定政策。而且，清廷此时几乎所有注意力都在“建储”上。

1月6日，窦纳乐前往天津，希望当面督促直隶总督裕禄认真履行光绪帝1月4日的上谕。裕禄表示，他完全了解华北地区局势的严重性，但是处理义和团的困难在于，他们是由小股农民组成的，每股大约二三十人不等。当军队逼近他们时，各股便分散开来，重操旧业。在过去十天中，当场捕获了两股，且已从严处理，杀死了一批人，其中包括两个首领。

窦纳乐表示，各国公使并不只是要求中国政府去镇压那些受骗的农民，要想真正制止这场骚乱，主要应该严惩地方官，正是他们的纵容、默许，才使局势一发不可收拾。

裕禄、袁世凯当然知道“惩办匪首，以清祸源，实为扼要办法”，期待将“匪首”缉拿归案，“以期早日安静”[①]。但由于中国官官相护的传统，惩处地方官的数量肯定不能像窦纳乐所期待的那样。裕禄说，到目

① 直隶总督裕禄致袁世凯电，《义和团运动史料丛编》(2)，73页，北京：中华书局1964年。

前为止已有四名知县被免职，新任知县应该已充分理解迅速镇压骚乱的必要性和重要性。

这在一定程度上使窦纳乐稍感放心，他承认中国政府真诚希望尽快恢复秩序。然而，窦纳乐高兴得太早了。直隶、山东的真实情形有越来越糟之势。1 月 9 日，刚从天津返回北京的窦纳乐就收到通报，泰安主教伯夏里表示：当地前景极为黯淡，每日发生抢劫，危险持续不断；查禁的谕旨已发布；军队已到，但无用处；泰安府地方官员毫无作为；朝廷密令予以鼓励。

最后一句话引起了窦纳乐的高度关切，他认为山东目前所有困难都能追溯到前任巡抚毓贤的态度上，正是他暗中鼓励了义和团民众，且在山东营造了同情支持义和团、大刀会的氛围。

窦纳乐对山东地方官员“不作为”的指控，总理衙门大臣表示，山东地方官员困难很大，引起骚乱的主要原因是由于教徒与一般老百姓之间存在着恶感。这导致暴徒成群结队，他们使基督教徒和其他老百姓都同样受到折磨。地方官员至今没有足够力量以应付，但是既然袁世凯已被派往该省，相信山东的秩序应很快能获得恢复。

窦纳乐强烈期望中国能够对大刀会、义和团采取坚决措施。他强调，中英之间关于卜克斯案件的善后谈判刚刚开始，这些谈判究竟是采取友好方式，还是相反，完全取决于中国地方官员对大刀会、义和团的态度。

窦纳乐不断施压并没有促使清政府沿着坚决镇压的道路走下去，事实上，清政府虽然没有如伯夏里所说的那样发布密令鼓励义和团，但也没有毫不留情地镇压义和团。因为在那短短几天里，袁世凯的强硬立场曾在清政府内部引起强烈反弹，一些御史指责这样进一步加剧了民教、民官冲突，甚至认为卜克斯事件在毓贤时代并不一定发生，正是袁世凯的强硬政策迫使那些村民因为畏惧官府严惩，只好将卜克斯杀掉以毁灭证据，逃避惩罚。

御史们的建议又使清政府刚刚确立的剿灭义和团政策发生动摇。1月11日的上谕对先前的政策做了些微修正，要求各地督抚在对义和团进行镇压时，不可将那些集众习武者盲目视为会匪，不要扩大打击面。

这很快引起各国驻华公使的不满，美国公使对上谕中“奇怪的措词”表示担心，法国公使认为这道上谕所使用的词语“含糊不清，模棱两可”，“语义双关”[①]，英国公使担心这道上谕有可能被解释为对义和团、大刀会之类的结社予以宽恕，表明清政府的政策严重后退。

公使们的担心是有道理的。当清政府在御史们的压力下发布上谕，强调“化大为小，化有为无”，并指责袁世凯“意气用事，徒恃兵力”后，也确实一度深深打击了他的锐气，袁世凯抱怨御史们的指责未免来得太早，他的强力镇压行动只好暂作停顿。

在袁世凯示范效应下，地方官均不敢派兵镇压义和团、大刀会。于是本已开始消散的义和团、大刀会，又渐渐积聚起来，活动也越来越大胆，随处纠合，或百余人，或数十人，任意抢掠，直掠至距省会济南三十里[②]。很显然，正如各国公使判断的那样，不管清政府11日上谕的出发点是什么，其客观效果确实有碍于华北地区平息动乱，恢复秩序。

不过，窦纳乐并不准备立即就11日上谕向清政府发难，他计划如果清政府不能有效兑现1月4日上谕中的承诺，那么他就可以把1月11日上谕作为清政府方面缺乏诚意的证据。

从山东和直隶南部传来的消息证明公使们的疑虑并非多余。更严重的是，11日的上谕向义和团民众传递了一个错误信号，以为政府镇压他

---

① [美]马士（Morse，Hosea Ballou）:《中华帝国对外关系史》(3)，197—198页，上海书店出版社2000年。

② 《袁世凯致徐世昌函》,《近代史资料》1978(2)。

们并不是出于本意，而是受到了洋人的压力，这为后来义和团与清政府结合提供了契机。所以当时相当一部分人相信，清政府有意识要实行董福祥提出的将所有洋人都驱逐到大海里的计划，而要实现这一目标，就不能不借助于义和团这个重要同盟。公使们为了避免最可怕的结果，不断加紧向清廷施压。

对于列强的警告，清廷已听得耳腻，官僚们在与公使们虚与委蛇的同时，依然我行我素。1 月中旬，被撤职的山东巡抚毓贤回到北京，不仅没有丝毫后悔，反而不断向端郡王载漪、总理衙门大臣刚毅等人宣扬义和团忠勇可恃，并被慈禧太后召见，恩宠有加。

卜克斯事件发生后，公使团就警告中国政府，必须追究毓贤的责任，甚至要求中国政府永远不要再录用他。然而现在的毓贤像英雄一样胜利归来，大肆张扬，特别是慈禧太后的格外垂青，简直就是直接向各国公使公然示威。

各国公使逐步意识到，为了保护自己国家在华利益以及传教士和教民的生命财产，他们有责任单独采取行动，甚至不惜代价直接进行武装干涉。

五国公使联盟

1 月 23 日，法国公使毕盛提议召开法、美、德、英四国公使会议讨论对策；25 日，四国公使继续会商，决定向清政府提出一份同文照会，说明 1 月 11 日上谕给义和团、大刀会所传递的错误信息，强调山东北部和直隶中南部的悲惨局势对任何文明国家来说都是一个耻辱。照会强烈要求清政府立即发布一道措词严厉的上谕，重申凡是加入这两个团体中任何一个或窝藏其成员者，均为触犯中国法律的刑事罪犯。

四国公使当时并不知道在山东和直隶地区也有意大利传教士，因此没有邀请意大利公使参加。不过，意大利公使也久已意识到问题的严重性，所以在此前后，也向总理衙门递交了一份照会，提出与四国类似的要求。至此，由五国公使组成的公使联盟基本形成，并成为此后一段时间与清政府进行交涉的重要对手。

五国公使的联合抗议并没有激起多大的反响。清政府正在忙于御前会议的筹备，将就光绪帝继承人问题做出重大决策。24日，清政府宣布封端郡王载漪之子溥儁为大阿哥，继承穆宗毅皇帝即同治帝为子。这一消息在国内外引起高度混乱和密集抗议，清政府自然无暇顾及公使们的照会。

一个月仍没有消息，五国公使实在忍无可忍，他们于2月21日致信总理各国事务衙门催促答复。25日，终于收到复照，表示清政府已有旨命直鲁督抚剿办义和团。

五国公使极不满意，认为复照“错误地引用了它所答复的那个照会”，而根本没有提及五国公使要求镇压的两个秘密结社中的任何一个，而且仅仅说明已发布一道上谕，命令各该省巡抚制止骚乱。五国公使要求与总理衙门紧急会晤，并明确要求庆亲王奕劻务必参加。

会晤安排在3月2日举行。不料在3月1日晚，五国公使分别收到总理衙门的照会及其附件，其中有直隶总督裕禄“奉旨剿办义和团”的一个布告，其中包括一道上谕，使用了明确的词句取缔义和团。

然而，五国公使的疑虑并没有消失，他们担心这是清政府使用的拖延办法。因此，他们立即拟就新照会，要求清政府必须将取缔义和团的上谕在官方公报上发表。

3月2日，五国公使如约到总理衙门与庆亲王奕劻会晤，重申清政府必须公开发布镇压义和团的上谕。德国公使克林德还强调，这份上谕内容也还有讨论的余地，因为上谕虽然提到要取缔义和团，但是没有提及取缔大刀会，而这两个秘密结社必须取缔是各国一致要求。

庆亲王解释说，清政府的决定是严肃认真的；把上谕作为中央政府的文件下达给有关督抚，远比在官方公报上发表更迅速更有效；之所以没有提及大刀会，是因为从中国政府所掌握的情况看，大刀会其实就是义和团，它们是一个组织。

各国公使对其所使用的论据难以相信。所以，他们会谈结束时仍旧将 3 月 1 日晚拟就的新照会递交给了总理衙门，希望清政府能够将上谕在《京报》上公开发布。

3 月 7 日，总理衙门以各国公使的要求与中国政府的惯例不合为由予以拒绝，这无疑进一步激怒各国。而且各地传教士不断向各国公使传来悲观的消息，义和团的规模有日益扩大趋势。

他们意识到必须向清政府施加更大的压力，否则便有发生国际纠纷的危险。3 月 9 日，各国公使再次要求公布剿办义和团的上谕；翌日，五国公使会议一致倾向于使用更坚决的口吻重申要求，表示如果清政府一旦不同意公布上谕，且形势没有得到根本改善，他们将建议各自政府采取其他必要措施，包括在中国北部水域举行联合海军示威的形式。会后，五国公使分别电告各自政府，请求派遣海军做好武力解决的准备。

五国政府担心联合海军的示威有可能会进一步激化事态，不利于问题解决，反而影响列强在华势力和地位。尤其是在华经济利益最大的英国更格外强调这一点，认为一定要谨慎处理。英国外交大臣索尔兹伯理指责窦纳乐，认为他未经请示就带头发起武力威胁的提议是愚蠢之举。

其实，英国之所以不愿采取强硬态度，是因为英国军队正在南非作战，政府不希望陷入两面作战的困境。所以索尔兹伯理要求窦纳乐暂时平静下来，无论如何也要表现得“文雅可亲”，尽量拖宕，避免导致任何军事冲突。

法国的态度稍有不同。3月12日，法国外交部长戴尔卡赛对英国驻法大使爱德华·芒逊说，五国公使要求海军示威的建议不可避免，五国政府应该对此做好充分准备。

然而两天后，法国驻英国大使报告说，英国外交大臣索尔兹伯理告知他海军示威是一危险步骤，英国宁愿让时局进一步发展，也不愿立即采取什么行动。这就使法国的强硬态度开始软化。

与此同时，法国驻华代办唐端也向戴尔卡赛做出解释，表示他之所以在先前附和其他公使，主要是为了不与其他公使的行动相脱离。他本人认为筹划一次海军行动的条件并没有成熟。

根据各方面情报，戴尔卡赛很快修正了自己的态度，表示现在向中国人示威是极严重的步骤。法国政府态度的转变还有一个重要原因，是法国不愿得罪它的重要盟友俄国。俄国此时的态度明显呈现出“温和”、“友善”。

英、法两国政府的态度深刻影响了美、德、意三国政府。由此，五国公使的建议便被暂时搁置起来了。清政府侥幸度过了一次难关。

然而，清政府对列强的期待并没有给予积极回应。3月14日，清政府任命毓贤为山西巡抚。这无疑是故意给各国公使难堪。

各国公使立即做出强烈反应。3月16日、23日，窦纳乐两次电请英政府派遣海军来华，做好军事解决的准备。他还向英政府暗示，美国正派遣一艘军舰到大沽口，意大利准备派遣两艘军舰，德国也使用了其在胶州的分舰队。

索尔兹伯理同意派遣海军到大沽口。不过他仍然告诫窦纳乐，除非为了保卫英国人的生命财产，否则，未经他的同意，不得轻率使用任何武力。3月29日，英国军舰“仙女”号和“快捷”号由上海抵达大沽口外海面。

不过，清政府依然坚守既定立场，既不寻求与列强对抗，也没有尽快遏制义和团的发展蔓延。这自然使列强极端不快。4 月 6 日，英、美、德、法四国公使联名照会清政府，要求清政府在未来两个月内，必须将义和团一律剿除，否则列强将派水陆各军驰入山东、直隶两省代为剿平。

4 月 7 日，美国和意大利两国的军舰分别开到大沽口。12 日，俄、英、法、美等国军舰在大沽口外海面组织了一次联合演习，武装示威。

当英、美、法、德等国公使向清政府不断施压时，俄、日公使几乎从来没有参与过。俄国人曾告诫英国人，根据他们对中国人的理解，这类示威行动不仅不会产生积极效果，反而会带来不可预测的问题。反过来，俄国驻华公使格尔思也希望清政府不要无视列强的警告，无论如何必须采取果断措施，制止骚乱。4 月 15 日及 5 月 15 日，格尔思两次通过章京联芳转告庆亲王，要在义和团还没有强固和还没有在驻集于北京周围的大队士兵中获得信徒时，坚决而有力地将之镇压下去。

义和团北上京津

俄国人的建议并没有引起清政府的警觉。日子一天一天过去，清政府忙于“建储”及新老交替，义和团在这种暧昧的政治环境中逐步成长壮大。

由于袁世凯强硬的镇压措施，义和团成员开始离开山东向直隶、京津一带转移，至 1900 年 2 月，义和团运动已发展至天津城厢内外，每天有人在南门外那里练习拳脚，河北一带亦有之。时天津代理县令阮国桢巡行街市，也发现在天津市区不少地方，童子三五成群练习拳术。3 月下旬，天津通城贴有匿名揭帖，号召民众起来抗击洋人，并约定三月初一日起事。

直隶固安、定县、清苑以及涿州等地亦于 1900 年初春出现义和团踪迹，并开始影响京津地区稳定。3 月 12 日，直隶河间府任丘县“拳厂林立”，引起了官府注意，知府王某督同知县王蕙兰前往“劝禁”，然行至梁召村时，该村义和团民众千余人竟然“持械抗官”，与清军发生激烈冲突，击伤千总一名。直隶静海、杨柳青等地的义和团亦先后与前来镇压的清军发生直接冲突，双方互有伤亡。

义和团在京津一带的活动，并不能单纯看做是无组织无政府的。根据清政府方面的报告，义和团在 3 月间确实曾经有计划地分遣党羽在山东、直隶各省煽诱民众。近因直隶拿办严紧，潜至近畿一带传教，行踪诡秘。据御史李擢英调查，京师义和团主要来源于山东，散布京城，潜通南宫、冀州一带。稍后，便开始在京师公开活动。据 3 月间至京师的唐晏在《庚子西行记事》记载，此时京师纷传义和团之多，几至遍地皆是。

凡此，无疑引起各国公使的惊慌。3 月 22 日，美国驻华公使康格至总理衙门，暗示清政府如果仍不认真“弹压拿办”，各国将自行设法办理。4 月 6 日，英、美、德、法四国公使联名照会，要求清政府务必于两个月内将义和团一律剿除，否则各国将派兵自行解决。4 月 12 日，英、美、俄、法四国舰队群集大沽，以武力胁迫清政府镇压义和团。

4 月中旬，义和团在卢沟桥至保定一线频繁活动，他们分散在附近乡村中，并且成功地在当地居民中招募信徒，定期举事的匿名揭帖到处张贴，据估计，仅仅屯扎于保定府南门外的义和团就有万余人。在卢沟桥的义和团百余人举行会议，并皆暗带兵器，散布揭帖，专以杀害教民反对洋人为词。各国公使甚至清政府内部许多人普遍担心他们可能很快会与京城中的外国人发生冲突。

4 月下旬，部分义和团民众潜入京师，凡遇教堂，他们遍贴揭帖，宣称现在中国的混乱扰攘均由洋鬼子招来，这些洋人在各地传邪教、立电杆、造铁路，不信中国圣人之教，亵渎天神，其罪擢发难数，“天意命汝等先拆电线，次毁铁路，最后杀尽洋鬼子。今天不下雨，乃因洋鬼子捣乱所致”，“消灭洋鬼子之日，便是风调雨顺之时”[①]，鼓动民众与他们一起定期举事，攻击教堂和外国人。4月底，京城第一个义和团坛口在东单牌楼西裱褙胡同于谦祠内出现。

进入5月，京城内外的义和团相互配合，越闹越大。近畿一带，如清苑、涞水、定兴，尤其是保定府，相继发生焚毁教堂、杀害教民等多起恶性事件。在京城，也有外来的义和团民众妄造符咒，引诱百姓，相率练习拳会；并散布消息，张贴揭帖，号召拆毁教堂，除灭洋人。在西四牌楼羊市南壁上发现的义和团乩语，宣称：“一愁长安不安宁，二愁山东一扫平，三愁湖广人马乱，四愁燕人死大半，五愁义和团太软，六愁洋人闹直隶，七愁江南喊连天，八愁四川起狼烟，九愁有衣无人穿，十愁有饭无人餐，过戌与亥是阳间。”[②]随后不久，类似的揭帖在京城到处张贴，鼓动民众焚毁教堂、使馆。在京外国人开始恐慌，均有自危之心，各电本国，请兵来京，自行保护。

义和团在京津地区活动加剧引起列强高度警惕，到了5月下旬，一些外国军队以保护教民侨民为名进入京津地区；这又为京津地区局势演化注入新的不确定因素，义和团运动反对洋人的怒火因此越烧越旺，规模已遍及直隶和京津，其政治诉求也开始变化。一份落款为5月28日的义和团揭帖写道：“兹因天主教并耶稣堂，毁谤神圣，上欺中华君臣，下压中华黎民，神人共怒，人皆缄默，以致吾等俱联系义和神拳，保护中原，驱逐洋寇，截杀教民，以免生灵涂炭。”[③]他们由先前反洋教转变为反对一切外国人。

---

① 《英国档案馆所藏有关义和团运动的资料》，《近代史资料》1954（2）。

② 《义和团文献》，《近代史资料》1957（1）。

③ 《告白》，《义和团》（4），149页。

樊国梁的一封来信

清政府内部的排外势力在义和团运动激励下逐渐占优势。而列强面对这种形势，先前企图凭借清政府的力量的想法逐渐改变，转而谋划怎样依靠自己的军事实力去剿灭义和团，确保他们的在华利益。

5 月 17 日，法国驻华公使毕盛向各国公使报告，义和团在保定府附近毁坏了三个村庄，杀死了 61 名天主教徒。18 日，窦纳乐通过伦敦会得到消息，称义和团在北京的东南大约四十英里处毁坏了一个礼拜堂，杀死了一个中国牧师。窦纳乐立即致函总理衙门，强烈要求中国政府必须采取坚决措施。

同一天，窦纳乐又前往总理衙门，询问清政府正在采取什么步骤，特别强调必须保护偏僻的农村地区。中国大臣也承认局势是严重的，但向窦纳乐表示，中国政府 5 月 17 日颁布了一道上谕，命顺天府尹、五城御史、步军统领衙门会同妥议章程，立即镇压在京城闹事的义和团，并令直隶总督裕禄在天津在直隶一体严禁。中国大臣既与窦纳乐坦率讨论中国政府必须加以克服的实际困难，也以最严肃的口吻保证在很短时间内必定能将这场大规模骚乱镇压下去。

窦纳乐相信清政府在“建储”事件引发的国内骚乱稍微平息后，已开始严肃对待义和团骚乱，他和各国公使过去几个月的努力终于见到了成效。

然而第二天，公使团首席公使、西班牙公使葛络干却带来非常悲观的消息，那就是西什库教堂法国主教樊国梁神甫写给法国公使毕盛的一封信。樊国梁把北京描绘得黯淡无光，局面似乎已彻底失控。

根据樊国梁的描述，北京的四面八方已被义和团所包围。他请求公使相信，他是一个了解真实情况的人，而且不会随便胡说，发生在北京和整个华北地区的所谓宗教迫害只不过是一个掩饰，义和团的主要目的是要消灭在中国的欧洲人，这已清楚地写在他们的旗帜上。

樊国梁神甫悲观预言，最大的不幸即将来临，义和团在北京的同谋者正在等候他们的到来，他们将从进攻教堂开始，还将攻击各国使馆。在中国的欧洲人其实已经处在和1870年天津教案发生前夕同样的危险：同样的揭帖，同样的威胁，同样的传单，而且同样缺乏远见。这些揭帖在城里到处张贴，反对一切欧洲人。新的传单天天出现，一张比一张说得更清楚。因此，樊国梁请求法国公使立即派遣至少四五十名水兵驻守西什库教堂，保护教士教民。

大主教樊国梁1837年生于法国，1861年晋升为神甫，25岁时来到中国，从直隶地区助理主教做起。至此，樊国梁已在中国居住了38年之久，能说一口地道的北京话，同社会各阶层经常接触，不但是外国在华人士中元老级的人物，而且受到同治帝、光绪帝相继眷顾和信任。各国公使在阅读了樊国梁这封信后普遍感到恐慌。俄国公使格尔思看完信后立即给俄国政府发出密电，请求派遣海军陆战队到秦皇岛待命。

5月20日下午，在法国公使毕盛请求下，公使团团长葛络干召集英、美、俄、法、德、意、奥、西、比、日等十一国公使举行会议。毕盛在会上呼吁各国公使高度重视樊国梁的判断，强调对于危险无论怎样估计都不算过分，建议各国共同调军队以保护使馆和教堂。毕盛还声称，对于总理衙门只能采取不信任态度，因为他们几乎从来就没有对义和团采取过真正的严厉惩处。他建议各国联合照会清政府，要求必须对义和团采取有力镇压。

英国公使窦纳乐是最初提议调集军队向中国施加压力的人，可是他此时却并不支持法国公使立即调集军队，一是因为英国政府的指示是要求他镇静以待；二是因为在会前窦纳乐曾亲自“访问”过总理衙门，中国大臣的态度使他深受鼓舞。他认为，樊国梁之所以对形势做出如此悲观的估计，主要是因为他受到中国教徒对义和团恐惧情绪的影响。窦纳乐相信一旦清政府拿出诚意，义和团事件很快就会得到平息。同时，窦纳乐基于英国政府的立场，宁愿局势进一步恶化，也不愿操之过急，他不想给已愤怒无比的中国人再施加压力，更不想因此压力而促成清政府内部排外势力进一步结合。窦纳乐呼吁各位公使沉着应变，暂缓出兵。此外，他赞成各国联合照会清政府，并盼望能下几天大雨，缓解华北的持续干旱。在他看来，正是这场罕见的干旱助长了华北农村地区的动乱以及对洋人的仇视。

与窦纳乐态度比较接近的是美国公使康格。康格5月18日同总理衙门官员会晤过，他相信清政府确实觉醒了，中国大臣已对局势的变化感到惊讶，因此可以相信清政府将要采取有力行动。

其他各国公使大多附和窦纳乐和康格的主张，原来赞成调兵的俄国公使格尔思转而同意形势并不十分急迫，可以先提出照会。

既然如此，法国公使毕盛也不再坚持，而是草拟了一份联合通牒，要求中国政府尽快剿灭义和团运动，并对那些玩忽职守的地方官予以严惩。

德国公使克林德建议，如果在五天内得不到满意的答复，或者中国政府不执行任何措施，那么采取一些共同行动是很必要的。

各国公使表示同意，他们认为施加压力的最有效办法，是在山海关附近集结各国军舰。不过他们也都意识到，这仅是一个应急措施。

5月21日清晨，首席公使葛络干将这份照会提交给总理衙门。

总理衙门一度感到非常恐慌，因为各国军舰如果真的在山海关一带集结毕竟对中国不利。总理衙门在限期的最后一天做了答复，表示正在奏请朝廷发布一道更加严厉的镇压御旨。

各国公使并不满意，他们认为答复含糊其辞，既没有把将要发布的上谕内容告诉他们，又没有讲清楚过去的措施中有哪些不足，应该承担什么样的责任。

其实，总理衙门并非故意含糊其辞，对中国政治情况有着独特理解的英国人、总税务司赫德就比较明白。5 月 27 日，赫德在北京致信远在伦敦的同人说：各国使馆正讨论如何应付义和团，北京似将面临被外国军队占领的局面。中国政府处于进退两难的困境：如不镇压义和团，则各国使馆将以采取行动相威胁；如准备镇压，则这一强烈的爱国组织将转变为反抗清政府的运动。

赫德的分析是对的。两害相权取其轻，清政府此时不仅感到各国的压力，义和团运动的失控也使得清政府不得不痛下决心。

满洲贵族从来都清楚，民族主义是把双刃剑，放任民族主义泛滥，势必会从反对外来侵略转化为反对卖国政府、无能政府。5 月 25 日，经慈禧太后批准，步军统领衙门、顺天府、五城御史等联合发布《禁拳章程》，以造言煽惑、人心浮动、易肇衅端为由，严令查毁揭帖，不准刻字铺刻违禁字样，一旦发现，从重惩处；对于青少年练拳，章程责成其父兄实力禁止，如仍敢听任子弟练习，便拿其父兄是问；对于那些聚众演习武术的人，章程规定邻右连坐，实行株连。

在此前后，直隶总督裕禄也奉命多次派兵前往义和团最活跃的直隶中部地区进行镇压。看来清政府真的要动手了。

清廷的行动并没有获得各国公使的信任。5 月 26 日晚，首席公使葛络干召集公使团会议，讨论出兵问题。法国公使毕盛用十分激烈的言词攻击总理衙门的答复仅仅限于口头保证，过去未见实行，现在也只能用来安慰各国公使。他所得到的各种情报证明教会的恐慌有足够理由，他断言在北京将要发生一次严重危及所有欧洲人安全的暴动。他甚至认为，在北京城内外各教堂，清政府派驻士兵表面上是为了保护教会，真实目的是为了在确定屠杀的时间到来之前防止教徒逃跑。如果清政府拿不出迅速而有效的措施，那么他建议各国使节应该请求各自政府调来足够数量的使馆卫队，以预防可能发生的骚乱。

意大利公使证实了法国公使的话，并同意毕盛的看法，以为总理衙门的答复确实难以令人满意，列强应该采取联合行动。

俄国公使格尔思不相信北京所面临的危险像毕盛描述的那样急迫，因此原先考虑的陆战队登陆方案足以应付目前局势。不过他也深切感到不能忽视毕盛的看法。

德国公使克林德更加悲观，他认为无论是期望清政府对义和团进行有效镇压，还是各国公使采取共同行动，都是毫无用处的，因为这个前提是相信清政府能够保持稳定。克林德认为，清政府正在土崩瓦解，因此任何以中国稳定为前提的决策都是不可能奏效的。

各国公使基本认同毕盛的分析，只是在对局势发展危险性的估计上，各位公使将信将疑。他们约定起草一个照会，要求总理衙门具体说明将要采取哪些有效措施。如果届时答复仍令人失望，他们将立即要求各自政府紧急调遣使馆卫队进入北京。

5 月 27 日下午，庆亲王奕劻在总理衙门分别接见了窦纳乐和格尔思。

庆亲王指出，目前的动乱和不满不仅反对外国人和中国基督教徒，而且也是反对清政府的，是国家的敌人。清政府已向直隶总督发出最严厉的训令，要求逮捕和惩罚首恶分子，并驱散受欺骗的一般民众。在北京城内，中国政府也正在采取一切可能的措施稳定局势。作为驻京清军军事指挥官，庆亲王表示愿意承担对所有外国人的保护。

兼任步军统领的另一位总理衙门大臣崇礼向窦纳乐介绍了步军统领衙门遵照上谕所采取的措施。

窦纳乐说，如果不能从清政府方面得到保护，那么他们将调集使馆卫队。庆亲王表示中国政府已认识到义和团的力量和破坏作用，并不反对各国派遣必要的使馆卫队。

庆亲王奕劻的坦诚表态，在一定程度上缓解了各国公使的紧张情绪。各国公使相信清政府正在采取有力措施。因此决定再等待 24 小时，再做最后决定。

28日晚上，各国公使按照预定计划举行会议时，总理衙门的通知已及时送到。然而，鉴于在过去一天里所发生的严重事件，各国公使普遍认为，考虑治安措施的纯例行套语的时候已经过去，因为那些套语甚至写在纸上也是令人不满的。

使馆卫队要进京

在过去一天时间里，北京及其周边地区发生了一系列意外事件。京津铁路沿线最重要的丰台车站、琉璃河长辛店等数处铁路设施、机车房或欧洲人的住房均被焚毁，京津之间的铁路联系已中断。

京津铁路是北京与外界联系的一条重要通道，在过去很长时期里，列强都将天津视为随时进入中国政治中心的重要据点，大沽口外海面上聚集着相当数量的军舰和军队。京津铁路中断意味着各国公使很有可能将与后方失去联络。更可怕的是，各国公使认为，在过去一天中，清政府及其军队的表现实在与庆亲王的保证不相符，因为情报表明，在这一系列破坏活动中，清政府对局势的严重性漠不关心，军队无所作为，听任局势继续恶化。

京津铁路已被破坏以及更多义和团民众正开往京城以增援城内信徒的谣言在外交团及传教士中间引起了极大反响，窦纳乐匆忙邀请北京城内英国教会重要成员于夜间来到公使馆避难，法国公使毕盛紧急要求法国军队进京保护公使馆及传教士。在这种紧张气氛下举行的各国公使会议上，各国公使毫不犹豫地同意“不失时机地”调动军队进京，并委托首席公使葛络干向总理衙门提出照会，要求清政府提供运输上的便利。

5月29日，惊恐情绪稍有平息。已查明京津铁路并没有遭到破坏，一列载有清政府官员的火车自天津到达北京火车站，他们已着手恢复秩序并使铁路重新通车。步军统领衙门已奉命派兵在东交民巷各使馆附近昼夜巡守；大学士兼军机大臣荣禄亦亲往丰台、马家堡一带巡阅，并派武卫中军五营驰赴丰台、马步三营驰赴马家堡，还有一部分清军移驻永定门内，以加强对北京外围防守及城内巡查。

然而，外国人不相信清军已遵照政府指示转变对外国人的态度。或者是因为这些军队尚未接到上级的命令，一些骑马外出的外国人，在通往火车站的街道上，依然感到那些站岗或巡查的清军士兵态度恶劣。

下层士兵及一般民众的态度当然不能代表清政府，但在这种混乱局势下，各国公使已无意于相信清政府。29 日，已经驶抵大沽口外的各国舰队先后接到进入北京的命令。他们迅速派出海军陆战队，由海河乘船到达天津，准备向北京进发。

按照当时国际通行惯例及国际法原则，保护各国使馆的安全，本是驻在国政府的责任，外国军队无权调动军队自行保护，更何况各国驻华使馆在当时并没有真的受到威胁和冲击。然而弱国无外交，在塘沽集结的各国海军陆战队已做好随时向北京开拔的准备。

但这必须要得到清政府的同意，否则中国铁路的官员没有权力将外国武装人员运往天津，更不要说进入中国的政治中心北京了。法国驻天津总领事杜士兰致函直隶总督裕禄，要求中国方面应该竭力帮助各国军队登岸，并速饬所属相关部门尽快提供火车。

5 月 30 日，总理衙门在答复各国照会中拒绝各国军队进京，强调即便一定要进京，也应该再给中国政府一次机会，以便正在采取的措施能够见到实效。

直隶总督裕禄秉承清政府旨意，虽然没有直接命令他所统帅的军队阻止各国军队强行向北京进发，但却下达了一个颇具幽默感的命令：禁止外国军队乘坐火车。

各国公使极为恼火，但是他们也相信，清政府的态度不会坚持很久。

5 月 30 日早上，总理衙门一位译员专门到英国公使馆与窦纳乐会商，希望各国公使能够再给一次机会。然而窦纳乐表示，没有任何事情能阻止各国派兵保护使馆。不过，这支部队的人数究竟多少比较合适，似乎还可以讨论。究竟是仅仅保护使馆呢，还是扩大到足以克服有组织的抵抗，这取决于中国政府。窦纳乐请他转告总理衙门大臣，建议中国政府为使馆卫队前来北京提供一切便利。

在当天中午举行的各国公使紧急会议上，窦纳乐将情况做了通报。法国公使毕盛以为清军是不可指望的，因此向北京派遣特种部队是完全必要的。毕盛还强调，可能董福祥的甘军才是长辛店火车站 5 月 27 日被放火烧毁的罪魁。

意大利公使萨尔瓦葛建议各国公使一致行动，如果中国政府坚持反对外国军队进入北京，那么就必须做出明确决定。否则，各国必须调来特遣部队。

各国公使大体同意意大利公使的建议，推举英、俄、法、美四国公使立即前往总理衙门宣布外交团的意图。

四国公使在会后以不容商量的口气通知中国官员：外交团调兵进京保护使馆的决心已定。为了避免将来不愉快的后果，他们劝告清政府予以同意。如果清政府答应，那么卫队仅留驻到各使馆不再有危险的时候为止。否则，后果就很难预料。

各国公使没有明说而会谈双方都心知肚明的意思是：一旦清政府拒绝，那么各国就调来特遣部队并使用武力，而且还可能会增派大量军队强行北上。到那时，不但东三省、北五省将非中国所有，可能连南方亦非中国之地了。反之，如果清政府适度让步，提供必要的便利条件，那么各国军队进京的人数将会很少，并且仅留驻到不再有危险的时候为止。各国公使蛮横要求总理衙门必须在当天晚上把这个决定通知直隶总督裕禄，要求提供一切便利条件。

总理衙门的大臣们希望用拖延的办法予以缓和。他们借口事关重大，必须要同正在颐和园的庆亲王协商后方可答复。他们答应力争在第二天下午予以答复。

四国公使无意听从总理衙门大臣的建议，或许是因为6月1日（农历五月初五）为中国传统的端午节，他们担心义和团将在那一天弄出更大的危险，因此坚持使馆卫队必须在5月31日抵达北京。

在当晚举行的外交团会议上，四国公使通报了最新进展，各国公使就将要采取的步骤达成一致。他们议定向各国驻天津首席领事发出一份电报，指示他们说服裕禄尽快提供进京火车。

此时，各国驻天津首席领事为法国驻天津总领事杜士兰。杜士兰当四国公使大闹总理衙门时就已前往直隶总督衙门，要求为各国军队进入北京提供协助。在他收到电报后，更明确地告诉裕禄，各国此次送兵进京，并非与中国为难，不过自为保护起见。各国向北京派遣使馆卫队的决定已由各国公使会议通过，万难改易。现在各国军队均已抵达天津，因此不论总理衙门同意与否，各国使馆卫队定准明日进入北京。他甚至不露声色威胁道：如果候至明晨尚不能获得满意答复，那么各国军队即赴车站乘火车动身；若火车拒绝运送，那么各国军队亦将自行前往。

强大的外交压力不能不使清政府屈从于各国的要求。5月31日黎明前，总理衙门秉承慈禧太后旨意致函四国公使，同意撤回反对外国军队进入北京保护使馆的意见，但强调每个国家所调军队不得超过30名，而且一旦北京恢复秩序必须立即撤退。

同日晨，总理衙门奉命致电裕禄，准许他派火车协助各国运送军队进入北京，但必须控制人数。时至近午，总理衙门再次致电裕禄，强调一定要控制人数。

与此同时，清政府及时调整北京的军队驻防，将董福祥的甘军从北京车站附近及京津铁路沿线两侧撤走，因为这支军队一直同情义和团，并一再声言将要阻击外国军队进入。

各国公使对于清政府在人数上的限制根本不予理会，决定在天津已准备就绪的所有特遣部队应立即前来北京，大致每个国家第一批进入北京的兵力以 75 人为限。

由英、俄、美、日、法、意等国军队组成的三百多人的使馆卫队，于 5 月 31 日下午 7 时左右在天津登上一列专用火车向北京进发。随后，德国、奥地利两国援例各派出 50 名和 30 名官兵参加联军，于 6 月 1 日和 6 月 3 日分别进入北京。此后，各国仍不断增兵，至 6 月 8 日，进入北京的外国军队已近千人。这支所谓“使馆卫队”实际上就是后来八国联军的先遣队。他们进入北京之后得意洋洋，庆贺逼迫清政府敞开北京城门让他们“自由走进”的所谓“胜利”。

第三章　走向对抗

清政府对列强的让步使自己陷入两面受敌的困境。在这种情况下，清政府内部各派势力进一步分化，张之洞、刘坤一、盛宣怀等在东南及长江中下游流域经济繁荣地区担负重要责任的封疆大吏出于最务实考量，坚决主张对义和团加紧镇压。直隶总督裕禄虽然继续坚持“剿抚并用”，但鉴于形势急剧变化，他此时对“剿抚”的轻重缓急有了新的考虑，认为再一味主抚恐怕已很难收到实效，必须尽快集中兵力严加惩处。

动荡在加剧

清廷那些具有排外倾向的官僚则主张对义和团运动停止镇压，应该充分利用他们去与国外军队抗衡。5 月 30 日，军机大臣、刑部尚书赵舒翘联合顺天府尹何乃莹上奏清廷，表示义和团到处蔓延，诛不胜诛，不如改用安抚、招安的办法，将他们编入清军序列，统以将帅，因其仇恨基督教之心，用作果敢之气，化私忿而为公义，缓急可恃，似亦因势利导之一法。这一建议据说是端王载漪等人的旨意。

招抚义和团成为清军的助力，势必招致列强的反对，列强会认为清政府是不是准备与各国公开为敌呢？为此，赵舒翘、何乃莹提出两条理由：一、各国练兵，所以自卫，例非他国所能干预；二、将义和团收编后，将有严厉的纪律约束他们，不令滋事，因此对于和局肯定不会有所妨碍。

慈禧太后对义和团固然并没有真正的好感，但她此时更反感的是列强的威胁。她担心列强坚持派兵进京的真实原因不仅仅是为了保护各国使馆，可能还有试图干预中国内部事务，尤其是利用中国内部力量推翻她的统治，重新建立新政府的企图。

因此，当列强要求清政府同意他们向北京派兵时，慈禧太后的最初反应是模棱两可。她一方面期望加强对义和团的镇压来换取列强的宽容，遂于5月29日和30日连下两道谕旨，要求地方文武官员严厉查禁义和团；但另一方面，慈禧太后也反复告诫地方官员在处理义和团事件时要区别对待，分清良莠。

很显然，慈禧太后两面讨好的政策既不能从列强那里讨得欢心，也很难从义和团那里获取支持。义和团在这种政策鼓励下，获得更大发展；而列强对这种状况当然更加不满。

因此使馆卫队进入北京后，各国公使继续向清政府施压，并向中国增调军队。截至6月2日，集中在渤海湾和大沽口外的各国军舰共有24艘，其中英、德、日三国各3艘，美、法、意三国各2艘，俄国有9艘。同日，奥匈帝国的“岑塔”号巡洋舰也由日本佐世保港口向大沽口方向行使。

各国公使调动军队进入北京主要是为了保护公使馆和各国侨民，另外也有帮助中国政府镇压义和团的目的。在最初阶段，使馆卫队的到来对于稳定外国人情绪起到过作用，在以后的一两天里，从城内各个偏远教堂来的教士们说，人们的态度有了显著的改善，而且局势近乎正常。前往使馆避难的妇女儿童开始返回自己的住宅。

更为重要的是，原先纷纷传言端午节将发生重大事件并没有变成事实，人们还算平安地度过了这一天。据在北京居住将近半个世纪的赫德说，一周来他们那里很热闹，有两三次情况紧张，他们都准备行动。海关和同文馆的外国雇员都集中到赫德的住宅里。他们有二十支来复枪，可以保护妇孺。他们好像“笼中之鼠”，日夜担心，不知什么时候会遭遇大难。头一天担心中国军队不反对义和团；第二天又变成另一种恐惧，既怕中国军队和义和团联合起来对付外国人，又怕各国使馆卫队的到来会引发中外敌对行动。

端午节的恐惧消散之后，外国人的心情不那么紧张了。赫德认为，仅就北京而论，危机已经度过，但义和团似乎还在扩展。新的传言又出现了，说中秋节才是在中国的欧洲人真正危险的日子。

但不管怎么说，中秋节还有三个月的时间，目前如果不发生意外，北京的局势应该很快能够趋于稳定。

然而，安全感是短暂的。很快，又传来更加令人震惊的消息：6月1日，在保正路工作的36名欧洲人，鉴于当地局势动荡不已，人身安全无法保证，铁路既已破坏，工作也无法继续，决定乘船由保定前往天津。然而，他们在距保定160里的雄县小龙王村附近遭遇义和团拦截阻击，被驱赶上岸，双方发生直接冲突。这些欧洲人开枪射击，杀出了一条生路，仓皇逃往天津。不幸的是，当他们于6月2日狼狈抵达天津时，却发现已有9人失踪，稍后证实其中4人死亡。这36名欧洲人主要是比利时人。

比利时公使紧急请求俄国公使派遣军队前往协助营救。俄国公使同意派驻防在天津的25名哥萨克骑兵前往救援。6月2日晨，这些哥萨克骑兵从天津出发。到了晚上，当他们还没有迎接到这些欧洲人时停止了行进，因为担心夜间行走可能会不安全。然而不幸的是，他们在独流镇被义和团和村民阻拦并包围。

由于哥萨克骑兵曾经收到不准向中国百姓妄发枪弹的军令，于是只能拔刀格斗，混战中杀死两名中国人。

哥萨克骑兵的行径激怒了中国人。这些中国人额束铜箍，腰系红带，口中喃喃不绝，策马与哥萨克骑兵交手。哥萨克骑兵怀疑这些人就是所谓的义和团祖师，于是挥刀杀之。血肉之躯自然抵挡不住哥萨克骑兵的马刀，二三十名中国人转眼间变成刀下鬼，其他村民见状一哄而散，哥萨克骑兵仓皇逃回天津。

慌乱中，一名哥萨克军官从马上跌了下来，被愤怒的中国民众连刺六枪；一名试图去营救的哥萨克士兵被割掉了鼻子。在这场冲突中，据说有14名中国人被杀死。

5月底开始，中国人与外国人之间的仇杀越来越严重。义和团民众为了阻止各国军队继续进犯北京，又一次掀起破坏京津铁路的大规模活动：

5月28日，高碑店以北的桥梁、站道、车辆被焚毁殆尽；高碑店以南铁路并保定府的料场岌岌可危；

30日，义和团烧毁定兴火车站，焚烧长辛店洋房；

31日，保定以南方顺桥车站及附近桥梁、铁道均被烧毁；同一天，高碑店附近铁道被拆毁一段；自涿州至卢沟桥全线被毁，枕木、钉板一概无存，铁轨弃置道旁；

6月1日，直隶安肃县南及方顺桥附近车站、铁道、桥梁及房屋等再次被焚；芦保、津芦铁路均受到威胁，西路电线已断；因为收到北京传来“不准开仗”的指示，驻守在涞水一带的清军弃守两难，近于“解体”，义和团乘势攻占涿州城，城门启闭，概有义和团掌控。官府办公之人不得入城，城内文武官员具文而已。稍后，涿州义和团甚至将武卫前军马队左营管带聂汝康及马兵等 17 名全行扣住。保定省城内亦有大量义和团在活动；

2 日，高碑店以北的铁道、车站、电线杆等均被拆毁，自保定至长辛店铁路沿途均由义和团控制，京师周边的交通已受到了严重限制；

3 日，天津至卢沟桥铁路受到威胁；

4 日，黄村火车站及附近桥梁、电线杆等均被焚毁，义和团与前往镇压的聂士成军左路后营管带张继良部发生激烈冲突，清军伤亡八十余名。

义和团的发展势头非常迅猛，他们在与清军冲突后，已开始有计划、大规模向京津方向挺进。义和团首领张德成在直隶静海成立“天下第一团”，随后率团进入天津，促成天津义和团迅猛发展，京津局势更加严峻。

在破坏铁路、阻断交通及电讯通信设备的同时，义和团民众对于外国人尤其是传教士几乎达到见了必杀的程度：

6 月 1 日，直隶顺天府永清县数百名义和团民众于清晨攻入县城，公然焚毁教堂，杀死英国教会传教士一名，带走一名，将之囚禁在邻近一个村庄里，并于第二天将其杀死；直隶雄县的义和团也于同一天围攻八方村教堂，威胁传教士及教民安全；也在这一天，直隶蠡县高家庄教堂被义和团焚毁，损失惨重；

6 月 2 日，京师义和团放火焚烧麦加利银行，天津义和团在这一天放火烧毁苏家桥教堂；直隶晋州彭家村义和团在这一天放火烧毁该村及吕家村教民房屋数间；

6 月 4 日，保定以南之清苑县义和团与该县教会武装发生大规模军事冲突，当地义和团民迅速集结外来团民约两千人与教会武装相对峙。

对于前往镇压的官军，义和团毫不客气地予以打击，聂士成部属多次在与义和团冲突中受到伤亡。

迅猛发展的义和团运动不仅成为清廷有识之士的心头之患，更使各国公使食无味，寝难安。

过去以为义和团大规模破坏铁路、电线等近代设备，是因为对近代文明的仇视。其实，这与当时洋人的不法行为尤其是工程中所使用的来自福建的翻译人员有关。据时在芦汉路任职的张美翊分析，他 1899 年秋在保定一带公干时就听到一些议论，指责工程办工员役倚洋欺民，甚至聚众强奸良家妇女，调戏不遂，栽赃诬陷。至于那些福建翻译员，年轻学浅，与洋人言则洋语不够，与北人言则北语不够。言语不通，情意遂致隔阂。至于其是否渔利舞弊，无从佐验，不敢随便乱说，但总使人不可避免有某些怀疑。张美翊建议督办铁路事务大臣盛宣怀将长辛店铁路先逃之司事、翻译及平日在工声名恶劣之人，从重惩罚一二人，以励其余，以谢居民，以杜言者之口。

至于长辛店一带一再发生民教冲突，在张美翊看来是用人体制发生偏离所致。他认为，工程中翻译员多为洋人所用，不归中国总办节制，这是一再发生用人失误的根本原因。

这些分析表明，义和团之所以在长辛店一带大肆破坏铁路、电线，甚至迫害洋人工程师，有铁路管理方面的原因在。然而由于时间紧迫，这些建议来不及获得高层的注意。

联军在集结

面对日趋恶化的京津局势，各国公使惶恐不安，他们担心如果义和团运动继续扩展，那么北京将可能沦为孤岛，他们都很有可能被长时期围困在这个孤岛上。为此，他们几乎是不间断地召集会议，商讨对策。

在6月4日各国公使会议上，俄国公使就派兵营救比利时工程人员的行动做了解释，以为在当时背景下，这只是特例，各国不要认为这一事件是俄国深入内地进行武装征讨的借口。

法国公使认为，京津之间火车已停驶，电报联系不久也可能中断。他建议那些在天津海面停泊有舰队的各国公使应该立即请求各自政府，北京一旦沦为孤岛，各国舰队司令官就应该自行采取必要援救措施。这个建议被各国公使普遍接受。

6月4日下午，英国驻华公使窦纳乐按照约定前往总理衙门，严厉质问清政府打算采取什么措施以惩罚早先在永清杀害英国传教士的凶手，并使被劫持的另一名传教士尽快获释。中国大臣答复说：直隶总督对此负责，总理衙门已电告总督派军队前往肇事地点。

据窦纳乐回忆，中国大臣对于传教士被杀和被劫持的恶性事故并没有表示惋惜之意，或急于设法营救被囚禁传教士的愿望，他们的态度极为冷淡，甚至有一位大臣在译员口译窦纳乐谈话时竟睡着了。

这终于惹恼了窦纳乐，他以极为强硬的态度当面表示：英国政府必须使清政府对这种漠不关心的态度承担责任，这造成了目前可耻的情况。他坚持要求同庆亲王举行直接会晤，因为他觉得同这些大臣们讨论问题毫无用处。会晤约定在第二天举行。

窦纳乐很快获悉，那位被劫持的传教士已被残忍杀害，他迅速将这一消息告知英国驻天津领事贾礼士。贾礼士迅即电报英国政府，并向英国驻华舰队司令官发出紧急请求，要求速派强大援军驶往北京，并建议使用一切积极的对抗措施。

第二天下午，窦纳乐如约与庆亲王奕劻举行会晤。庆亲王代表中国政府对传教士遇害表示极为遗憾和诚挚道歉，其语气、态度都使窦纳乐感到满意。

在谈到如何镇压义和团时，窦纳乐指出，没有丝毫迹象表明清政府企图严肃处理义和团骚乱。这导致京城几英里以内人们生命不安全，而且就在京城内也有发生骚乱的严重危险。他告诉庆亲王，就他的判断而言，不镇压义和团会直接导致外国军事干涉，无论各友好国家对这一行动感到多么遗憾。

庆亲王重申自己对各位公使人身安全的保证，但据窦纳乐感觉，庆亲王采用了较过去更为敷衍的态度。庆亲王说，朝廷已经征调聂士成提督率领 6000 名士兵保护京津铁路安全。

窦纳乐表示怀疑，根据他所掌握的情报，有足够理由相信聂士成的部队或许是去保护铁路，但他奉有枢廷密令，绝不允许向义和团开火。

听到这里，庆亲王立即显现出“某些戏剧性的惊讶表情”。庆亲王说，义和团运动那样深入人心，而民意又是这样的激进，因此政府决不能漠然视之。这个运动首先是由于中国基督教徒及其教士们的行动而引起，是民教冲突的一种表现，民教之间的矛盾是根深蒂固的；虽然教徒们受到严重损失，政府财产遭到破坏，但直到目前为止，普通的中国老百姓绝没有受到骚扰。如果由于义和团表达了人民的普遍情绪而不分青红皂白地予以惩罚，那么中国老百姓将认为那是最不公平的。庆亲王承认，清政府确实不愿意严厉惩处义和团民众。

会晤快要结束时，另一位总理衙门大臣许景澄走了过来，他向窦纳乐介绍了义和团在清军中的发展情况，根据他的预测，不要多久，清军都将成为义和团。

窦纳乐显然没有获得他最想得到的东西，即中国政府能够迅速而坚定地镇压义和团运动，相反，庆亲王奕劻的游移不定足以表明清政府在事态继续恶化的情况下无能为力。在劝告朝廷的事情上，庆亲王承认自己已完全失败。窦纳乐相信，作为清政府的一个杠杆，总理衙门正在彻底瓦解。

回到使馆，窦纳乐仔细回味刚才的谈话，越来越感觉形势只会继续恶化。他立即致电英国驻华舰队司令官，询问他是否能够再调拨 75 名士兵以加强英国驻华使馆的安全。至于在中国各地的教会，窦纳乐倾向于在形势继续恶化时予以放弃，他当然也意识到一旦放弃这些教会，各地教堂将必然发生不可遏止的火灾。

在此后几天时间里，窦纳乐与各国公使密集协商。他们一致认为，如果慈禧太后的态度不能发生根本改变，局势将更加危险。各国公使一致决定继续向北京增派军队，并照会清政府负起保护京津铁路和电报线安全的责任。为了直接抗议清政府对各国使馆及列强在华利益保护不力，公使们准备要求集体觐见慈禧太后和光绪皇帝。

6 月 6 日中午，常常作为庆亲王使者与窦纳乐进行联系的中国译员联芳前来拜会窦纳乐。窦纳乐谈起集体觐见两宫的想法，并称是为了支持庆亲王和总理衙门镇压义和团的想法。

不久，联芳匆忙赶回来告诉窦纳乐，这个想法使总理衙门大臣极为不安。他奉命通知窦纳乐，聂士成提督已接到最严厉的命令镇压义和团叛乱，而且聂军实际上已在铁路沿线与义和团发生冲突，京津铁路交通将在三天内恢复。

集体觐见慈禧太后和光绪帝的要求不过是从外交上向清政府施加压力，当外交压力因种种原因无法实现时，各国公使就要做好动用武力的准备。

其实，早在 6 月 4 日，窦纳乐就电请英国政府命令停泊在大沽口的英国舰队司令与各国舰队司令官会商，为营救在北京的外国人而尽快采取措施。其他各国公使也先后催促各自政府立即派遣强大援军。

6 月 6 日，英国驻大沽口舰队司令西摩中将在“百人长号”军舰上与法、德、意、俄、奥、美、日等国高级海军军官举行会议，会议最终达成了谅解，同意在必要时一致行动。

在会议上，西摩通报说，京津地区的局势变得更加严重，好几名欧洲人已被杀害；中国人对一切外国东西强烈反感；中国政府未能做任何事情制止骚乱。西摩还向海军部通报了他已采取的几个应急措施，包括命令英国军舰“曙光号”及“凤凰号”从威海卫开往大沽口海面，命令“汉伯尔号”驶往山海关。

西摩的建议很快获得英国海军部的批准，授权西摩有权处置在华英军的行动，可以和其他国家司令官一起，采取大家认为适当可行的措施。

英国外交大臣索尔兹伯理也在6月7日批准窦纳乐6日要求授予全权的请求，表示窦纳乐公使酌情处理事务的自由必须完全不受约束。

与此同时，各国公使及舰队司令官也先后接到本国政府指令，都被授予“极广泛的全权”，可以视局势发展自由而不受任何束缚地决定采取措施。

各国公使将军队不断向天津集结，至6月初，在天津租界的联军已达两千余人。他们计划先用武力夺取天津，然后再由天津乘火车前往北京。

主抚派暂占上风

列强的气焰进一步激怒了义和团。为了阻止联军向北京进犯，义和团再次拆除京津铁路部分铁轨。6月8日，天津方面传来消息，说义和团已到达杨村，正在焚毁该处铁路桥梁，被派去保护铁路的聂士成军并没有阻止义和团的破坏行动，反而开始撤回他们在天津以东的芦台营地。

在各国公使看来，聂士成撤回芦台，就意味着总理衙门声言可以信赖的唯一部队已放弃保护北京的企图，也粉碎了他们寻求恢复京津铁路的一切希望。各国公使认为，刻下惟有各国合谋保护传教士、侨民以及那些教民的身家产业，并迅速采取行动，果断占管铁路，争取主动。

各国公使不再相信清政府镇压义和团的承诺，依然继续派兵进入北京。在这种情况下，要想单纯依靠武力将义和团镇压下去几乎是不可能的。更为严重的是，当清廷决定向义和团大开杀戒时，个别官僚认为，这样不仅无法有效平息骚乱，反而使那些无辜民众深感委屈。因此当列强不断向大沽口外集结军队时，慈禧太后试图对义和团进行缓和性瓦解。

慈禧太后的这一转变引起了强烈反响。6月4日晚，据闻慈禧太后密召军机大臣入宫议事，庆亲王奕劻、端王载漪、军机大臣刚毅、军机大臣赵舒翘、体仁阁大学士即大阿哥的师傅徐桐等都认为义和团民众忠于大清王朝，如果能够配备适当的装备，那么义和团民众就可以在一定程度上帮助大清王朝与列强对抗。

对此，荣禄及首席军机大臣、礼亲王世铎等人很不以为然，而汉军机大臣王文韶则继续奉行多年屡试不爽的圆滑政策，不点头不摇头，什么都不负责。

当时的形势是，京津一带义和团民众遍地皆是，每日新增数量庞大，成分复杂，既有汉族士大夫，也有许多满族人。凡此都为慈禧太后的最终决定制造了相当复杂的障碍。

慈禧太后依然在主抚还是主剿中徘徊游移。面对危局，驻外疆臣忧心如焚，两江总督刘坤一、直隶总督裕禄、湖广总督张之洞、两广总督李鸿章、闽浙总督许应骙、山东巡抚袁世凯等皆主坚决讨伐。

6月6日，裕禄致电总理衙门，力陈义和团断非仅恃劝导所能解散，政府的选择只有一条，那就是自行剿办，尽早平息骚乱，否则一旦联军动手，势必酿成大患。

深悉洋务的会办商务大臣盛宣怀也曾在6月3日起草一份建议书，建议清政府要趁义和团还没有结成更大势力的时候予以剿灭。

清政府没有采纳他们的建议，也没有立即做出最后决断。太后的犹豫使清政府的权力系统一分为二，主抚、主剿双方都利用自己的权力系统发号施令。此后不久，清廷权力系统不断传出相互矛盾的声音，发布相互矛盾的命令。

6 月 5 日，清廷派军机大臣赵舒翘会同先一日被任命为都察院左副都御史的何乃莹前往涿州等地向义和团民众喊话，希望他们能够和平解散，否则，一经大兵剿捕，势必父母妻子离散，家败身亡。第二天，清政府又加派协办大学士刚毅前往涿州一带“察看”并“劝散”义和团，“名为宣旨解散，实隐察其情势”，“意在以劝导为要”①。这实际上引发了义和团大批进入京师。

6 月 6 日，清廷再发上谕，有意改变先前一意剿灭义和团的既定政策，宣称义和团兴起主要是由于法律诉讼案件中偏袒传教士和中国教民所引起的。拳民和教民一样，都很值得同情，但是不论拳民，还是教民，只要涉及刑事犯罪，涉及毁坏教堂及铁路等财产，都是法律所不能容忍的。上谕表示，只要义和团立即交出那些破坏铁路等财产的首恶分子，一般拳民可以获得宽大处理，否则将遭到彻底镇压。

清廷显然希望缓和与义和团之间的关系，并借此收服义和团民众。

不管清廷出于怎样的考虑而发布这份上谕，实际上都意味着对义和团采取的强力镇压措施在根本没有实行的情况下又被废弃了。各国公使、在北京的外国观察家表示深深失望。

窦纳乐的第一反应是，这份冗长的上谕歪曲了义和团骚乱发生的原因，只字不提传教士被杀是令人难以容忍的。该上谕也许表明朝廷中存在两种极端立场的相互妥协，但总的语气是令人极不满意的，在精神上是对 5 月 29 日和 30 日两份上谕的继承。这三份上谕在谴责不良分子利

---

① 《庚子剿办拳匪电文录》,《义和团》(4)，348 页。

用义和团运动制造骚乱行为的同时，还贯穿着一种极为宽大的精神，尤其是6月6日的上谕。

在窦纳乐看来，这份上谕着重强调传教士干预基督教徒和非基督教徒之间的诉讼所激起的恶感。这个说法可能有道理，但是，当基督教徒到处遭到屠杀时，在一道声言要缓和激愤情绪的上谕中，无论如何不应该把这个问题摆在中心位置。

窦纳乐指出，这道上谕的主要问题，是因为它对过去几个月的野蛮行动绝不含有丝毫谴责。与此相反，义和团被说成是中国良民，其中混杂着不良分子，而且它明白地说明朝廷对义和团民和基督教徒一视同仁。实际结果是，无论义和团如何公开宣传以及招募新成员，地方当局都没有合法权利去触及他们，而到了活动爆发，制止他们的实际力量已经不存在了。

在北京的外国人普遍认为，6月6日的上谕没有将义和团焚毁铁路、伤害传教士的事实如实叙述。他们本来就怀疑赵舒翘等人仇视欧洲人、暗助义和团，现在在赵舒翘等人影响下所发布的上谕果然都是敷衍之语。因此各国正可利用自己的力量代为剿灭义和团，不必继续观望。换言之，这份上谕为列强直接出兵剿灭义和团提供了难得的口实。

6月7日，奉命保护铁路、恢复交通的聂士成部在赶赴丰台火车站途经廊坊时，遭到了义和团有组织的截击。义和团主动与清军交手，这在过去不曾有过。这显然意味着义和团与清政府的关系也在发生变化。聂军被迫折回落垡，又与正在拆毁铁路的义和团发生激烈冲突，各有伤亡。同一天凌晨三时许，聂军邢长春部获悉义和团焚毁北河大桥，乃密率马队前往阻止，不料遭到上千名义和团民众的攻击，清官军被迫开枪。不久，定兴大东沟数千人闻讯赶来协助义和团与官军作战。

也正是这一天，京城周边各州县义和团民众三五成群，头包红布，手持刀械，开始络绎不绝进入京师，形迹可疑及结党持械、造谣生事之人随处可见。这些遍布京师的义和团民众于城厢内外遍张揭帖，略谓必须焚毁教堂，杀尽教民，劝中国人万不可皈依基督教、天主教。

6月8日，京津地区形势急剧恶化。在北京的义和团在与教民的冲突中残忍杀死教民数人，并焚烧不少房屋，京师城门被迫关闭半天。在通州，一群前来避难的美国传教士遭到了义和团的攻击，传教士们把他们的房屋交给清军看管后，其房屋竟然也遭到了焚烧和抢劫。

在天津，由义和团首领杨寿臣率领的数百名义和团民自安次县进入天津，于三义庙建立总坛，树立旗帜，大量无业游民纷纷往投。自此，天津城厢内外相率立坛，仅两天时间，城厢内外据不完全统计就立坛三四十处，每处数百人或数十人不等。

同一天，京津地区的义和团民依然继续破坏京津之间的铁路，廊坊、落垡一带的铁轨已被拆毁，并逐步向靠近天津的杨村逼近，负责保护京津铁路的聂士成部被迫后撤，京津之间的铁路联系实际上已经中断，总理衙门所许诺的迅速恢复铁路交通的计划被彻底粉碎。

随着局势急剧恶化，荣禄深感痛心，前往颐和园求见老佛爷，力请太后迅速回宫，召集御前会议，研究并决定应对方针。6月9日晨，慈禧太后携光绪帝匆忙赶往宫中，召集满汉大臣讨论局势。

6月9日，北京及天津地区骚乱的消息不时传来，引起各方面恐慌。那天早晨，北京以西大约三英里的地方，一伙义和团民众突然从附近庙宇中冲了出来，放火焚毁那里的跑马场大看台。这个跑马场是在外国侨民常去的娱乐场所。大看台被焚毁，一个中国基督教徒被活活烧成灰烬。这个消息使各国公使极度震惊。

当天晚些时候，英国驻华使馆一群学员在城外骑马，遭到了几十名用刀矛武装起来的义和团民众的袭击，学员们开枪还击，才幸免于难。

也是在这一天，天津南乡一带义和团民众大规模集结，据说已达数万人。在通州的义和团民众继续焚烧教堂，在落垡的义和团民众更是不顾一切地与聂士成部展开决战态势。各国公使普遍相信，不是中国政府有意识纵容义和团，就是统治能力已经丧失。他们无法继续容忍形势恶化，决定以自己的力量去解决问题。

事实上，京津地区局势进一步恶化远远出于慈禧太后的估计。9日凌晨她匆匆忙忙从颐和园赶回宫中，足以显示她将就如何平息骚乱、恢复秩序、稳定人心，做出新的决定。她已经给了主抚派一个机会，但他们的表现实在令人失望，现在她必然的逻辑就是起用主剿派。

然而在9日的御前会议上太后仍然没有做出主剿决定，大概因为参加人员中主剿大臣太少。朝中只有荣禄及礼亲王世铎等人主剿，而主抚派大臣占绝对多数，特别是新立的大阿哥的父亲端王载漪仗势欺人，且制造种种谣言。他们为了掩饰招抚政策的失败，继续假借御侮的旗号，鼓吹义和团的忠诚神勇，继续昌言招抚义和团共御外侮。他们将无法平息骚乱的原因归结于洋人的压迫，甚至谎报军情称洋人的目的是为了推翻太后的统治，重建一个他们所希望的政府。

担心被洋人所推翻，是太后一直以来心中的疙瘩，她原本准备起用主剿派的设想在这最忌讳的言论刺激下又化为泡影。结果，会议的决定与原先的期待刚好相反，太后拍板不再对义和团进行剿灭，命令董福祥的甘军从南苑进驻北京城里，并任命端王载漪为总理衙门新任首席大臣，另外一些主抚派骨干如礼部尚书启秀、工部右侍郎溥兴、内阁学士那桐等在总理衙门上行走。这个结果意味着主抚派暂时胜利，清政府与列强不可避免地走上对抗。

无能的西摩

端王载漪出任首席大臣的消息，引起了各国公使的普遍不安。他们认为，所有情报都表明端王是宫廷内设立义和团神坛的主要支持者。端王和其他几位获得任命的官员先前并没有主持过外交事务，他们在任职后既没有对各国使馆进行例行拜访，而各国公使受那些传闻的影响，也不愿意主动与他们进行接触，于是中外之间的沟通越来越困难。

各国公使普遍认为，由端王载漪出任首席大臣将意味着在北京的外国人的处境更加危险，总理衙门极可能变成一个执行清廷排外政策的工具。因此美国公使康格甚至提议各国公使不应当承认这一人事变动。

各国公使像热锅上的蚂蚁一样，利用一切可以利用的渠道获取资讯。6月9日，英国公使窦纳乐为了证实那些满天飞的传闻的真实性，想办法见到了与其关系比较密切的总理衙门译员联芳。

窦纳乐向联芳转述了那些传闻，其中最重要的是说慈禧太后在端王载漪等顾问影响下，已决定消灭所有在北京的外国人。还有传闻说甘军首领董福祥提督已经表示，只要朝廷一声令下，他的军队就能够很快将在北京的所有外国人逐出中国，或者将他们抛到太平洋里去。

联芳对这些传闻未置可否，但他欲言又止故弄玄虚的姿态使窦纳乐相信这些传闻并不是空穴来风。

谈话一结束，窦纳乐顾不上参加原先约定的公使团会议，匆忙致电英国驻华舰队司令官西摩，通报北京局势极为严重，要求立即派遣增援部队进军北京，否则就可能太迟了。

随后，窦纳乐前往参加公使团会议通报了中午与联芳的谈话。窦纳乐认为，现在的局势是极端危机的，公使团必须向中国政府正式提出集体觐见慈禧太后和光绪帝的要求。

窦纳乐对局势的悲观估计并没有获得公使团的认同，公使团会议根据法国公使的建议不再采取军事行动。他们认为，清政府过去几天里在镇压义和团的问题上应该说是严肃的、认真的，京津地区的危机应该能够在很短时间里予以化解。

窦纳乐受此影响，遂在会后致电西摩，通知他暂时与各国军事力量保持一致，静待事态发展。

然而到了当天晚上八时许，窦纳乐突然从“至今认为可靠的中国方面”获得消息，称慈禧太后在召见大臣时已公开表示希望把外国人逐出京城，同时董福祥的部队只等待发动总攻的命令。董福祥的甘军不仅体格上超过一般中国人，而且其军事装备在当时也是最好的，并且有很充足的军火供应。这支部队在 1896 年镇压回民起义获胜以来，素以勇敢和残忍而著称。

这个所谓可靠的情报使窦纳乐不再相信各国公使在下午会议上对形势的判断，而是以为危险逼近，不容许任何拖延。他于当天晚上八时半第三次紧急致电英国驻天津领事贾礼士及西摩，告诉他们必须派部队登陆，并且为立即进军北京做出一切必要安排。

由于各国公使无法从正常的外交渠道获取信息，满天飞的谣言深深困扰着他们。宁可信其有，不可信其无。为预防万一，各国公使都往最坏的方面准备，即便是一直与清政府保持良好互动的俄国公使也有点沉不住气了，他在同一天也向本国政府发出了类似内容的电报，预感各国公使在北京的作用或许将要结束，未完事宜应该移交给各国海军将领。格尔思也开始认为，只有联军的及时到来能够挽救在北京的外国人。

窦纳乐的急电请求引起了英国驻华舰队司令官西摩及英国驻天津领事贾礼士的高度关切，在贾礼士的安排下，各国驻天津领事和海军司令官立即举行紧急会议，讨论窦纳乐所提出的要求。日、意、奥、美等国领事和司令官同意和英国军队一起派遣所有可能使用的士兵充任增援部队，保护正在修复铁路的筑路人员，并为救援各国使馆逐步向前推进。

法国人和俄国人反对立即派遣增援部队。俄国人反对的原因很简单，因为俄国军队约 4000 人正在从旅顺口向大沽口调防的途中，如果各国即刻增援，俄国在兵力上显然不占优势，无法成为联军主力。

俄国驻天津军事负责人沃加克上校的真实想法是等待俄国军队到来，由这支军队充当联军进犯北京的主力。因此他试探着向与会者建议，俄国在旅顺口驻扎有 1.2 万人，北京的局势如果真的像窦纳乐所描述的那样严重，就应当向旅顺口要求派兵。

沃加克的建议仅仅获得法国驻天津领事的赞同，其他与会者表示反对。

法国及俄国的不合作态度无法阻止联军的组成。与会者普遍认为，北京的形势确实危机，不能等待香港或旅顺口的军队集结到天津后再出发。他们决定迅速组建一支联军，主要来源为驻扎在大沽口附近的各国舰队的水兵和海军陆战队。

根据各国驻天津领事及各国军事将领联席会议的精神，英国海军司令西摩中将即刻致电英国海军部，要求海军部授权他率领可供使用的全部士兵立即登陆，并希望与各国军官密切合作。

会后大约两个小时，由西摩率领的 300 名英国士兵、100 名美国士兵、60 名奥地利士兵及 40 名意大利士兵组成的联军连夜由塘沽乘船向天津集结，其他国家的军队也连夜由大沽口外海面上的军舰换乘炮艇或鱼雷驱逐舰向塘沽转移。10 日凌晨三四时在塘沽先后登陆，然后换乘火车向天津集结。

根据约定，这支临时组建的联军由英国中将西摩担任统帅，美国上校麦卡加拉任副统帅。为了均衡，各国在参加联军兵力上达成谅解，原则上所派陆战队数量大致相等。

在西摩联军向天津集结的同时，各国驻天津领事与直隶总督裕禄进行紧张交涉，他们要求总督尽快提供一列专用火车，并下令中国军队及铁路管理部门尽快修复被毁坏的铁路。各国领事扬言，如果裕禄不答应，他们将采取必要手段自行解决，或者夺取一列火车。

裕禄表示，在未得到朝廷许可前，无论如何无法同意外国军队乘火车进入北京。有了裕禄的态度，铁路管理部门当然不肯为联军调度火车。

这些手段根本无法阻止联军，英国人和德国人跑进车库，抢夺机车，并派上自己的司机。上午9时30分，西摩率领英、美、奥、意等国500名全副武装的士兵乘坐第一列火车向北京进发。这列车除一节车厢装有速射炮、野炮等重武器外，许多车厢装有准备修复铁路的材料和工具。联军还带有几名英国工程师、司机，并强迫七十多名中国劳工随行。如果遇到被毁坏的铁路，他们就边修复边行进。

上午11时，由英、德、日、法、俄等国六百余人组成的第二批联军也乘专列向北京方向驶去。这一天，联军共从天津开出三列火车，运送联军两千余人。在此后的两三天内，向北京运送的联军与武器不断增加。

西摩联军出发时准备并不充分，他们自信凭借优良装备及优良交通工具应该很快冲进北京，甚至打算赶到北京公使馆吃晚餐。因此，各国海军陆战队在匆忙中只准备了两三天的粮食，每名士兵也只发给两百多发子弹。至于途中可能遇到的困难，联军将领不仅没有合适的预案，甚至也没有与各国军官进行必要的协商沟通。他们不相信乌合之众般的义和团民众能够与他们对阵，认为清军已被他们的公使、领事所说服，愿意与联军联手对付共同的敌人。后来的事实不仅证明他们太低估义和团和清军的反应力、战斗力，而且错误估计了中国人的态度。

西摩联军自天津强行出动的消息传开后，很快激起义和团和部分清军的强烈愤怒。义和团在京津铁路沿线立即行动起来，拆毁铁轨，搬走枕木，迫使联军边修路，边行进。西摩联军在第一天虽然没有遇到强有力的反抗或袭击，但行进极为缓慢。到晚上，第一列火车也只行进到距天津五十公里处的落垡车站。

在北京，联军出动的消息首先在清军内部发生震动。原先奉命在杨村一带保护京津铁路和镇压义和团的聂士成于10日紧急致电荣禄、裕禄，请求率部返回芦台，放弃镇压义和团，以便集中兵力反击联军的进攻。刚刚调进北京的董福祥甘军得知联军出动的消息后，迅速控制北京火车站，准备迎头痛击联军。

6月11日，传言联军先头部队即将抵达北京，日本驻华公使馆书记生杉山彬奉命出城迎接。当他来到南城永定门要求出城时，驻守在那里的甘军不仅没有放他出城，反而将其扣押起来。

甘军士兵根本没有弄清楚杉山彬的真实身份。在混乱嘈杂的局势中，甘军士兵毫不客气地把杉山彬的头颅割了下来，并残忍地将其肢解。

杉山彬被害的消息很快传遍公使馆。日本公使馆迅即表达强烈抗议，并要求中国政府尽快将杉山彬的尸体送回公使馆。中国政府清楚地知道杉山彬的尸体被甘军遗弃在距离永定门不远的城外，但不知什么原因，却拒绝了这一请求。

享有外交豁免权的公使馆人员竟然被中国的正规军在光天化日下杀害，中国政府竟然根本不理睬日本公使馆寻找遇害者尸体的人道主义请求。这些极端不利的负面消息在外交团中急剧地传播着，不仅造成外交人员的高度恐慌，而且使仇恨越结越深，极大增加了各国公使对中国政府的不信任。各国公使想尽办法催促联军加快北上的步伐，并向中国政府提出接二连三的外交抗议，在得不到积极回应后，各国公使只能自行组织起来，加强使馆防卫。

其实，当西摩联军刚刚出发不久，义和团就毫不客气地将北京与天津之间的电报线路切断，这样一来，所有联系也就自然中断，陷入孤岛中的各国公使、西摩联军及天津领事团对局势更加忧心忡忡。

西摩联军向北京进发引起清政府的高度恐慌。慈禧太后以为这可能会极大地动摇她的统治地位，因而坚决反对。6月11日下午，清政府委派总理衙门大臣许景澄、太常寺卿袁昶前往各国使馆，劝说各国公使命令联军停止前进。

各国公使根本不愿听从劝阻，他们一方面抗议清政府不努力保护铁路；另一方面，继续请求舰队司令要毫不犹豫地抽调在华全部兵力飞速进军北京。窦纳乐含蓄地威胁许景澄和袁昶：交通中断将增强各国公使对安全的忧虑，以致联军采取的措施可能超过局势的实际需要。他建议清政府如欲促使各国尽早撤兵，就必须尽一切努力保护铁路线，并尽快恢复交通，以便联军早日抵达北京，恢复秩序。

许景澄、袁昶的努力并没有收到预想的效果，西摩联军依然在进京的路上艰难跋涉，京城中的恐慌情绪继续蔓延。12 日，总署大臣启秀传达太后懿旨，命许景澄、袁昶、敬信、那桐、赵舒翘等先后两次赴各国公使馆进行慰问，继续劝说各国公使命令联军停止向北京进发。

代表清政府发言的是总署大臣敬信，他以自负及油腔滑调的语气告诉各位公使：义和团骚乱已告结束，各国不必再大动干戈地向北京调集什么使馆卫队。敬信的发言及神态虽然有失外交风范，不过在一定程度上使公使相信，清政府对于在北京的外国人安危绝对不会不提供保证。

不过，这也没有换来各国公使停止向北京进发的承诺。鉴于这种情况，敬信等大臣只好将底牌告诉各国公使，即如果不停止向北京进发，那么清政府将放弃对联军前来使馆的反对意见。意思是：现在局势正在好转，联军不必来京，如果联军执意继续，清政府也不再反对，你们自己看着办吧。

总理衙门的劝阻不起作用，但来自义和团的阻挠却使联军的行进越来越困难。西摩在出发后第三天向英国海军部抱怨说，联军进展极为迟缓，因为京津间的铁路基本上被破坏，联军在过去 24 小时内仅前进 3 英里。

其实，在过去几天里，义和团与联军的正面冲突并不多，仅在联军从天津出发后的第二天下午，当联军正在西摩的指挥下抢修廊坊附近的铁路时，突然一队头扎红布、手持大刀、长矛和木棍的义和团向联军猛扑过来。联军措手不及，只好向廊坊车站仓皇逃去，义和团跟踪追击。然而正当义和团奋力追击时，突然从后面赶来一队美军，架起大炮向义和团猛烈轰击，三十余人当场死亡。

面对死亡，义和团越战越勇，他们面对来复枪和机关枪秋风扫落叶似的射击，还是勇猛冲锋，根本看不出丝毫恐惧。义和团转身冲向美军，一个身穿白袍、腰系红带的团民，甚至勇敢地逼近联军副统帅麦卡加拉身旁，用长矛向麦狠狠地刺去。不幸的是，他尚未把长矛刺向麦卡加拉，自己就牺牲在麦的手枪之下。

义和团民众与美军展开了生死搏斗，很快吸引了附近村庄更多的义和团。他们将美军和已逃往廊坊车站的联军紧紧围困在车站一带。他们时而突然袭击，时而后撤拆毁铁路，连续两天，战斗不断。

公使们的恐惧

京津铁路上的战斗持续不断，义和团的阻击使得联军无法继续前进。或许是受到这种事实的鼓励，慈禧太后在派大臣“善意”劝说列强无效后，竟于6月13日给裕禄发布一道谕旨，以为各国先后到京之兵已有千余，列强如继续向北京派兵，后患将无穷，指示裕禄迅速将正在前线镇压义和团的聂士成部全数调回天津，驻守京津铁路附近，以便有效阻拦各国兵队继续强行北上；并令大沽口炮台守将罗荣光提督一体戒严，死守严防。慈禧太后似乎真的有了与列强一决雌雄的决心。

有了清军的介入，西摩联军的行动更加困难。14日晨，已被围困两天两夜的联军乘义和团不备，继续乘火车北上，但在离廊坊车站三英里半的地方便寸步难行。前面的铁路已遭到彻底破坏，视线可及处，铁路路基已变成了一条马路。

接着，义和团又将攻击重点放在北京防卫以及截断联军的退路，试图将西摩联军困于京津铁路之间。

6 月 13 日下午，义和团大量涌入京城，并同已在城里的同伴会合。

大批义和团的涌入引起了各国公使高度恐惧，使馆卫队在德国公使克林德的直接指挥下，竟然动手在北京街头肆意抓捕、驱赶，乃至枪杀、炮击义和团，这不仅使已经混乱不堪的京城更加混乱，更激起义和团乃至一般中国百姓对外国人的仇视。

是日夜，愤怒的义和团在京城内起事，开始有计划攻击基督教徒，到处公开宣称“洋人进京四十年，气运已尽，天意该绝，故天遣诸神下界，借附团民之体，烧尽洋楼使馆，灭尽洋人教民，以兴清朝”[①]。义和团一意以毁坏洋人产业为务：崇文门内路东奉真教堂、东堂子胡同施医院、椿树胡同堂子、沟栏胡同两教堂、米市路西天主教堂所开的商铺，以及四牌楼六条胡同赫德家、日本旧馆，“同时八处皆烈煌飞腾，满天通红，付之丙丁矣”[②]。大约 300 名基督徒及外国人的仆役在骚乱中被残酷杀害。不过，这次行动并没有伤害那些真正的欧洲人。

中国政府没有采取多少得力措施，事后也没有做任何防止类似骚乱在京城重演的事情。这一方面鼓励了义和团的士气，另一方面必然加剧在北京的所有外国人对自身安全的忧虑。使馆卫队迟迟不能赶到北京，各国公使馆不得不开始为防止义和团进攻而准备。

14 日下午，义和团对留守落垡车站的联军发起攻击。联军招架不住，便开动一辆轨道车到廊坊求援，迫使西摩派兵回来援助。待援军来

---

① 《庚子记事》，12 页，北京：科学出版社 1959 年。

② 《石涛山人见闻志》，《义和团运动史料丛编》（第一辑），75 页，北京中华书局 1964 年。

到，义和团主动撤退，一哄而散。西摩又匆忙率领援军赶回廊坊，仍然幻想修复铁路继续向北京进发。他始终没有想到放弃铁路步行进京。

14日晚间，英国公使窦纳乐又从其“相当可靠的中国方面”获得消息，说清政府已决定进攻正在京津铁路受到围困的西摩联军。窦纳乐认为，如果这样，那么清军几乎不可能不攻击各国使馆。因此，各使馆的前景极为黯淡。

6月14日晚，在紧靠划分使馆区和外城的那部分城墙的外面，发生了群众性的示威事件。几千名义和团民众在那里举行集会，共同发出杀死洋鬼子的叫嚷，使原本宁静的使馆区变得十分狰狞可怕。夜间，这些义和团民众曾进行几次试探性攻击，但都被使馆卫队轻而易举地击退。

15日，留守落垡的联军又一次受到义和团的包围，情况十分危急。西摩意识到问题的严重性，命令部分联军立即返回落垡，以确保廊坊——落垡——杨村之间的铁路畅通。这样，当陆路进京实在无法通行的时候，才能确保联军从杨村沿水路进京。否则，一旦落垡失守，联军就有可能被义和团团团围住。到那时，炎热、饥饿、伤病、义和团的攻击一起出现，困守廊坊——落垡——杨村的联军只能全军覆没。出于对最坏情况的顾忌，西摩于16日决定全军撤回杨村，试图在必要时从北运河乘船北上进京。联军在西摩的指挥下开始两线迎战，部分联军留守廊坊，西摩率领联军退到落垡。

西摩联军进军北京是为了保卫各国公使馆，挽救各国公使及外国人，他们向北京进军也是经过清政府的同意，然而由于义和团的阻挠使他们无法顺利达到目的。当此时，清政府与联军尚不处在对立的两极，双方只要进行良好的沟通，在有效保护各国公使这一大目标下应该能够达成共识。然而不幸的是，双方的沟通越来越难。6月14日，一名曾在英国汇丰银行服务多年的中国职员神秘地告诉英国驻天津领事贾礼士，据该行驻北京的中国总办通过军机处的一位官员获悉，慈禧太后已决定于6月16日消灭各国使馆。该总办立即逃出北京，在杨村拜访了聂士成提督，并发现聂已经获得了同样的消息。于是这位总办与聂士成一同来到天津。这一消息并没有引起贾礼士的重视，他觉得无论清政府怎样丧失理智也不会做出这样出格的举动，否则中国何以在国际社会立足？然而不幸的是，另外一个与此毫无关系的渠道也证实了这一消息，无论他是否相信，都不能继续对这个消息置之不理。他强烈地感觉到，如果这一暴行正在策划中，那就必须立刻去阻止。于是，贾礼士马上给直隶总督裕禄写了一封信，竭力劝告裕禄奏报朝廷，说明所有国家对于那些被派来的公使，都负有保护的责任。

收到贾礼士的信后，14日的整个下午，裕禄都在同聂士成及在天津的其他中国官员进行会商。贾礼士相信，与会者中也许会有人提议护送各国公使及其僚属前往天津暂避，这样西摩联军便可以不再向北京挺进，京津地区的外国人可以住在天津的租界里静观时局变化，由中国政府自己动手解决义和团问题。然而，裕禄在第二天回复贾礼士的信件中表示，向朝廷奏报这些问题不在他的职权范围内，而且没有理由担心各国使馆的安全。不过，裕禄同一天写给天津领事团首席领事杜士兰的信中却表示，希望杜士兰通知领事团，他已经奏报朝廷，请求派出一支装备优良的卫队护送那些想离开北京的各国使馆成员前往天津。各国公使移驾天津计划于此正式提出。

各国公使暂避天津的方案虽说是由中国方面提出，但在15日下午的各国领事会议上也充分讨论了其合理性和可操作性。各国领事回信裕禄表示感谢，但表示是否暂避天津最终应该由各国公使决定，在天津的领事无法代他们判断。于是此计划不了了之。

西摩联军继续在进京途中挣扎。与此同时，北京的情况自6月15日起继续恶化，原来用于保护使馆的海军陆战队在这一天和随后几天中从南堂附近等地区救出了大约两千名教民，其中绝大多数是妇女和儿童。

招安是否可行?

清政府怎样看待目前的局面呢?实际上,包括慈禧太后在内,并没有多少人感到庆幸。6月15日,清政府发布一份措辞严厉的上谕,勒限将首要各犯迅速严拿,不准再事姑息。对于那些仅止附和胁从之徒,该上谕要求应饬令即可解散,递解出城。对于京城内外设立的那些义和团坛棚,上谕要求立即拆除。

窦纳乐却认为,这份上谕虽然表明慈禧太后对于伴随义和团入城而发生的某些事件确实感到不快,只是因为他们的掠夺行径已经扩大到了普通的中国老百姓那里了。总之,窦纳乐认为,义和团运动是清政府鼓励的一个以排外为主要内容的民族主义运动。而且,这一非理性的民族主义运动决不会因这道上谕而停止。

制止骚乱需要一个过程,由政府出面将义和团递解出城需要一段时间。然而事实却被窦纳乐不幸而言中,就在上谕发布的第二天(6月16日)上午九时许,前门外主要商业区大栅栏内的老德记西洋药店被愤怒的义和团民众放火焚烧,火势失控,延及城阙,火光烛天,三日不灭。其受灾范围南至小齐家胡同,西至观音寺街,东至前门大街,北至西河沿西月墙,烈焰飞腾,金龙万顷,可怜数千家生意顷刻间化为灰烬。

大栅栏一带为当时京师商业之精华,经过数百年的发展,富商云集,凡珠宝、玉器、金店、书店、古玩店以及西洋器物尤其是几家颇具规模的大药房均在这一带。经过这场大火,所剩无几,其损失之惨重实在是无法估计。根据时人记载及后人研究,大栅栏大火为聚集此处的义和团有意所为,他们的目标是焚烧具有外国背景的德记洋货店及屈臣氏大药房,而之所以导致如此大面积着火,主要是因为义和团民众不许救火,并宣称此火具有神力,只烧洋店,断不连烧民屋。结果造成巨大损失,并殃及正阳门楼洞及城门上的建筑物。

大栅栏大火及正阳门部分被焚是庚子年间的一个重大事件，不论对清政府，还是对一般老百姓来说，都是一场灾难。对于这场灾难，清政府的态度是认真的，特别是前一天刚刚发布过将义和团驱逐出城的命令，何以又在前门一带发生这样的大火呢？许多外国人认为是清政府同情义和团所致，其实清政府至少此时将其驱逐出城的态度并没有改变。15 日上谕曾责成步军统领崇礼等负责将义和团驱逐出城，并要求加强巡逻。然而从当时的兵力看，驻守在京城并可供驱使的步军等实在太少，而各处大火此伏彼起，根本无力扑灭。崇礼 6 月 15 日奏折曾指出，当大火刚起时，刻即调兵弹压。不意各处教堂陆续起火，延烧多处，情形甚迫，实非人力所能扑救。据此可以推测，清政府并非窦纳乐所想象的那样听凭义和团所为，而是兵力不足所致。

6 月 17 日，巡视中城御史文璟等曾就大栅栏大火及义和团的发展、京师的兵力状况有一个详细的报告，从这里我们很容易看到义和团骚乱之所以控制不住的真实原因。该奏折说：最近一段时间义和团发展迅猛，人数越来越多，杀人放火，横行无忌。始而近畿滋事，今则城内；始而三五成群，今则什百；始而托辞仇教，今则害良。前三门连日均有杀害教民，焚烧洋书馆、教民房屋多处，并延烧城楼，串入内城东棋盘街等情事。义和团红巾金刃，气焰甚凶，加以游勇匪徒，混迹滋事，人心张皇，大局不堪设想。

在文璟看来，义和团的性质正在发生变化。一些游勇匪徒也混迹其间闹事，许多杀人放火事件，也许是那些游勇匪徒假借义和团的名义进行破坏。

至于京城的兵力，文璟认为是严重不足：查每城练勇仅二百名，但就前三门分段巡逻，已属不敷分布。至九门以外，东西南北四城，每城所管地面，纵横合计，远则三百里内外，近亦约有一百余里。巡视各城的御史们当然负有责任，自应遵旨查办。然而从实际情况考虑，确实是地方辽阔，稽查难以周密。目下情形，前三门以外，较之九门以外尤为吃紧。

正是鉴于京城兵力严重不足，清政府在6月17日著派工部侍郎李端遇、翰林院教席王懿荣为京师团练大臣，会同五城御史督率弁勇，严密稽查，加意巡逻；城门出入，按时启闭，以靖闾阎。

与此同时，清政府还通过军机处寄发各省督抚另一上谕，要求他们设法选派部分有战斗力的部队迅速来京，协助平息骚乱。凡此，都应该看作是清政府对待义和团骚乱认真严肃的一面。

大栅栏大火之后，清政府更感到问题的严重，特别是义和团中可能混杂的土匪流氓、地痞无赖，更是任何一个负责任的政府无法忽视的。然而由于兵力不足，将义和团驱逐出城实在无法实现。而从外省调兵也是远水解不了近渴。在这种情况下，怎样尽快平息京师骚乱，便成为一个相当棘手的问题。

6月16日，奉命与奕劻、载漪、荣禄等人一起督率各该员弁严拿义和团的贝勒载濂上了一个奏折，提出招抚的思路。他说，对于民教双方，政府实际上应该一碗水端平，不能过于偏袒任何一方。如果过于惩处义和团，很可能激起更严重的骚乱；反之，如果乘机打击外来宗教，将来赔偿巨款，恐怕也是很大的社会问题。

载濂认为，既然义和团号称能避火器，虽无确据，其勇猛之气，不顾生死，实为外国人所惮。只是义和团良莠不齐，漫无纪律，以致奸民乘势扰乱。如果又政府授权统兵大员忠信素孚如董福祥者妥为招抚，加以训练，可以资敌忾而壮军声。

慈禧太后、光绪帝也在这一天紧急召见世铎、奕劻、载漪、那彦图、载濂、荣禄、刚毅、王文韶、立山、崇绮、启秀、敬信、崇礼、铁良、袁昶、联元、许景澄、恽毓鼎等数十名王公大臣及满汉要员举行一次重要的御前会议，决定责成刚毅、董福祥，一面亲自开导，勒令义和团解散；其有年力精壮者，即行招募成军，严加约束。义和团既以义勇为名，如经过一定训练具备折冲御侮的能力，朝廷也就不再追究他们过去的过失乃至罪责。至于义和团临敌接仗有无把握，慈禧太后、光绪帝也不能肯定，他们责成世铎等人“细加察验，谋定后动，万不可孟浪从事。”[①] 显然，清政府期待用中国历史上屡试不爽的招安办法来化解义和团带来的骚乱。

从参加御前会议的名单看，真正有见解且具有一定世界眼光的大臣实在少得可怜，像奕劻、荣禄、王文韶虽然具有一定的世界眼光，但他们要么一言不发，要么不着边际，甚者引起京外重臣的严重不满。也就在此次御前会议召开的同一天，盛宣怀致函总理衙门大臣王文韶，劝说王无论如何也要帮助清廷坚定剿平义和团的信心。同时，盛宣怀还致函荣禄，希望他能够利用自己的特殊地位，尽早平息内乱，杜绝外患。并提出四点建议：

一、请政府发布一道上谕，表示对畿辅各处义和团所焚教堂，所杀教民教士，以及伤毙比、法、意、瑞等国铁路工程洋员、洋匠加意惋惜。

二、请政府发布一道上谕，限十日内即行肃清畿辅及津京地区的义和团，并饬将电杆、铁路赶紧修复，以通消息，而便馈运。

三、请政府发布第三道上谕，以赈为抚，安抚直隶、京津地区的流民，促使他们尽快返回乡里。

四、请政府尽快调整人事，调李鸿章任直隶总督，因李鸿章督直隶二十五年，深得民心，虽屡经奇荒，地方帖服，且剿平发捻，直隶、山东、河南等数省至今震其威名，又李鸿章回任直隶总督，内乱不难荡

---

① 《军机处寄协办大学士刚毅等上谕》（光绪二十六年五月二十日），《义和团档案史料》上，145—146页。

平；至各国兵船集于津沽，水师登岸，由津赴京，数已不少。李鸿章若至北洋，当可劝阻洋兵不再进京，此外衅亦较易消弭。

这四条建议具有很强的可操作性，因而很容易获得王文韶、荣禄乃至清政府的认同。然而由于时间关系，除了调李鸿章出任直隶总督这一条很快实践外，其他三条不了了之。

扩大使馆卫队是因为使馆可能面临的危险，如果能够有效化解这种危险，就有可能说服天津的外交团不再派出第二批联军。根据这一思路，直隶总督裕禄委派帮办铁路大臣张翼、津海关道黄建筦、秦皇岛税务司洋员德璀琳与天津外交团领袖、法国驻津总领事杜士兰会谈。

杜士兰表示，天津外交团确有再次向北京派兵的意向。其二次出兵虽仍以保护使馆为言，但其中更多地流露出保护眷属出京之意。杜士兰承诺，如果清政府能够切实履行保护使馆及外国人眷属的责任，则续进之兵，可从缓议。杜士兰甚至暗示，如果真的能够做到这些，他甚至可以与各国公使会商，将滞留在京津途中的西摩联军召回天津。

会谈情况由裕禄于6月15日专折“五百里驰奏”，裕禄在奏折中明确建议清廷明降谕旨，在京各国使馆及洋人住居处所，多派得力将弁兵丁加意保护。若各国驻京公使及各国洋人眷属有愿出京者，一经各国驻京公使照会总理衙门，即妥派大员，多带弁兵，沿途妥为送至廊坊，由火车来津。

裕禄的报告引起了御前会议的重视，只是鉴于目前的危险状态，御前会议建议使馆眷属暂时还是不要离开北京。至于裕禄关于加强使馆保护并由清廷明降谕旨等建议，均被御前会议完全接受。应该承认，清政府招抚义和团以及对使馆区加强保护的措施都是具有积极意义的。

然而，偏见在各国公使中已经形成，或许是因为杜士兰还没有来得及与各国公使进行沟通，总之，各国公使在得知这一上谕之后普遍认为是“奇怪的”上谕，尤其是对义和团运动起因的解释归咎于“民教寻仇”，更使他们难以理解。总理衙门将这道上谕通知各国使节，并且征求他们关于由荣禄率领武卫中军得力部队保护使馆的意见。各使馆卫队的指挥官在答复中建议：清军派驻岗哨时，应同使馆本身的卫兵相隔若干距离，以防止暴徒的逼近。这显然是对清军的不信任，特别是当他们知道所谓荣禄的军队其实只是董福祥甘军时，这种不信任就更加严重。

清廷在同一天通过军机处寄发给直隶总督裕禄、直隶提督聂士成以及罗荣光等人的一道上谕，称现在各国使馆已饬荣禄派武卫中军认真保护，明降谕旨。此后各国如有续到之兵，仍欲来京，应即力为阻止，以符张翼等与杜士兰约定原议。如各国不肯践言，则衅自彼开，该督等须相机行事，朝廷不为遥制。万勿任令长驱直入，贻误大局，是为至要。

从6月16日御前会议的几个重要决定看，清政府对于义和团引起的骚乱并没有丝毫的纵容之意，其对义和团由先前的坚决镇压走向有条件的招抚，既是其自身条件如兵力不济的制约，也是中国传统政治中的招安策略在新的历史条件下的运用。至于对外关系，就其政策基本走向看，此次御前会议并不意味着清政府在和与战的问题上已经有了决断，其政策的变化也只是随着形势以及中外之间的沟通情况而变化。可以相信，如果没有张翼与杜士兰的会谈及裕禄的报告，清政府此时估计不可能出台加强使馆保卫及阻止联军继续向北京进军的政策。问题仅仅在于，清政府没有与各国公使进行良好的沟通，各国公使的敌视态度使其对清政府任何新的决策都持怀疑立场。

第四章　不宣而战与宣而不战

西摩联军被死死地围困在廊坊等几个车站上，前进不能，后退也不行。尽管如此，西摩没有放弃使命，依然指挥士兵抢修铁路；另一方面，他们还要时刻提防着义和团或清军的突然袭击。

联军回撤

6 月 17 日，困守廊坊车站的西摩联军第一次从北京方向发现了清军的旗帜。走在前面的是清军的侦察马队，联军猜测可能是以仇洋著称的董福祥甘军，于是便派出由俄、德官兵组成的侦察部队。很快，两军交火，清军随即撤退。

短暂的交火引起联军的警惕，因为自联军从天津出动以来，清军一直表示出友好姿态，虽说清军也不希望联军继续北上，但还不至于与联军开战。而现在清军见到联军立即开火，显然表明形势有了新的变化。

这种转变令人忧虑，而联军修复铁路的工程困难极大，进展极慢，后来几乎处于停顿状态。疲劳、饥饿、酷暑、风沙，尤其是义和团持续不断的骚扰、袭击，使联军时刻处在惊弓之鸟状态中。

6月18日上午，被围困的俄军和德军又饥又饿，一大早就到附近村庄抢掠食物，由于人去屋空，他们毫无收获，扫兴而归。至上午11时，饥饿难耐的联军遭到三千多名甘军姚旺部和两千多名义和团的联合袭击。冲在前面的竟然是清军骑兵，他们在后方步兵和炮兵掩护下，迅速逼近车站，迎面遭到俄国水兵的猛烈射击。清军骑兵迅速转移进攻方向，绕过附近一个小村庄，改向联军右翼进攻，又与德国军队发生激烈战斗。

下午2时许，义和团民众和清军再次联合向廊坊车站发起攻击。螺号声、战鼓声、呐喊声、刀枪撞击声，惊天动地，义和团民众和清军潮水般地冲向车站。联军仰仗其先进武器，下车射击，待义和团后退时并追了上来。而义和团民见联军下车，即潮水般地退回，尽量减少无谓牺牲。当联军追至墩台村南、蔡庄、窦府村北旷野处，埋伏在土壕、树丛中的甘军装备有现代步枪，射击技术也比较精良，长短火器一齐开火，压制联军攻击势头。

在甘军的掩护协助下，义和团乘势追杀，与联军展开白刃战：长枪猛刺乱挑，大刀上下翻飞，猛砍乱削。联军的长短火器在义和团贴身战术中无用武之地，被动挨打，鬼哭狼嚎，抱头鼠窜，拼命逃回列车，匆匆向天津方向退去。

廊坊火车站一仗从下午2时许开始到4时许结束。三方各有伤亡，联军方面共有6人阵亡，48人负伤；而清军和义和团方面的死亡数字据西摩的估计应有四五百人。

当天晚上，联军乘坐的这两列火车勉强开到杨村与西摩汇合。由于回天津的铁路也被破坏，联军只能龟缩在杨村火车站内。乘胜追击的义和团和甘军紧追不舍，于深夜把杨村车站团团包围，并在夜幕掩护下冲进车站，杀声震天，大刀横飞，联军措手不及，死伤近四十人。

同一天，西摩联军得到情报说，义和团又在破坏英国人修好的那段通往天津的回头路。中国人正在放火烧毁供联军后撤的各个桥梁，撬掉铁轨，拧开螺栓，或者向铁轨上倾倒一堆一堆的碎石作为路障。有的地方，义和团只是把螺丝拧松，铁轨仍留在原地。列车在运行时很难发现，但却极容易出轨。为了保住退路，德国官兵又被指派去修复和守卫通往天津的那段铁路。

19 日凌晨，与天津后方基地失去联系已达六天之久的西摩联军完全断绝了给养。西摩认识到进京无路，离后方基地越远，全军覆没的可能性就越大。于是下令沿北运河向天津撤退，分散的各国陆战队立即向杨村集结。

抵达杨村后，西摩和联军指挥官发现通往天津的铁路已被义和团再次破坏。19 日凌晨 4 时许，原本气势汹汹欲进北京的西摩联军终于承认失败，放弃火车，沿着运河水路向天津撤退。不过，噩梦并没有就此结束。

西摩的败退更加激励了义和团的勇气，他们用尽一切办法封锁铁路。当联军刚刚从杨村火车站退出，义和团就将联军遗弃的五十节车厢付之一炬，熊熊大火弥漫了杨村火车站上空，既像为联军的仓皇败退而哀鸣，又像是为义和团大捷而奏乐。

除了控制陆路交通，义和团更是彻底控制水路交通，致使西摩联军费了九牛二虎之力，也只在运河沿岸抢到四只小船，船上载满了辎重和伤员，其余官兵只能艰难步行。

由于北运河水浅，河道狭窄，行船只能靠人力岸上拉纤，于是艰难步行的联军官兵们还要充当纤夫。

如果在悠闲的状态下沿着北运河拉纤，未尝不充满着诗情画意。无奈饥饿难耐的联军官兵是在前有堵截、后有尾追的困境中前行，他们的脸上渐渐显现出绝望的神情，浑身上下的血污、泥水衬托着黄色的头发、蓝色的眼睛。没有一点诗意，没有一点美感，一切梦想都在幻灭。

与联军的精神状态相反，义和团在廊坊大捷的激励下，寻找一切可能的机会骚扰、打击联军的气焰。在汉沟、郎园、曲家湾、赵庄子等地，义和团先后有效进攻败退中的联军，致使西摩联军白天不敢行动，只好选择夜间行军。

6 月 21 日，西摩联军退至北仓。下午二时许，联军与清军聂士成部在北仓、穆庄发生激战。几个小时后，清军败退，联军占领北仓，但担任西进联军参谋长的英军上校泽力科在这场战斗中身负重伤，联军付出了沉重代价。

昼伏夜出的联军残部经过一个白天的休整，在夜色掩护下，于 22 日凌晨二时许开始狂奔，23 日黎明时分，仓皇抵达天津城北八公里处的西沽。

西沽为清军的一个重要军事仓库，储存有大量武器弹药，周围墙垣甚厚，防御工事牢固。驻守西沽军火库的清军为练军卞长胜、陶良才部。此外，武卫前军左路统领杨慕时部也于 6 月 21 日上午由保定调防至此，协助驻守。

清军的驻防力量显然使联军残部不敢轻举妄动，西摩联军与中国守军经过谈判，清军似乎允许联军残部从此处和平通过。但不知何故，当联军士兵暴露在对面河岸时，却突然遭到中国守军猛烈的炮火袭击。疲惫不堪的西摩联军利用火力优势进行还击，挡住正面清军，然后派蒋士敦少校率领一支海军陆战队和水兵绕过阵地，偷袭清军后防线，很快就占领了一个凸出点，并掳获一门大炮。随后，位于下游的德国军队使用更强大的火力迫使清军两门大炮沉寂下来，然后渡河夺取大炮。兵困马乏的联军残部竟然有效占领了这所对清军来说比较重要的武器库。

这使双方力量发生根本性变化，联军获得了大量优良弹药和军需物质。而且鉴于清军和义和团不断的围追堵截，占领西沽武器库的联军残部有意暂住西沽，秘密派员前往天津租界求援，寻找突破机会。

对于清军来说，具有重要战略地位的西沽武器库无端丧失，自是一件非常烦恼的事情。驻守西沽的清军当然希望能够夺回武器库。6 月 23 日晨，杨慕时部发动进攻，一度夺回武器库，然而练军卞长胜、陶良才部为保存实力，竟观望不助，致使杨慕时部孤军作战，终致退出。

随后几日，清军又组织过几次进攻，双方展开一系列激战，西沽附近霍家咀、白庙、教场口一带的义和团民众也闻讯赶来助战。一连三天，清军与义和团协同作战，将西摩联军团团围困在武器库内。清军和义和团几次协同向联军发起进攻，都由于联军在武器库得到了大量新式武器和充足的粮食补给而未能攻下。

为了进行有效的防御和试图突围，联军利用武器库中的几门大炮和充足的弹药，对位于下游的中国炮台进行疯狂轰击，然而由于伤员太多，行动困难，以及清军和义和团的重重围困而难以成功。西摩联军被死死地困在这所武器库中。

刚刚攻入武器库时，西摩联军就派有奸细向租界送信，请求救援。他们很快组织了以俄国官兵为主的一支救援队，大约有 2500 人，在俄国上校希林斯基指挥下，由送信奸细带路，于 6 月 26 日凌晨 4 时许从租界出发，沿土围子和铁路向西沽行进，很顺利地将西摩联军解救出来了。当天上午，他们一同撤回租界。行前，将西沽武器库付之一炬，彻底摧毁。

西摩联军逃回租界，历时 17 天的进京计划无果而终。17 天中，西摩联军有 14 天是在与义和团和清军的激烈战斗中度过的。联军共死亡 62 人，受伤 228 人。义和团和清军的阵亡人数约有三四百人。

不宣而战：大沽失陷

西摩联军之所以在京津路上行进困难，主要是由于后路被清军所控制，后援部队不能及时提供支援。出于军事战略的考虑，联军指挥官普遍认为，必须打通天津通往北京的道路，设法占据大沽炮台。

大沽口位于天津东南45公里处，北纬38°4′–39°12′，东经117°30′–117°46′，为黄河改道从天津入海冲积而成，东临渤海，北靠京山铁路，是北京通往海洋的东大门，可以随时扼制北京的咽喉，是天津的屏障，是海上通往天津的必经之路，军事地位极为重要，自古以来即为海防重镇。

大沽口不仅具有重要的战略位置，而且其拥有"悬崖峭壁，对峙如门"的天然屏障，有"一夫当关，万夫莫开"的优越条件，素来受到军方重视。明嘉靖年间，为了抵御倭寇在沿海骚扰，军方开始在大沽口设防，构筑堡垒，每隔三里筑墩堠一座，用于瞭望倭寇动向。这大概是大沽口军事设施营造之始。

经过大约两百年的发展变化，至清中期，大沽口在清军防御体系中的地位愈显重要。1816年，清军在大沽口南北两岸各建一座圆形炮台。鸦片战争结束后，清军对大沽炮台进行增修加固，至1841年建成大炮台五座、土炮台十二座、土垒十三座，以比较严密的炮台群构成大沽口要塞较为完整的军事防御体系。这些炮台大致以三合土建筑，即在炮台外面用二尺多厚的三合土（白灰三成、土七成混合而成）把炮台包起来。这些三合土经夯实后结构坚实，炮弹打在上面，只能留下一个浅洞，不至于砖石乱飞伤及守军。

经过十几年的经营，大沽口南岸炮台营盘及附近大沽镇成为渤海西海岸海防前线中心，担负起拱卫京师的重要功能，其防地包括大沽、北塘、营城、新河、葛沽、岐口等要塞，形成围绕大沽、北塘两个海口的扇形防务体系。只是面对更为先进装备的西洋人时，依然是不堪一击。

6月10日，云集在大沽口外海面上的各国舰队司令与各国驻北京公使失去了联系。14日，前往北京的西摩联军也与各国舰队司令中断了联络。各国舰队司令在与各自政府进行密切联系的同时，也在探讨怎样才能有效拯救被围困在北京的各国公使以及他们的侨民。得出的初步结论是联军必须尽快占领大沽炮台，方能争取主动。

这个计划最初无法获得各国驻天津领事的支持，他们担心，立即进攻大沽炮台将会激起中国军民更加猛烈的反抗。倘若联军执意夺取大沽炮台，那就等于是在为每个在内地的外国人签署死刑证。领事们主张，即便确实需要占领大沽炮台，也要等到在内地的外国人脱离危险。

然而，各国海军将领却不这样认为。他们指出，目前在中国需要保护的外国人有四类，即分散在各地的传教士、处境危险的西摩联军、在北京的外侨和在天津的外侨。如果延迟行动，并不意味着他们的安全得到保障，反而使西摩联军的处境更加危险。如果迅速夺取大沽炮台，一是可为挽救西摩联军打开交通路线，二是能为后继的大批联军取得登陆据点，三是可以排除驻大沽炮台清军对各国舰队的威胁。有了部队，才能真正保证传教士和外侨的安全。

各国将领执意强占大沽炮台还有一个原因，那就是京津局势日趋危机后，清军确实从山海关向大沽炮台增兵，并在大沽口水面部署大量水雷，将铁路、电线有计划地进行破坏，有意阻止各国军队在此登陆。这在各国将领看来，显然是一种“助匪为虐”的不合作态度，“实与各国有碍”[①]。因此，各国将领将大沽炮台视为必须占领的桥头堡。

攻打大沽炮台本是各国海军的联合行动，但在这一行动中，俄国军

---

① 《英国驻烟台领事谭德乐致霍必澜电》（1900年6月18日），《义和团——盛宣怀档案资料选辑之七》，78页。

队表现得最为积极，实际上充当了这次行动的主谋。

俄国将领一个重要的目的是期望通过实战尽快提升俄军的份额和地位，以此削弱英国在联军中的影响。军方建议得到了俄国政府的全力支持，于是俄国军队凭借地理优势，迅速指派俄国太平洋舰队副司令基利杰勃兰特从旅顺口抽调 1600 名官兵星夜向大沽口转移。

基利杰勃兰特海军中将是当时各国驻大沽口海军将领中级别最高的将领，且年岁居长。俄军事当局之所以任命他率领舰队前往大沽口，实际上是期望他能够成为联军进攻大沽口的最高指挥官，夺取联军指挥权。基利杰勃兰特到达大沽后，一方面派人详细侦察大沽炮台布防情形，一方面加紧与各国舰队指挥官串联沟通，两次邀集各国海军将领到俄旗舰“俄罗斯号”巡洋舰上开会，密谋进攻大沽炮台的具体措施。基利杰勃兰特没有辜负当局的期望，他确实充当了联军进攻大沽炮台的总指挥。

6 月 15 日，基利杰勃兰特邀请英国舰队临时指挥官普鲁斯海军少将、法国舰队指挥官库尔若利海军准将、德国舰队指挥官裴德满海军上校、日本舰队指挥官永峰海军大佐、意大利卡泽拉海军上校以及奥匈帝国科诺维茨海军少校等来到他的旗舰上开会，讨论局势及应对办法。他们认为，大量情报表明中国军队正在进行大规模的行动，有切断津沽铁路的企图，在白河口也布置了水雷。必须采取措施保全铁路并保护天津外侨，于是迅速占领大沽炮台的主张便很容易获得各国将领一致同意。

不过，当天的会议并没有做最后决定，但显然已开始为这一军事行动做准备。会后，300 名日军立即被派去占领塘沽火车站；250 名俄军和法军被派往溯铁路线而上的军粮城火车站，企图控制津塘之间的交通联络，保障进入海河的水路畅通无阻。

6 月 16 日上午，各国海军将领在“俄罗斯号”巡洋舰继续举行会议。为了有效保障外国人的安全，各国将领终于决定不惜代价夺取对于整个战局至关重要的大沽炮台。他们计划兵分两路。会议限定中国驻大沽炮台守军投降时间为17日凌晨2时，否则就要用武力夺取。会议决定将这份经各国舰队司令或舰长签字后的会议记录送交直隶总督裕禄和大沽炮台中国守军将领罗荣光提督。大沽战役终于到了一触即发的边际。

联军强行攻占大沽炮台的意图并没有得到美军的支持。美国舰队司令恳布夫早在6月14日就通知英国海军上将布鲁斯，表示他未被授予向一个与美国保持着和平的国家发动任何战争行动的权力。15日，他又以不能侵占清政府财产为理由，宣布美军拒绝参加对塘沽车站的占领。16日，他拒绝在联军“最后通牒”上签字。

但是，美国军舰“莫诺卡西号”舰长怀斯已收到保护美国利益的命令，所以，在联军与清军正式开战时，同意收容滞留在大沽和塘沽的外侨。他同时宣布，一旦美军受到清军的攻击，美军便会当即采取相应行动。

恳布夫的立场得到了美国总统麦金莱的支持。他们的理由是，美国并未同中国作战，因此这种“敌意的示威”只会加强义和团的敌视和抵抗，从而进一步激怒清政府，促成“排外分子的团结”，使本来已十分严重的局面更加恶化[①]。

不幸的是，在后来的战斗中，并没有参加进攻大沽炮台的美国军舰“莫诺卡西号”仅收容了滞留在大沽和塘沽的外侨，却首先被清军的炮弹所击中。由此开始，恳布夫认为中美之间存在着战争状态，开始与其他国家海军将领合作。进攻大沽炮台也就由“七国联军”变成“八国联军”了。

---

① ［美］马士（Morse，Hosea Ballou）:《中华帝国对外关系史》(3)，221页，上海书店出版社2000年。

已有足够心理准备的罗荣光提督收到联军最后通牒时并没有惊慌失措，他义正词严拒绝了联军的无理要求。他一方面下令各炮台马上投入战斗准备，加大对海口灯塔船至海河河口处放置水雷的数量，向两岸炮台增加战斗兵员；一方面立刻派人飞赴天津向直隶总督裕禄报告求援。

与此同时，罗荣光还派人通知驻守在大沽的北洋海军统帅叶祖珪，请其命令各鱼雷艇管带赶紧预备战事，到时由海神庙夹攻，与炮台守军共同迎击向大沽炮台进攻的联军。

与此同时，联军也正在进行军事部署。携带两门火炮的300名日军已于15日在塘沽悄悄登陆，十艘吃水较浅的千吨以下舰艇也于清军在海河口布设水雷、封锁航道前驶入海河，并停在适当的战斗位置，将炮口瞄准清军各个重要目标。16日，又有600名英德俄官兵分批在塘沽登陆，准备从侧后进攻大沽炮台。同一天，各国舰队司令还命令停泊在塘沽车站附近的日舰“亚打告号”及停泊在海关附近的法舰“里昂号”和德舰“伊尔提斯号”全力保护车站与海关；命令英舰“声誉号”和“鳕鱼号”监视中国的四艘鱼雷艇，并以俄舰“海龙号”、巡洋舰“基立亚克号”等军舰配合已登陆的联军夹攻炮台。

6月17日，夜幕沉沉，大沽炮台和附近海面一片寂静，清军炮台和联军军舰都鸦雀无声，沉寂得吓人，双方似乎都在等待最后通牒限定的凌晨2时的到来。

零时50分，距最后通牒限定的时间还有大约70分钟时，驻守在大沽炮台的清军实在按捺不住，在明知寡不敌众的情况下，以攻为守，一发接一发的炮弹呼啸而下，德国军舰“伊尔提斯号”一连挨了17颗榴弹和一颗榴霰弹，上层甲板全被炸毁，舰长兰茨的一条腿被炸断；一发榴弹在法国军舰“里昂号”上爆炸，引起大火，一人被击毙，46人受伤；俄舰“基立亚克号”试图用探照灯照射炮台，但立刻招来清军雨点般地炮弹轰击，其弹药库被击中并引起猛烈爆炸，将弹药库上面的甲板掀掉，5名俄国水兵被活活烧死。联军各舰见势不妙，纷纷回逃。

中国守军赢得了第一波胜利，联军稍事调整，迅即组织猛烈反扑。早已埋伏在炮台后侧的俄、英、意等国突击队，以散兵队形分成左中右三路向炮台推进。天色微明，这些散兵接近西北炮台，他们立即向清军发动攻击，猝不及防，待清军掉转大炮轰击这些散兵时，已经有点来不及了。俄军、日军号叫着翻过炮台围墙，冲进炮台，与守军召开激烈的肉搏。清军不敌，丢下不少尸体和伤兵，被迫撤退。

炮台守军前后受敌，联军步步向炮台逼近。炮台的火药库已完全置于联军军舰的射程之内，弹药库中弹爆炸起火，陆上联军乘势猛攻，中国守军腹背受敌，伤亡惨重，弹药不继。经过几个小时的激烈战斗，尽管中国守军浴血奋战，视死如归，但终因后无援兵，大沽炮台于17日晨5时半开始陷落。

紧接着，联军将目标转向北炮台，而北炮台守军眼见寡不敌众，望风而逃。晨6时许，英国军队最先攻占北炮台，遂将北炮台的炮口转向，与海河中的联军炮舰一起，向南炮台组织猛烈轰击。在南北大炮掩护下，联军俄、德、法一部由北炮台附近渡过海河，从侧面袭击南炮台，中国守军顽强抵抗，但终因弹尽兵绝，基本阵亡，联军于6时半攻陷南炮台。

至此，大沽口战斗基本结束。是役，中国失掉经营数十年的大沽炮台，主将罗荣光、副将韩照琦均身负重伤，七百多名清军将士为国捐躯。据俄国人扬切韦次基所著《八国联军目击记》描述，在联军攻占的所有炮台大炮附近都发现有断手、断脚、断头的英勇捍卫者，炮台到处躺着已经死亡或身负重伤的中国守台将士。

在大沽炮台失守后两三个小时，法国驻天津领事杜士兰代表列强向直隶总督裕禄提交了联军司令官共同署名的照会，内容与送给罗荣光的相同。照会的日期标为16日，实际送交时间是17日上午10时许。这时，大沽口的战斗早已结束。显然，列强有意防止裕禄从天津派兵救援大沽炮台守军。

列强们高估了裕禄。裕禄事前虽然没有收到列强的照会，但已通过罗荣光差专人前来报警获知消息，但他却以“力顾津郡”为由，拒绝派兵援助大沽。从这个意义上说，大沽失陷，裕禄负有不可推卸的责任。

除了裕禄外，对大沽失陷负有直接责任的还有当时驻守在大沽的北洋海军统帅叶祖珪。罗荣光恳求他派遣鱼雷艇对联军进行攻击，给大沽守军以必要的协助。

叶祖珪是甲午海战的英雄，他在黄海大战中指挥“靖远舰”冲锋在前，浴血奋战，在旗舰“定远舰”桅楼失去指挥能力后，叶祖珪下令座舰迅即升起司令旗，代替定远舰从容指挥舰队，奋力拼搏。然而几年时间刚过，叶祖珪竟然不顾军情危机和海军官兵的抗敌要求，强令舰队不准开炮，并带领舰队仓皇逃命。结果，悬挂海军提督旗的中国二级巡洋舰被联军扣留在大沽口外，在 17 日晨举行的谈判中，叶祖珪同意中国军舰熄火抛锚。中国最大的巡洋舰“海容号”和三艘鱼雷艇均被联军俘获。

所谓“归政照会”与太后的心结

大沽炮台的失陷，使京城大门洞开，联军便有可能源源不断地从这里登陆直抵北京，这当然是巨大危险，因此清政府将联军攻占大沽炮台视为各国对华宣战，并由此立即展开行动。

清廷决定对列强宣战有一个比较复杂的过程，政府内部也有比较复杂的争论。那些主张镇压义和团的官员，如许景澄、徐用仪、袁昶、联元、荣禄、奕劻、王文韶等中央大员，以及地方督抚中的李鸿章、刘坤一、张之洞等人，都坚决反对开战。他们认为，列强之所以向中国用兵，根子在于义和团骚乱和盲目仇外，他们不过是情急之下不得已之举，其目的也只是协助中国剿灭义和团而已。只要清政府能够有效镇压义和团，平息骚乱，八国联军就会自动退兵，中国就必然化险为夷。

反战言论在朝廷中得到了光绪帝的支持。光绪帝对八国联军的期望不无来由。慈禧太后之所以由主和走向主战，在很大程度上也是担心她的权力可能会因此而受到损害。而列强在决心出兵中国时，确曾想过废黜慈禧太后，恢复光绪帝的权力。因此，反战言论一出现，便立即遭到端王载漪等人坚决反对。

在载漪等人看来，当时最大的问题莫过于废帝立储，他们主张“安内”必先“攘外”，主张利用义和团的排外情绪去“报复”列强对“中国内政”的粗暴干预，乘机完成废帝立储的“大事”。然后，再集中精力去镇压义和团。到那时，哪怕割地赔款损失再大，但废帝立储已成事实，也就不怕列强总给中国找别扭。

从这个意义上说，主战派的目的也算不上光明正大，他们并不是为了国家利益，而是为了政治小集团的私利；他们并不是真的支持义和团的反帝爱国运动，而是利用义和团去实现自己政治集团的私利。

出于对最大利益的考量，慈禧太后当然比较倾向于主战派。但是作为清廷最高决策者，慈禧太后无法仅仅从感情出发，事实上她一直在战和之间摇摆不定。在没有得到列强在大沽炮台开衅报告前，虽然对义和团是时剿时抚，但她对列强并不敢真正得罪，一直设法求和。即便使馆卫队和西摩联军相继进发北京后，她仍寄希望于能够有效镇压义和团，从而使列强没有理由继续用兵。

这只是慈禧太后的一厢情愿，事态并没有按照她的愿望发展。一方面义和团运动没有因为清廷的镇压而平息；另一方面，联军在面对义和团抗击，甚至遭到清军阻击情况下，也没有停止向北京进兵，气焰反而更加嚣张。

面对这种情况，慈禧太后于6月16日电召善于与列强周旋的两广总督李鸿章立即进京，并于同日下午召集有百余人参加的御前会议，研讨对策。

主和派为了争取主动，抢先发言。他们反复强调中国力量太弱，不足与列强抗衡。否则，等待中国的只能是亡国。具有丰富外交经验的吏部侍郎许景澄说：中国与外国交往数十年，民教相仇之事，无岁不有，然结果不过赔偿而已。惟围攻使馆，攻杀使臣，在中外历史上皆无成案。现在东交民巷外国使馆处境危险，义和团日窥伺之，几于朝不谋夕。倘若外国使臣真的发生什么问题，其结果真的不堪设想，真不知宗社生灵将置诸何地？

太常寺卿袁昶接过许景澄的话说：衅不可开。政府纵容乱民，祸至不可收拾。他日内讧外患相随而至，国何以堪？

曾经奉命巡查义和团真相的太常寺少卿张亨嘉接着说，根据他的调查，义和团所鼓吹的那些攘外神术并不可靠，他们的真实动机很值得怀疑。建议朝廷在处理与列强关系时，无论如何不要凭借义和团的愚昧排外制定对策。

张亨嘉字燮钧，福建侯官人，其学问虽大，但官话太差，所以他的发言并没有使太后与皇上听明白。只是他对义和团的否定太过绝对，于是立即引起朝臣激烈争论。

与义和团有过直接接触的仓场侍郎长萃不同意张的看法，他大声表白自己亲眼看见义和团是怎样的忠君爱国。他认为，善待义和团，善待民意，是大清王朝立国的根基，如果没有义和团，京师或许已在列强的包围中了。端王载漪、贝勒载濂及户部侍郎溥良等人都认为应该利用义和团的爱国热情与列强决一雌雄。

这种说法显然不负责任，经历过甲午战败屈辱的光绪帝实在是按捺不住心中的愤懑而反驳道：人心何足恃，只不过是徒添混乱而已。士大夫喜言兵，然几年前的甲午一战，朝议皆主战，究竟一败涂地，创巨痛深，效果是大家都看到的。现在各国之强十倍于日本。诸国合而谋我，何以御之？倘若开战，中国必将比甲午战争失败得还要惨。

光绪帝的悲观情绪使端王载漪很不以为然，他说：即便义和团不足恃，那么还有大清王朝的正规军可用，尤其是甘军将领董福祥猛悍善战，在先前剿灭回部暴乱中大著劳绩。如果能够重用董福祥和他的甘军，那么列强区区数万人何患不平？

光绪帝闻言道：董福祥固然猛悍善战，然其人骄骞难驭，各国器械犀利，兵强马壮，远非西北回部可比。

戊戌变法后，光绪帝每见臣工，不过循例两三言，绝不谈及政治。今天他对那些不通世界大势的愚昧大臣非常反感，不禁多说几句，力主和平解决大清王朝目前所面临的危机，不要与列强轻易开衅。否则，即便不致亡国，也必使国家元气大伤。

翰林院侍讲学士朱祖谋也以为凭借义和团这些乌合之众去抵抗联军，是天大的笑话，是拿国家命运开玩笑。至于端王重用董福祥和他的甘军去抵抗联军，也是非常荒唐的。董福祥不仅鲁莽蛮横，简直就是一个无赖，万不可用。

在当朝大臣尤其是武将中，现在只有董福祥一个人敢言抵抗，而朱祖谋竟然公开表示董福祥其实就是一个流氓无赖，这对太后无疑是一个重大打击，觉得满朝文武竟然到了关键时刻没有可用之人。于是太后厉声道：你说董福祥无赖不可用，那么谁是可用的？你且说来！

朱祖谋坦然对曰：若必命将，依臣愚见，还是山东巡抚袁世凯。

袁世凯当时确已崭露头角，他具有一定国际视野，明白世界大势，知道怎样处理义和团这样的问题，所以就任山东巡抚之初，就铁腕镇压义和团，在列强和那些稍具国际视野的大臣中赢得了赞誉。朱祖谋还没有讲完，就遭到端王载漪大声呵斥。

端王载漪炙手可热，大权在握，他坚决抵抗的顽强态度使人们无法正面反对。太后无语，光绪帝默然，这一天的御前会议就这样不了了之。

按照主和派的意见，清政府目前唯一选择就是痛下决心，坚决镇压义和团，捕杀首要，惩儆协从；并派人前往各国使馆表明心迹，请求公使向各国政府说明情况，阻止添调外国军队继续向北京开拔。所以说，16 日的御前会议虽然在总的倾向上是主战，但会议结果却是暂时维持和局，向与列强和解的方向迈进，并镇压义和团，平息骚乱。

会后，慈禧太后命总理衙门大臣那桐、许景澄等迅速出城，前往马家堡以南寻找并迎接正在来京路上的西摩联军，劝阻联军停止前进。

慈禧太后此时的政策是：以战求和，劝说西摩联军停止进军北京；西摩联军如能够停止前进，那就一切都好说；反之，就派董福祥强行阻拦；再不服阻，则决战。这就是太后综合两派意见后所做的调和，大有先礼后兵的意思。

在慈禧太后掌控下，清政府并没有与列强立即决裂。太后在越来越依赖主战派的同时，事实上也对他们稍有约束。她从容操控着主战、主和两大阵营。

从政治操作层面看，太后确实玩得游刃有余，然而这种模棱两可的态度为政局发展预留了很大空间。想不到的是，主战派的卑鄙阴谋终于迫使太后放弃主和幻想，一头扎进主战阵营。

16 日晚，载漪感到在白天的会议上还是不敌主和派，费了那么多口舌说服太后，竟然被主和者的三言两语所击破。为了促使太后早下宣战决心，载漪竟然煞费苦心伪造了一个所谓“归政照会”，派江苏粮道罗嘉杰之子于“午夜”时分呈交荣禄。深夜中，荣禄看到这份“归政照会”，也没有设法去与各国公使进行核对求证，因为他无论如何也想象不到当朝领班大臣竟敢伪造证据，谎报军情，不论出于什么目的，这都是欺君之罪。然而，荣禄匆忙中信以为真，于次日黎明时分将伪造的“归政照会”呈递给了慈禧太后。

虽说“归政照会”是伪造的，但在当时中外沟通已经很困难的时候，这个伪造的文件确实符合外国人的普遍想法。类似的主张在当时一些媒体上就曾公开表达过。更重要的是，这个伪造的照会确实触到了太后的痛处。慈禧太后一见照会，既悲且愤，对洋人的恼怒一时压倒了恐惧，必须一决雌雄的底案基本形成。于是她在当天立即召集第二次御前会议。

在这次会议上，主和大臣在昨天情形激励下，首先发言，重申无论如何不能依靠义和团去与联军抗争，否则自取灭亡。

光绪帝也强调，用人心去抵御外侮本来就是一句空话，更何况义和团只是一群乌合之众，并不能代表民心。光绪帝的言论无疑激怒了载漪等人，他们已经顾不上君臣之道、臣下之礼，忍不住群起驳之。他们借用各种传奇故事杂糅自己的所见所闻，大肆吹嘘义和团民众是如何英勇无敌，不怕牺牲，奋勇向前；义和团的法术是怎样神奇，怎样灵验；义和团民众的功力是怎样巨大，怎样刀枪不入；义和团民众的爱国忠君之心是怎样不必怀疑。

端王等人的吹嘘也引起了太后的反感，太后打断端王的话，转向户部尚书立山问道：听说你也见过义和团，你的看法呢？

户部尚书立山出身于满洲贵族，为蒙古正黄旗人，长时期服务于内廷，深得两宫宠眷信任。他直言不讳告诉太后：当然也不能说义和团就是乱民、暴民，也不能干脆地否认义和团的爱国之心、忠君之情。不过呢，所谓刀枪不入，其实并不像人们吹嘘的那样神奇，不过是江湖上那些见怪不怪的花招而已。

载漪气急败坏回击道：义和团忠君爱国，是用他们的真心，奚问其术？你立山竟敢当着太后、皇上的面公开贬低义和团，想必一定与列强与联军有着什么特殊关系或不可告人的秘密。以你立山这样的身份、这样的言论，列强必听，大军必退，危机立解。

端王载漪的讥讽显然有失大臣风度，也为立山的反击留下了可乘之机。立山原本就对载漪骄横嚣张气焰憎恨不已，于是反唇相讥：最先提出与列强开战的是你端王载漪，你有本事，你有能力，那你就去与列强谈判，让联军退兵去罢。我立山从来没有介入外交事务，所以谈判、退兵说什么也不可能是我立山的责任，更不是我的职责。

载漪闻言暴跳如雷，大骂立山。立山起而争辩，会议气氛骤然紧张，依附后党的二十余名大臣“合词痛哭”，力请太后同意端王载漪利用义和团与列强决一雌雄的建议。

太后心中另有疙瘩，面对此情此景心中自然不爽，特别是荣禄早上送来的那份归政照会一直使太后非常愤怒，于是她喝令这些无能的大臣不要吵了，说她有要事宣布，遂取出那份所谓“归政照会”，当众宣读：

一、指明一地，令中国皇帝居住；

二、代收各省钱粮；

三、代掌天下兵权。

对于第四条“勒令慈禧太后归政”，太后并没有明白宣读。她接着说：现在的情形各位重臣都看到了，并不是大清王朝要与列强结仇，列强打到我们家门口了，我们如果不急起反抗，那么亡国之日就在目前。若拱手相让，举国投降，我何以有颜面去见列祖列宗？坐等灭亡也是亡，一战而亡也是亡，但是性质就根本不同了。望诸位仔细商量怎么办。

满朝文武听到这里，不禁悲从心出，连连顿首，群呼愿听太后调遣，愿效死力。

太后接着宣布：“今日之事，诸大臣均闻之矣。我为江山社稷，不得已而宣战，顾事未可知，有如战之后，江山社稷仍不保，诸公今日皆在此，当知我苦心，勿归咎予一人，谓皇太后送祖宗三百年天下。”[①]太后宣战决心由此而定。

这封伪造照会不仅引发太后执意宣战，而且也深深地影响了光绪帝的态度，他并不知道这份伪造的“归政照会”最关键的内容是勒令太后将政权还给他。他听到列强指定一地供他居住，并且将天下钱粮、兵马统统归其管辖，这就是要他当儿皇帝，简直与亡国没有什么区别。光绪帝深感困惑，他实在不明白列强为何这样不顾及中国政府的脸面和尊严。

据总理衙门章京邹嘉来的观察，正是这份伪造的“归政照会”彻底改变了清政府的权力格局，对清政府的态度转变起到至关重要的作用。光绪帝表示，如果确实到了无法挽回的地步，那也只好做“背城之举”，因为毕竟“宗社生民所系至重”，国家尊严、人民安危大于一切[②]。

17日御前会议一结束，清廷即派操办外交事务多年的军机大臣徐用仪率户部尚书立山、内阁大学士兼礼部侍郎联元等前往各国使馆解释中国政府的立场，希望各国公使劝阻联军进京，声称“如必欲开衅，可即下旗归国”[③]。清政府不惜与列强一战的态度已基本明朗。

然而，清廷突然收到两江总督刘坤一、湖广总督张之洞等方面大员紧急电报，坚决反对清政府对列强宣战，主张从速镇压义和团，重建与列强的信任。否则，联军势必要干涉中国内部事务，那么中国也就祸在眉睫了。

刘坤一、张之洞的电报在清廷内部引起极大反响，太常寺卿袁昶等主和官员深感得到刘、张两位封疆大吏支持，局面或许会有所转变，于

---

① 恽毓鼎：《崇陵传信录》，《义和团》(1)，48—49页。

② 《邹嘉来致□□□函》(1900年6月18日，北京)，《义和团——盛宣怀档案资料选辑之七》，69页。

③ 《庚子国变记》，《义和团》(1)，14页。

是迅速起草《请亟图补救之法以弭巨患疏》，力陈义和团那些拳术、魔法决不可恃，外衅必不可开的道理，强调对义和团必须由中国自行解决，方可避免列强干涉、洋兵助剿，建议责成与各国公使关系尚可的荣禄便宜从事，授权荣禄对义和团民众刑事犯罪格杀勿论。

刘坤一、张之洞等重臣的意见深深影响了慈禧太后，再加上像袁昶等一大批主和大臣进行疏通，遂使太后的想法又有变化。6 月 18 日，慈禧太后第三次召集御前会议。

由于有昨天太后的宣战决心，主战派稍占优势。端王载漪等人主张首先攻打使馆，希望以此威胁各国公使，从而达到“使馆朝夷，皇位夕易”的政治目的①。这并没有获得慈禧太后的认同，因为几十年的政治经验使太后无论如何不会做出如此荒唐的决策。

两国交兵不斩来使，这是中国自古以来的外交传统。载漪的主张荒唐至极，后果不堪设想，还没有等太后拍板定案，一直沉默不语的汉军机大臣王文韶终于按捺不住发言，以为一旦开衅，不论是否伤及公使，恐怕都不会那么容易善后。他请太后三思而后行，决不能听信那些不负责任的胡言乱语。

内阁学士联元闻言顿首表示：假如下令军队攻打使馆，势必危及各国公使安全。这个事实本身就会迫使联军尽快进京，且势必还要加大规模。更重要的是，1860 年英法联军的教训不远，八国联军进京后，整个北京城必然会被他们的复仇情绪所激励而杀得鸡犬不留。联元的态度是：“奸民不可纵，外衅不可启。”② 中国政府不仅不能派兵攻打各国使馆，而且必须按照国际公法和国际外交惯例，想尽一切办法保卫公使馆不受骚扰，保障各国公使绝对安全。

---

① 恽毓鼎：《崇陵传信录》，《义和团》(1)，50 页。

② 《清史稿》卷 446《联元传》。

这些话引起慈禧太后的反感，她禁不住拍桌子大骂：你们这一套我早已听厌了，假如你们真有本事，何不去劝说各国公使阻止联军入城，“否则且斩若！”[①]

慈禧太后无法就战还是和的问题做出最后决定。会议结束时，她命力主和平的户部尚书立山陪同总理衙门大臣王文韶、许景澄等人前往各国公使馆，劝说公使阻止联军继续向北京进兵，视外交斡旋结果再定。

立山、王文韶、许景澄首先向窦纳乐转达清政府对义和团骚乱一直没有平息表示歉意，然后进一步说明义和团对联军的任何反抗都不应被解释为得到清政府的赞同。不过，他们向窦纳乐保证，现在清政府正在采取严厉措施，北京的秩序即将恢复平静，他们建议各国援军不要再进入北京了，可以留驻在距北京大约 12 英里的黄村车站，以免引发不必要的冲突。

对于立山等人的建议，窦纳乐明确拒绝；对于义和团与联军的冲突，窦纳乐表示相信立山等人的解释，承认清政府应该没有支持义和团对联军的阻挠。不过窦纳乐也严肃表示，如果一旦发现清军进攻联军，那就将是另外一回事了。

对于立山一行此次来访的真实目的，窦纳乐一直困惑不解。他猜测大概是清政府中的主和、主战胶着不下，主和者既然表示有能力说服列强退兵，那么太后也不好不让他们试试。然而，他在会面的当时并没有这样清醒的认知，因此他没有给那些主和的官员增加任何砝码，反而使他们在清廷内部成为毫无用处的书生、懦夫，甚至有卖国、投降的嫌疑。

如果窦纳乐当时能够帮助这些所谓主和派去劝阻联军进一步向北京用兵和增兵，或许将是另外一个结果，慈禧太后执意“与世界为敌”估

---

① 《庚子国变记》,《义和团》(1)，14 页。

计也就不会出现。可惜的是，这些猜测不过是假设，永远无法替代残酷的事实。

宣战诏书的真实含义

立山等人的努力没有换来各国公使劝阻联军进京的承诺。第二天（19 日），直隶总督裕禄又传来一个令人震惊的消息，驻扎在天津的联军限时要中国守军交出大沽炮台，否则将用武力强行占领。

裕禄报告依据的是法国驻天津总领事杜士兰 17 日的照会，即前面已经提及的最后通牒。裕禄收到照会的时间其实是在大沽炮台失陷之后。这个时间点非常重要，而裕禄在报告中故意模糊，只是报告了杜士兰的照会，没有报告大沽炮台的结果。

其实，裕禄不外乎是要推卸自己不愿派兵增援大沽炮台的责任。按理说，这个责任也不能都归罪于裕禄。这是清军体制改革不到位，没有统一指挥协调系统所致。如果裕禄当时接受请求，派兵援助，若联军从后方端掉天津防务，这个责任肯定更大。

裕禄的隐瞒在某种程度上可以理解，只是这一次委实关系太大，直接影响了 1900 年后来整个政治、军事、外交进程。

这份奏折给清政府统治高层的印象是：列强欺人太甚，竟然向中国索要大沽炮台。从战略上说，大沽为海口重地，也是守卫北京的重要门户，如果将大沽炮台交给联军，实际上就是将进入北京的大门钥匙交出。如果同意了这一要求，就不止是丧失北京的一个重要屏障，此后的中央政府也只能在列强的卵翼下苟且偷生。

慈禧太后于获知这一消息当天（19 日）下午在仪銮殿紧急召集第四次御前会议。

此时，慈禧太后和朝中大臣都不知道大沽炮台已经沦入联军之手，他们的讨论还是以联军索要大沽炮台为前提。因为清廷第二天（6月20日）通过军机处发给裕禄的上谕，仍要求裕禄报告联军索要大沽炮台的最新进展。

大臣们普遍认为，联军索要大沽炮台将引发严重的政治危机，权衡利弊，他们必须坚决拒绝这一蛮横要求。

大致原则确定后，慈禧太后强调，如果列强不能回心转意，就真的要做好准备。这就是慈禧太后在这一天公然“向全世界宣战”的大背景。

至于宣战的具体背景，可能还有两点。一是几天前那个伪造的“归政照会”依然继续发酵，太后依然对此耿耿于怀，无法释然。慈禧太后最担心的依然是列强军队一旦进京，就会强令她将政权归还给光绪帝。这是慈禧太后最不愿意看到的，也是所谓后党集团利益攸关的大事。因此，太后反复强调，她之所以决定向列强宣战，实在有不得已之苦衷。

第二个背景，应该说与义和团的活动有关。经过清政府早一段时间的打击和招抚，义和团在某种程度上已成为一个砝码，慈禧太后想利用这个砝码进行平衡。慈禧太后不希望出现腹背受敌局面，她要在列强与义和团之间保持适度平衡。

基于这样几点考虑，慈禧太后终于下定决心发布宣战诏书：

> 我朝二百数十年，深仁厚泽。凡远人来中国者，列祖列宗，罔不待以怀柔。迨道光、咸丰年间，俯准彼等互市，并乞在我国传教。朝廷以其劝人为善，勉允所请。初亦就我范围，讵三十年来，恃我国仁厚，一意拊循，乃益肆嚣张，欺凌我国家，侵犯我土地，蹂躏我人民，勒索我财物。朝廷稍加迁就，彼等负其凶横，日甚一日，无所不至。小则欺压平民，大则侮慢神圣。我国赤子，仇怒郁结，人人欲得而甘心。此义勇焚烧教堂、屠杀教民所由来也。朝廷仍不开衅，如前保护者，恐伤我人民

耳。故再降旨申禁，保卫使馆，加恤教民。故前日有拳民教民，皆我赤子之谕。原为民教解释宿嫌，朝廷柔服远人，至矣尽矣。乃彼等不知感激，反肆要挟，昨天复公然有杜士兰照会，令我退出大沽口炮台，归彼看管，否则以力袭取。危词恫喝，意在肆其猖獗，震动畿辅。平日交邻之道，我未尝失礼于彼，彼自称教化之国，乃无礼横行。专恃兵坚利器，自取决裂如此乎？朕临御将三十年，待百姓如子孙，百姓亦待朕如天帝。况慈圣中兴宇宙，恩德所被，浃髓沦肌，祖宗凭依，神祇感格，人人忠愤，旷代所无。朕令涕泪以告先庙，慷慨以誓师徒，与其苟且图存，贻羞万古，孰若大张挞伐，一决雌雄？连日召见大小臣工，询谋佥同。近畿及山东等省，义兵同日不期而集者，不下数十万人，至于五尺童子，亦能执干戈以卫社稷。彼尚诈谋，我恃天理；彼凭悍力，我恃人心。无论我国忠信甲胄，礼义干橹，人人敢死；既土地广有二十余省，人民多至四百余兆，何难翦彼凶焰，张国之威？其有同仇敌忾，陷阵冲锋，抑或仗义捐资，助益饷项，朝庭不惜破格懋赏，奖励忠烈；苟其自外生成，临阵退缩，甘心从逆，竟作汉奸，即刻严诛，决无宽贷。尔普天臣庶，其各怀忠义之心，共泄神人之愤，朕有厚望焉。

这份诏书详述了中外冲突的大背景和小原因，对于清政府不得已的苦衷有比较好的表述，但我们关心的是：诏书还是以杜士兰的最后通牒作为讨论的前提。也就是说，最后通牒所提出的要求是不可讨论的，列强只要放弃这个要求，宣战的前提就不存在。这显然是做个样子，将球踢给了各国公使。

御前会议将要结束时，慈禧太后令总理衙门大臣许景澄等给各国使馆送去照会，限各国使臣在 24 小时之内下旗出京回国，由清政府派兵护送到天津。

宣战诏书是以光绪帝的名义发布的，但据说光绪帝担心假戏真演，突然恐慌起来，匆忙拉住许景澄等人，语无伦次地连说“更妥商量，更妥商量”。

慈禧太后见状，觉得皇上的做法有失君臣之礼，遂怒斥道：“皇帝放手，毋误事。”

内阁学士联元见状声泪俱下，以为甲午之役，中国与一日本且不能胜，现在要与八大强国同时开战，其结局不难知。倘战而败，如何向列祖列宗交代？他苦苦哀求慈禧太后不要意气用事，再冷静考虑。如果一定要宣战，也只应该向挑起此次传教士事端的法国宣战。如果一定与十一国开战，中国真的要灭亡了。

联元的苦苦哀求无法打动慈禧太后，尽管在慈禧太后那里，这可能只是一个外交手段，但谁又有把握说不会像皇上担心的那样弄假成真呢？

当日下午五时许，总理衙门向十一国驻华公使馆及关税处送去十二份同文照会，表示说，由于列强索要大沽炮台的挑衅行为深深激怒了中国人，现在京城义和团纷起，人情浮动，各国使臣、总税务司洋员及其眷属人等在此情形危险，中国实有保护难周之势。请各位公使及其眷属务必于二十四点钟之内带同护馆弁兵等妥为约束，速即起行前往天津，以免疏虞。我大清政府除派拨队伍沿途护送并知照地方官放行外，相应照会贵大臣查照可也。①

这份照会有保护各国公使及其眷属安全的意思，也含有最后通牒的意蕴。各方对这份照会的不同理解引发一系列冲突，此后，清政府与各国公使之间的沟通越来越困难。

---

① 《照会》（光绪二十六年五月二十三日），《义和团档案史料》上，152页。

第五章　围而不攻的战争

这份含有最后通牒意味的外交照会在各国公使中间引起极度恐惧，外交官及其眷属皆有丧魂失魄之状，不知怎样答复这个要求。

其实，各国公使不知道通往大沽的铁路已遭威胁，更不了解各国海军当局采取行动的急迫性，因而把杜士兰发给裕禄的最后通牒解释为不必要的刺激，或过早的军事行动。所以对于各国公使来说，总理衙门的最后通牒确实出乎预料。

克林德之死

清政府这十二封同文照会在送达各国公使馆之初秘不示人，然而不久人人皆知。据亲历其事的英国人普特南·威尔在《庚子使馆被围记》中描述：这十二封外交文书不啻十二个炮弹，先爆裂于防御地方之十二处，终则烟气聚结，使所有外国人深感苦闷。现在他们只剩下两条路：

要么逃走，要么被杀。事至此，皆由这些公使所致，人人要求设法，群失管束，哄然如癫狂。

情况危急，兼任外交团首席公使的西班牙公使负有重要责任。他连夜召集十一国公使在西班牙公使馆紧急会议。大家皆有忧色，议论甚多，互相指责，所出之谋皆因其太险而不能实行。

英国公使窦纳乐也没有预料到会出现这样的问题，他认为这主要是因为清政府内部一些人深受义和团迷惑。如果中国政府执意挑起全面冲突，那将是发疯。窦纳乐强调，这个最后通牒为中国政府的疯狂提供了一个证据，但还不知道要疯狂到什么程度。在这种情况下，劝导和警告仍可能具有某些影响，因此，窦纳乐设法劝阻中国政府收回成命。

德国公使克林德建议全体公使立即集体前往总理衙门，紧急求见中国大臣，请求他们不要这样匆忙驱逐外交官。

在通讯工具不发达的条件下，这个建议未尝不可。然而，此时北京城里乱哄哄，连夜前往总理衙门求见，有点不太安全。

至晚间七时许，各国公使达成妥协，决定用首席公使的名义对清政府最后通牒予以答复，声明同意尽快出京，但所限24小时太短，不及收拣行装。且北京至天津交通久已断绝，群盗如毛，如此长途旅行很难保证安全。他们要求中国政府延长时间，并要求于次日晨九时前往总理衙门拜会庆亲王奕劻或其他中国大臣，当面表达意见。

此时，公使馆一般外交官以及避难的那些外国人出于对自身命运的担心，聚集在西班牙公使馆前，皆欲打听会议结果。当获知是如此软弱的回复后，各使馆皆起风波。因为外国人已有千数之多，即便中国政府同意延缓数日离开北京，他们也很难安然到达天津而无所失弃。他们先仅喃喃私语，后则人情激愤，昌言愿意与使馆同命运共存亡，宁愿持枪守卫使馆战而死，不愿在前往天津途中成为冤死鬼。他们普遍担心，中国政府如果要断绝与各国外交来往，一定要将他们驱逐出京，那么这上千名白人有车，有马，有步行，参差不齐，而白人之后又随以众多之教民。如此庞大队伍浩浩荡荡行走在京津大路上，谁能保证出伏不定的义和团和那些野蛮的清军不痛下杀手，予以袭击呢？

夏季的北京昼长夜短，然而今晚的使馆区却无人安睡。他们有的在紧张地收拾行李，有的命仆役打听前往天津等地的车票，有的设法雇车。各国使馆一片忙乱，谣言纷飞，人心惶惶。

与此同时，北京城里也是一片混乱，虽在夜间，纷纷出城者有之，无意中传播谣言者有之，打探消息者有之，至于那些可怜的中国教民，由于担心洋人走了之后面临的灾难，更是惊恐不已，恍若处于毁灭前夜。

第二天（6 月 20 日）一大早，整夜未能入睡的外国人在使馆中到处游走，原本相当体面的外国人也多成为污垢之人，不事洗浴，沿街蹲踞，哈欠连天，面色青白，荷枪于肩，不时伸其困乏之身，强打精神等待最后时刻到来。清政府限定的 24 小时已经过了一半，究竟如何还没有人知道。

各国公使的回复照会在昨天晚上就应该送到总理衙门，同时考虑到那天晚上慈禧太后已经嘱咐相关人员加班，因此清政府应该在当晚就能够获知回复。不过，清政府根本没有给予答复。因此，各国公使于第二天早晨九时重新聚集在西班牙公使馆讨论在这种时候能够做些什么。

据说，十一位公使中多胆怯之辈，仅有二三人竭力鼓舞，以壮其同伴之胆，但无效果。各国公使激烈争辩，但都拿不出什么像样的主意。德国公使克林德继续坚持全体公使集体前往总理衙门，争取面谈。

不过，其他人都认为这是毫无用处的，因为可能没人接待。克林德执意前往，他说先前曾与总理衙门有约，定于今天中午十一时聚会，现在虽然发生了突发事件，但清政府方面并没有通知他取消约会，所以即便出于外交礼仪，他仍然愿意践约而不失信。

根据中方的记录，克林德当天确实与总理衙门有个约定，不过总理衙门也先以局势混乱而未允。只是可能并没有通知克林德，或者说没有通知到，否则就不好理解他为何执意前往。

克林德说，如果公使团给他适当授权，那么他在谈完自己的事情后，也可与总理衙门大臣就使馆及外国人撤出北京的事情交换意见。

对于克林德的一意孤行，其他各国公使觉得有相当大的风险。克林德答复说，德国公使馆的中文秘书柯达士在两天前曾去过总理衙门，并没有遭遇任何明显的敌意。一位公使接话说，那就应该派他前去打探一下中国方面的意思，然后再决定行止。克林德似乎表示赞同，所以当他离开会议室时，与会的所有公使都肯定地认为他已放弃亲自前往总理衙门的想法。

但他们都错了。克林德不久即坐其绿红呢官轿践行他与总理衙门的约定去了。为了表示自己的勇敢，或者是因为当时的局面已相当紧张，克林德不愿大队人马护卫引起恐慌。克林德仅携秘书柯达士乘坐两乘小轿，另有少数几名德国陆战队士兵随行。

克林德一行出东交民巷，有负责保卫使馆的中国士兵前来引导，经克林德同意，遂将德国陆战队士兵遣回，仅有两名德国士兵骑马相随。克林德的安全问题由此也就交给了中国方面。

坐在轿子中的克林德口含烟卷，容态悠闲，如赴宴一般。然而15分钟之后，当行至东单牌楼附近一个小小警卫哨所时，忽见一队武装清军在那里巡逻，大约有二三十人，后来知道那个巡逻队领队的是恩海。

据民国时期掌故专家许指严在《十叶野闻》说，恩海似乎又名安海，为清军神机营霆字队枪八队章京。当北京局势危机日趋严重时，他和他的神机营确曾接到上级的命令，遇到外国人即杀之。所以当恩海见有洋人乘轿而出，遂命轿子立即停下，并取枪对准轿子，似乎是要求检查。

轿中的克林德看到中国士兵举枪对准轿子时，遂拔出手枪首先开枪。很显然，克林德以为自己遇到了劫匪，于是首先开枪争取主动。可惜这一次他真的错了。

恩海等中国官兵让过克林德的一阵乱弹后，即发一枪。枪声响处，轿夫弃轿而逃。而这一枪又恰好射中克林德的头部，当即毙命。

柯达士乘坐的另一乘轿子的轿夫听到枪声，也四处逃散，轿子立即摔倒，惊慌无措的柯达士迅速跳出小轿，由此救了自己，因为清军第二枪肯定是瞄准柯达士的头部，结果只打中了他的下半身，虽使柯达士身负重伤，然不至于伤及性命。柯达士设法逃跑，而恩海等清军官兵因为已经枪杀了克林德这个洋人而完成了任务，也就不再计较了。

不知为什么，在克林德被枪击的同时，两位骑马的卫兵并没有及时还击，他们迅速策马返回德国公使馆报告情况。大约一刻钟后，德国使馆卫队遂出兵向台基厂方向前进，据目击者称，观此条顿人面色之严厉，可知其有拼命之意，至少希望将克林德完整的尸体抢回来。

不料，待各国士兵赶到克林德遇害之地，但见地上有血迹，灰土飞扬，轿子、轿夫及杀害克林德的中国官兵均已不见。周围一带因形势恐慌，人人皆深居简出，大门紧闭，荒凉至极。

德国士兵无人可问，只好返回使馆。待到联军后来占领北京后，方找回克林德的尸体，并由此引起一场复杂交涉，中国政府承担了克林德之死的全部责任。不过，那都是后话。

克林德被枪杀事实真相究竟如何，由于缺少直接材料，迄无定论。有的说克林德系端王载漪派人“伺于路”，令所部虎神营开枪打死[①]；或传言是克林德在前往总理衙门途中中了清军“埋伏”[②]；或称是克林德在轿子中先开一枪，端王载漪所部神机营霆字枪队章京恩海“让过敌弹，

① （清）李希圣：《庚子国变记》，《义和团》（1），16页。

② ［日］佐原笃介等辑：《拳乱纪闻》，《义和团》（1），137页。

即发一枪”，击中公使[①]；有的说克林德在东单牌楼附近误触手枪机栝，以致惊动附近比利时公使馆卫兵，公使馆卫兵闻声回击，适有清军在途，疑其击己，即还击轰射，枪弹横飞之际，轿中人已中其一，盖即德国公使克林德[②]。

这个意外事故引发了后来一系列重大变故，清政府与各国驻华公使之间的沟通越来越困难，以致公使馆关闭了与清政府进行沟通的大门。

时间差带来的误会

从近代以来通行的国际惯例看，两国交战自然意味着断交，在所驻国的外交代表应该撤旗回国。各国公使应该也是这样理解的。他们为了自身安全起见，并不愿像克林德那样冒险。

克林德被杀后，这些公使更是龟缩在公使馆不愿出来，更不愿意接受中国政府的建议迁往天津。他们认为这个建议可能蕴含着一个重大阴谋，或许是为了将他们在行进途中予以歼灭。如果真的是那样，他们不仅死无葬身之地，而且可能还不会被人所发现。假如是由义和团动手的话，情况可能更糟糕。基于这样一种不信任，外交团与清政府对话的大门逐渐关闭，公使馆终于成为“一片孤岛”。

在克林德被杀的同一天（6 月 20 日），慈禧太后撇开光绪帝，独自召集枢臣会议。荣禄在此次会议上还想就战和问题做最后一次努力，劝说慈禧太后不要下令攻打各国驻华使馆，以免各国联合一气，誓死报仇，并反复强调以一国而敌多国，不独胜负攸关，实中国存亡之攸关。只是慈禧太后决心已定，无论如何不能咽下列强要求她退位归政的怨

① （清）杨典诰：《庚子大事记》，《庚子记事》，83 页。

② 柴萼：《庚辛纪事》，《义和团》（1），309 页。

气，根本听不进任何人的意见。随后，慈禧太后发布一道紧急上谕，向各省督抚说明目前中国所处形势，强调列强军队已麇集津沽，中外矛盾已无法调和，战争不可避免。要求各省督抚同心合力，共挽危局。于是在南方有东南督抚联手互保格局的出现，在北京，由董福祥所率甘军及武卫中军联合义和团开始围困东交民巷使馆区，各国驻华公使及其数千眷属和那些避难于使馆的中国教民开始了长达五十余天的煎熬。

克林德被杀后，中外之间的交涉也曾出现某些转机，只是当事双方囿于视野不曾见及，错过了机会。事实上，当6月19日晚间各国公使回复总理衙门送来的最后通牒后，清廷最高统治层很快就获知。据亲历这一过程的恽毓鼎在日记中记载，翌日晨七时许（辰刻），各国公使的复照送达，有旨请庆亲王奕劻、端王载漪二王往议，讨论的结果，这样回复各国公使：有话但持函来，二王不能前往。

从这个记载可以看出，清廷确曾收到了十一国公使对最后通牒的回复，而这个回复是请求庆亲王奕劻和端王载漪能够尽快到使馆与各国公使当面谈谈，而清政府方面觉得各国使臣有什么话尽可持函来谈。或许清廷内部出于安全考虑，担心二王被扣为人质。

恽毓鼎或许是亲眼所见、亲耳所闻，不过据当事人窦纳乐记载，情况则是另外一种样子：清政府在收到各国公使对最后通牒的回复照会后，经过比较慎重的研究，也觉得在24小时内率领那么庞大的随员、眷属及教徒离开北京有点强人所难，不仅无法实现，而且势必造成中国政府不通情理的恶劣影响。因此总理衙门回复了一件公函，赞成各国公使对形势的分析，不反对各国公使要求延长准备和出发的期限。

然而，这封公函是在克林德被杀之后才送达，又恰恰没有提及克林德之死。这样便引起了各国公使的怀疑，他们认为总理衙门之所以软弱地同意各国公使的要求，主要是因为克林德之死使中国政府感到震惊和恐慌，并使其政策转向和平。而且，各国公使久已不认为总理衙门还能够代表中国政府，所以他们认为这封公函充其量只不过表明温和派或主和派的态度而已。因此，各国公使对于这封公函没有再做处理，中外双方从此只能按照自己的判断行事。

从各国公使的立场和当时所处环境看，他们的判断也在情理之中，只是过于恶意估计清政府的态度。其实，这封公函之所以没有提及克林德被杀事件，是因为当总理衙门的大臣们起草这封公函时，克林德还没有被杀；当这封信送达使馆时，克林德已经被杀。正是这微妙的时间差导致了清政府与各国公使之间的严重隔阂，双方只能按照自己的判断静候事件的发展。

孤岛囚徒

由此，各国公使开始为保卫使馆进行认真准备。

6 月 20 日以前，在穿过海关大院和奥国使馆之间的街道上由使馆卫队修筑了一些工事，但不是很坚固。这些工事主要是将大车翻倒过来，仅仅具有路障功能，以便抵挡来自东面的进攻。在使馆区的西面，公使馆为了抵抗沿街而来的清军或义和团，在俄国和美国使馆大门之间修筑了一处工事。英国海军陆战队有一个哨所据守北御河桥，其他国家的特遣部队各自在使馆附近街道上巡逻，并在各据点派驻岗哨。

德国和美国的使馆靠近内城城墙，使馆与城墙之间只有一条很狭窄的街道将它们分开。由于北京局势日趋危机，德国特遣部队在他们的使馆与内城城墙之间的街道上，朝着东面修筑一处工事；美国特遣部队在他们的使馆后面朝着西面修筑了一处工事。这大概是使馆区被围困之前的防御情形。

现在，由于形势突然变坏，所有工事都予以加固，距离太远的岗哨被撤回来，所有妇女儿童奉命迁入英国使馆。

当天下午，有一百多名妇女和儿童搬进英国公使馆。这不包括大约六七百名中国基督教徒、仆人、改变宗教信仰的人等，其中有一半以上是妇女和儿童。翻译实习生放弃了他们的宿舍，住在那些很小的阁楼或公共接待厅里；大部分职员也放弃了他们的住宅。英国公使馆二等秘书德林的住宅交给了俄国使馆和银行，英国使馆会计的住宅交给了法国使馆的成员及其夫人和眷属。美国使馆的妇女占用了医生的住处，实习生的一排房子交给了海关人员，15 名妇女留住在公使的住宅的舞厅内，另有 12 名住在吸烟室里，有两家占用了弹球房，而许多传教士则住在走廊里。比利时、日本、意大利等国公使及其家属同克林德的遗孀一起也都居住在英国公使的住宅里。据窦纳乐说，他的这所房子通常只住 12 个人，而现在总共有 78 名欧洲人一起住在那里。而英国公使馆的院子里，住有将近 900 人，而平时的人数大约为 60 人。

在被围困的第一天，所有人都忙于向使馆里搬运和储存粮食，并为防务做进一步的安排。下午 4 时整，清军从北面和东面向使馆开火，主要是对着奥地利和意大利公使馆的防御工事。长达八周被围困的日子从 6 月 20 日下午正式开始。

对于义和团凭借所谓神力发动的进攻，各国公使从未感到害怕，但是对于清军的进攻，确实感到难以对付。如果进行全面反击，必将带来灾难性后果，不仅没有一个使馆在那时已经进入全面的防御状态，而且正如慈禧太后后来所说的那样，她还算是一个有主见的人，并没有一味容忍那些好战分子任意胡闹，处处都留有余地，她若是真的允许甘军尽情地闹，难道一个使馆都打不下来？！

很显然，清政府之所以围而不攻，完全受制于整个形势尤其是天津的形势变化。英国驻天津领事贾礼士当时就看到了这一点，他并不认为清军与义和团包围使馆真的构成了威胁。如果慈禧太后真的下令毁灭使馆，那么城墙上的清军大炮就可以轻松做到。

被围困的第一天，与使馆区比邻的肃王府也被迫收容了一些基督教难民。义和团运动爆发时的肃亲王善耆对于外国人并不反感，但是他对突然而至的中外冲突感到深深的苦恼。他通过避难于肃王府的京师大学堂外籍教授秀耀春告诉窦纳乐：如果各国公使能够带给中国政府一项关于各国无意瓜分中国的保证，他便有可能劝说中国政府下令停止对使馆区的包围。窦纳乐回信说：所有各国驻北京使节的任务是要维护同中国政府的友好关系，英国以及其他国家对中华帝国的完整都不怀有任何图谋。

肃亲王拿到信后立即进宫上奏，但并没有获得他所期许的结果。而帮助送信的秀耀春却在返回英国公使馆途中被中国士兵开枪击中，当场死去。

6月21日，清廷颁布上谕，号召普天臣庶，各怀忠义之心，与其苟且图存，贻羞万古，孰若大张挞伐，一决雌雄。这份上谕既未宣布对哪国开战，也没有说通过什么样的外交渠道将宣战诏书送达何国政府，以至几天后盛京将军增祺专门询问清廷，此次中外开衅，究竟是与哪个国家失和?

同时，清政府还颁布了一道正式招抚义和团的上谕。命令各省督抚尽快将原先松散的义和团组织起来，抵御“外侮”。

清廷令力主招抚义和团的辅国公载澜署右翼总兵，会同都察院左都御史英年、军机大臣刚毅统帅京师和天津一带义和团。并命令各省督抚、将军将那些库存枪炮子弹、大刀长矛等赶紧清理出来，以备义和团民众使用。对于直隶一带先前被捕关押的义和团民众，命直隶总督裕禄将其一律释放，要求各地政府在物质上给予义和团必要援助。清政府真的要利用义和团与列强大干一场了。

当义和团民得知招抚的消息时，确实一度被打动。北京、天津、东北、华北各地的义和团人数急剧增加，他们普遍竖起了“奉旨义和团”

的旗帜，向清政府登记挂号，接受招抚。从此，义和团由先前的“不法团体”变为合法组织，成为清政府依靠的对象。

西方各国意识到，战争或许不会很快结束，有必要继续增兵。英国政府在命令其殖民地印度政府迅速派遣一支部队前往中国的同时，于6月22日通过外交途径鼓励日本政府利用其有利的地理位置向中国派遣更多军队，并建议美国政府从其外海军事基地菲律宾马尼拉派遣部队前往北京。

最为恐慌的当然还是各国使馆。他们在经历了第一个被围困的白天后，又度过了一个极度惊慌的夜晚。第二天（6月21日），他们继续修筑工事。在这一天，奥国公使馆遭到猛烈的炮火攻击，一名法国陆战队队员阵亡，一名奥国人负伤。奥国人随后撤退到法国公使馆，因而大部分海关大楼的整个东面暴露出来。不久，浓烟腾空而起，奥地利、荷兰使馆以及大部分海关房屋和中国通商银行均被焚毁。

据说这是义和团所为，因为同一天传来消息说，庆亲王领导的部队在哈德门附近对义和团猛烈开火，而董福祥的甘军则忙于从北面和西面对各国使馆进行攻击。这一天，没有实际参与抵抗的使馆卫队忙于帮助组织英国使馆的防务，他们任命了一个公共事务委员会，其成员有各国使馆、海关和各教会团体的代表，下分若干小组，如防御工事小组、食物供应小组、用水小组、中国劳力小组等，这些小组对于各国公使及那些避难于此的人们能够坚持到最后起到了很大作用。

6月22日下午，由于一道错误命令，各国使馆卫队都向英国使馆撤退。当对这一命令进行纠正时，两名德国海军陆战队队员在返回自己使馆的时候不幸被中国军队开枪打死。为了防止类似混乱再度发生，各国公使推举英国公使窦纳乐担任使馆区防务总司令，授权他统一协调各使馆的兵力与防务。窦纳乐出生于陆军军官家庭，而且自20岁起就在英国陆军中服役，具有一定的战争经验。

这一天，意大利使馆受到了清军炮火的猛烈攻击，当意大利卫队反击回来时，发现使馆已陷入一片火海之中。窦纳乐遂命令意大利和日本特遣部队迅速抢占肃王府，以此作为使馆区主要防御工事之一。

6 月 23 日，被围困的人员依然慌乱不堪。中午时分，与英国公使馆比邻的翰林院被甘军点燃，许多煤油被泼洒在翰林院中的一棵棵大树上，甘军的目的很明确，就是要烧毁英国公使馆。在没有其他进攻性武器的条件下，只有大火可以获得出其不意的效果。以翰林院为代价换取英国公使馆的毁灭，进而蔓延整个使馆区，就可以兵不刃血地逼迫躲避在使馆区的外国人特别是那些中国教民逃出来，然后聚而歼之。

风助火势，火借风威，熊熊火焰越来越逼近英国使馆。公使馆的数百名各国警卫人员由窦纳乐统一指挥，在阻断大火向英国公使馆蔓延的同时，尽量到翰林院去抢夺藏书。

翰林院藏有卷帙浩繁的各类孤本、善本。尤其是罕见壮观的《永乐大典》和《四库全书》的底本也珍藏于此，以金黄色丝绸装订而成的万卷册的《永乐大典》，是明代由两千名学者参与编修的大型综合性类书，经明末文渊阁大火，仅存副本；到了清代，这些副本已散佚两千余卷，其余都收藏于翰林院内；而《四库全书》是乾隆年间由纪昀、陆锡熊与众多学者合编的七万九千卷的世界上最大丛书，典藏在翰林院的各类底本则是清政府花费很大精力、财力从全国各地征集、搜聚来的。翰林院的建筑也是中国建筑艺术的精华，华美的木雕屋檐，壮丽的楼台亭阁，在在引来人们的赞叹，真不知甘军将领们怎舍得下手。

傍晚，大火虽被扑灭，但翰林院辉煌建筑的三分之二、贡院考场尤其是那些极为珍贵的藏书除了被窦纳乐命令使馆卫队火中取栗式抢走一些外，其余的则永远消失了。

下午三时许，俄国使馆也传来着火的消息，而紧邻美国使馆的华俄道胜银行也在这场大火中焚毁。窦纳乐认为，甘军就是要把使馆中的守军和那些避难者逼出，但他们硬是坚持到最后。

围而不攻终究不是解决问题的办法。6 月 24 日清晨，清军偕同一些义和团民众对美国和俄国使馆及已被使馆警卫人员占据的肃王府发动了一次攻击，并一度占领了紧靠着美国使馆的内城城墙。由于使馆内的武装力量进行坚决反击，这支队伍只好悻悻逃走。

与此同时，英国使馆也受到了一次猛烈进攻，英国使馆卫队进行坚决反击，双方均有伤亡，不过中方损失最惨重。德国和法国使馆在这一天也遇到了相当猛烈的攻击，两国使馆被迫打起了防守反击战。

战斗在 6 月 25 日继续进行，中方和使馆卫队都有伤亡。下午四时许，清军方面有一群人携带一块牌子出现在北御河桥上，牌子上写着一道上谕，说他们是奉命来保护使馆的中国部队，希望使馆方面停止开火，他们还带来一封清政府致各国公使的信。然而当使馆方面派人前去取信时，却遭到不知什么地方发射的枪击，使馆人员仓皇逃回，中国政府自使馆被困后第一次与各国公使进行的联系不幸中断。有人说枪击来自驻守在肃王府中的使馆卫队，而窦纳乐事后查明开枪的是董福祥的甘军。窦纳乐的说法或许更为可靠，因为董福祥确实不太希望清政府与各国公使继续沟通。

当天晚上 8 时许，对使馆的攻击停止。最前线的士兵甚至有机会进行友好交谈，中国士兵告诉使馆卫队的士兵说，他们确实已经接到军机大臣荣禄的停火令，并说荣禄确有一信送给各国公使。各国公使对此没有回应，反而加紧修筑和巩固防御工事。

当天夜间，中方又对使馆进行了一次前所未有的攻击，几乎持续了一整夜，子弹像冰雹一样击到各建筑物的屋顶之后又蹦了出去。不过，由于是夜间，使馆方面被动防守，也没有什么人员伤亡。

6 月 26 日晨，激战一夜之后的使馆区格外平静。9 时许，在防御工事周围开始出现断断续续的冷枪。在窦纳乐的组织下，各公使馆人员组成预备队，并在钟楼张贴了一道命令，称如果发生猛烈的炮火，携带各种类型枪炮的所有士兵，当时若无特殊任务，应立即在钟楼集合，并在该处等待。当天傍晚，法国使馆遭受一次严重攻击，不过并没有造成人员损失。

27日凌晨2时许，使馆区周围的炮火突然十分猛烈，8时许趋于缓和。对肃王府却有一次十分厉害的进攻。下午2时半，美国使馆告急，英国使馆立即派卫队前去增援。4时许，整个使馆区受到来自四面八方猛烈的排枪射击，肃王府再一次受到重大威胁，该府东北角被打开了一个洞，围攻者由此进入，肃王府被清军和义和团夺回。

晚8时许，有报告说二百多名义和团民众在清军逼迫下向使馆发动进攻。至10时，使馆当局约定的“总攻击”钟声敲响，预备队迅速出动，人数可观，不过至11时，进攻的炮声骤然停止，使馆区陷入可怕的沉寂。

6月28日，从使馆的方向看，清军在肃王府内修筑炮台，似乎要近距离攻击使馆北面的围墙和不远处的北京饭店。下午6时半，使馆区“总攻击”的钟声再次敲响，使馆卫队与中方发生了一次激烈的枪战和炮战。

当战斗断断续续进行时，清政府无法与各国公使进行直接沟通，但也没有完全停止外交努力。6月29日，清政府向中国驻外使节发出一份关于北京现状的详细说明，指示他们按照这个说明的原则与所驻国进行交涉，向各国政府详细说明事件的来龙去脉，以及清政府“万不得已”的苦衷，请求各国“深谅”。指示各使节继续留在自己的岗位上，要求他们尽力向各国政府说明各国使馆将继续得到清政府的保护，德国公使克林德被杀是由于义和团所为，决非政府指使。这场骚乱主要是由于各国对大沽炮台“不适当的”索要以及后来所发生的武力抢占所致，同时表示义和团必将相机自行惩办，一定争取尽快恢复社会秩序。清政府又转为要镇压义和团了。

清政府的态度变化并没有立即被各国公使所获知。6月29日，使馆卫队在窦纳乐的指挥下安排了两次主动性的出击，目的是希望能够缴获两门克虏伯大炮以巩固使馆的防御。然而由于清军的布防有了变化，使馆卫队并没有达到目的，只是放火焚烧了一些房屋以泄愤。下午，清军开始发动新的攻击，导致使馆内多人伤亡。

据窦纳乐事后回忆，对于防务来说，6月29日是一个不吉利的日子，每一个国家都不得不哀悼某些成员的牺牲；法国人和日本人在经过艰苦战斗后丧失了阵地，只好转移到英国使馆。晚上10时许，开始下大雨，使馆方面估计这场大雨应该带来安宁的夜晚。然而情况却相反，清军持续不断地向使馆射击，攻击强度远远超过了以前，直至黎明从未间断。据窦纳乐估计，清军在这一夜发射了20万发子弹。不过，由于大雨如注，使馆方面没有组织反击，只是使馆区的树木和屋顶被打得七零八落，使馆的实际损失几乎等于零。

6月30日上午9时，都保持着平静。9时后，清军大量出现在德国哨所的对面，双方很快发生了异常激烈的冲突，三名德国海军陆战队队员阵亡，两名负伤，前来援助的英国海军陆战队两人负伤，其中一人很快死去。

7月1日晨，使馆区格外平静。9时后清军开始行动，出其不意地袭击德国和美国的使馆卫队，后在俄国、英国援军帮助下，双方展开拉锯战，但德国军队在城墙上的工事却被清军牢牢地控制，直到围困结束时。

与此同时，法国人展开了猛烈反击，夺回了使馆。下午3时许，使馆卫队指挥官认为被清军占领的肃王府有机可乘，遂派遣一支队伍偷袭，希望抢回那门整天对着使馆开火的克虏伯大炮，至少也要设法将之摧毁。然而这次偷袭受到了清军无情的阻击，损失惨重。

7月2日，清廷以慈禧太后的名义向各驻外公使发出一份电报，说明各国驻北京公使馆仍然无恙，而且她正在对各国使馆提供保护。由于北京实际上已处于无政府状态，这份电报是通过保定府发出的，且送达各国的时间也比较晚，俄国政府获知这一电报的内容已是7月中旬，待到英国外交大臣索尔兹伯理获知时已经是7月17日。不过，这封电报对于化解各国的敌意还是起到了相当积极的作用。

稍后，清政府又以光绪帝的名义致电日本天皇，表示正在想尽一切办法尽快平息这场骚乱，期待中日两国友谊不要因为各国使馆被侵犯和杉山彬被杀而有所变化。这封通过济南府发来的电报直至7月13日日本政府方才收到。清政府显然是希望与各国和解，然而日本政府却不愿意。日本政府严肃地告诉中国驻日公使说：任何国家对国际法最严重的侵犯，就是攻击各国外交使节。所以，在义和团骚乱被彻底镇压前，不可能存在友好谈判的问题。日本政府随即将这一情况及其态度通知了德国，而德国外交官很快也向英国政府做了转述，以协调各国立场。

在使馆区，根本感觉不到和解的迹象。7月2日上午10时许，清军与使馆卫队围绕着肃王府进行激烈的拉锯战，后退的清军用克虏伯大炮对准肃王府开火，偶尔也有炮弹落在使馆区防御工事上。清军的工事不断向前推进，翰林院大门前一处规模颇大的清军工事距使馆区北面的防御工事只有五十多米。

晚9时，美国公使发现中国军队在坑道和石墙的掩护下已成功越过城墙上俄美两国的工事，在距使馆工事不到10米的地方修筑堡垒和工事。美国公使馆随即派出数十名卫队士兵猛烈出击，与清军短兵相接，至拂晓终于夺回阵地。清军伤亡数十人，使馆卫队三人阵亡，数人负伤。

经过差不多一夜的战斗，使馆卫队于7月3日夺回前沿阵地。清军当然不甘就此放手，清军的大炮对准肃王府内使馆防御工事猛烈开火，加上几乎长达24小时断断续续地下雨，使馆防御工事受到严重破坏。

晚九时许，清军对俄国使馆展开一轮猛烈射击，造成使馆方面一些新的伤亡。

7 月 4 日，被围困的许多人期待天津的援军今天到达，结果却令人失望。自从被围困以来，使馆方面与外界的所有联系都已中断，传递消息或打探消息的人或受制于严密的封锁线无功而返，或一去无回。今天，一名 14 岁的山东少年主动请求为窦纳乐前往天津送信。这封信是前几次信件的抄件，主要是向天津领事通报使馆伤亡及使馆特遣部队据守阵地的防务情况。窦纳乐告诉英国领事说，穿过内城城墙的水闸或水门是进入使馆区的最佳路线，也比较容易实现。后来八国联军果然是通过这条路线进入使馆区的。

这个少年打扮成乞丐溜出了北京城，历经艰辛于 7 月 19 日抵达天津。又经过两天徘徊，于 21 日方才遇到能说中国话的欧洲人，并被立即带到英国领事那里。他向英国领事递交了窦纳乐 7 月 4 日的信。第二天，这位少年动身返回北京，又经过六天磨难，于 7 月 28 日回到英国使馆。不过这已是后话。

7 月 4 日，使馆方面的损失依然惨重，包括平民在内共有 46 人阵亡，负重伤者大约多一倍。

7 月 5 日，战斗断断续续地进行，双方均有伤亡。7 月 6 日早晨，清军用猛烈的炮火攻击肃王府，使馆特遣部队试图夺取克虏伯大炮而没有获得成功。俄国和法国使馆在这一天主要受到来自前门的猛烈炮火，炮火击中了美国和俄国国旗，然而不久，这些国旗又在其他地方升起。在整个围困期间，各国公使馆的国旗被数度击中，但它们也被数度升起，始终飘扬在使馆区的建筑物上。

7 月 6 日最值得强调的是俄国公使馆的一名学生，由于在围困中精神过度紧张，他突然离开公使馆街中的法国工事，徒手走向中国工事，在离中国工事不到 10 米的地方被清军开枪打死。随后，清军与使馆卫队对这位俄国青年学生的尸体展开了不惜代价的争夺。至晚间，方才被清军挪走。据窦纳乐说，这是自围困以来，第三个也是最后一个落入中国人手中的欧洲人尸体。

7月7日的早晨一度平静，九时十五分，清军对肃王府的防御工事展开一次猛烈的炮轰，但被击退。9时半，法国使馆受到肃王府北面大炮的轰击，而且还有来自哈达门的大炮轰击。不过，从北京城南和西南方向，已经能够听到传来的重炮声，被围困在使馆的人们感到振奋，他们相信这是援军快要到来的迹象。傍晚，从外城传来很大的叫喊声和炮火声，使馆方面判断是义和团与清军或者说是清军中的某部分军队发生了纠纷和冲突，使馆方面设在城墙上的哨兵报告说看到一些义和团民众被清军打死。所有这些，毫无疑问都为被围困的人们带来了希望。

7月8日凌晨二时许，清军又向使馆区进行了持续十五分钟的猛烈射击，以致使馆方面不得不再次敲响“总攻击”的警钟，预备兵持枪待命。然而15分钟后，使馆区又陷入沉寂。上午十时许，肃王府北面和东面传来猛烈的枪炮声，攻击使馆的战斗再次打响。由于使馆卫队修复了一门旧炮，反击也显得很有力量，双方依然相持不下。

7月9日，整个上午很平静。下午二时许，清军进攻肃王府的攻击又开始，使馆特遣部队坚强防守，清军依然无法攻下。

7月11日，使馆当局试图派遣一名中国教徒前往天津送信，但遭到了清军方面的阻击。进入7月以来，北京持续高温，加上死人和牲畜尸体发出的恶臭，苍蝇十分猖獗，被围困在使馆的外国人难以忍受。7月12日，包围使馆的清军没有主动进攻，但清军在使馆外面修筑新的工事无疑激怒了使馆卫队，他们几次发起冲击，并从清军阵地上夺来中国军旗。据此判断，现在负责围困使馆的为马玉昆率领的武卫左军，归军机大臣荣禄指挥。

7月13日，驻英国公使罗丰禄将清政府6月29日请求各国“深谅”

的上谕送给索尔兹伯理，他看过这份上谕后告诉罗丰禄，英国以及其他国家采取军事行动只是为了保护各国公使以及被拘禁的其他外国人，并且使经过正式委派和接待的外国使馆所具有神圣不可侵犯的性质获得承认。他还“顺便”询问罗丰禄，英国政府困惑不解的是，为什么罗丰禄可以收到清政府的直接信件，而清政府却不允许各国驻北京的公使把信件直接寄给各国政府呢?

7 月 13 日，黎明后，肃王府就受到猛烈的炮火攻击，使馆特遣部队被迫撤退到倒数第二道防线。下午 4 时许，清军的进攻更加猛烈，使馆内再次敲响“总攻击”的钟声，所有人力几乎全部动员出来。肃王府、俄国公使馆、德国公使馆、法国公使馆等不断传来告急的消息，使馆特遣部队疲于应付，结果丧失了法国使馆及肃王府内两处阵地，特遣部队的防御工事被迫后撤。

7 月 13 日夜里下了一场大雨，清军对使馆的枪击没有停止。7 月 14 日上午，使馆区再度陷入沉寂。下午，清军对俄国使馆发动了一次猛烈的炮击，并击中了公使的住宅。使馆防务为了防止清军用地下坑道的方式进攻使馆，也开始在使馆区挖掘一条反坑道。

不过也正是在 7 月 14 日，与清政府中断的联系终于恢复。

7 月初，各国公使委派一名罗马天主教徒金四喜赶往天津报告公使馆的处境，然而在途中金四喜却被义和团捕获，信件也被义和团没收。由于当时清政府对义和团政策的转变，所以金四喜就被义和团交给了官方，并终被引至荣禄的面前。

荣禄获知金四喜为各国公使所派，遂良好款待，说服金四喜往返使馆传递信息。

7 月 14 日，在另外一名中国人的陪同下，金四喜携带总理衙门的照会从水门进入公使馆，当面交给了英国公使窦纳乐。

总理衙门在这封照会中表示了对各国公使的关怀，表示极愿保护各国使馆及侨民之安全。并邀请各国公使将使馆中的人员、教民、武装人员一并移至总理衙门，只是携带枪支的使馆卫队可能有些不方便。

然而由于各国公使多日来并没有得到天津方面的任何消息，而照会中格外强调万不可带持枪洋兵一人，又说这是各国公使获得安全的唯一机会，所有这些不能不引起各国公使的怀疑。他们认为这封照会是清政府的一个阴谋。

不过，他们也担心，如果坚决拒绝，那么刚刚恢复的联系是否又会因此而中断？讨论的结果是，他们决定拒绝离开使馆前往总署，不过，要向中国政府表明文明世界将怎样看待中国人的行为，并且警告说：如果各国公使被害，将导致对所有在北京担任官职的人进行人身报复。各国公使希望高层官员能够将他们将要遭受危险的消息透露给下级官员，这有助于减少下级官员进攻使馆的热情。

7 月 15 日中午，金四喜及时把信送到了总理衙门大臣手里。大臣们显然有些失望，但事已至此，也很难迅速让各国公使相信中国政府的诚意。

7 月 15 日下午，使馆区一带零星的枪击声始终不断，英国驻华使馆的一位实习翻译就在肃王府内公使馆修筑的工事里被冷枪打伤，当晚去世。俄国人发动了一次出击，获得了胜利，拆毁了他们防御工事外面的一些房屋，因为这些房屋被认为能够给清军作掩护。

7 月 16 日早晨 7 时许，英国海军陆战队轻骑兵分队指挥官史特劳茨上尉由《泰晤士报》记者莫里循陪同部署换岗，当他们在肃王府内的意大利哨所附近，枪弹像下雨般地飞过工事，史特劳茨上尉中弹身亡，莫里循也受了重伤。

7 月 16 日傍晚，当英国公使馆的成员刚刚掩埋了实习翻译华伦和史特劳茨上尉的尸体后，金四喜又受总理衙门的委派举着白旗从北御河桥沿着河边走到英国公使馆，他带来了一封信。这封信是对窦纳乐 7 月 15

日致总理衙门那封信的回复。总理衙门对各国公使不能接受总理衙门的安排表示理解与遗憾，对于公使的怀疑也做了必要的解释。清政府在很大程度上接受了各国公使的要求，而且确实从此开始，极大限度地减少了对使馆的袭击。在一定意义上说，已从原来的围困转变为保护，整个使馆区实际上开始了休战状态。这种状态一直延续到援军到达前十天或十二天。与此同时，在荣禄的授意下，围攻西什库教堂的军队与团民也从这一天停止了进攻。

炮打西什库

据说在清军和义和团围困使馆区的时候，北京流传着这样一首童谣："吃面不搁醋，炮打西什库；吃面不搁酱，炮打交民巷。"

1900年，西什库教堂的大主教就是那位赫赫有名的法国神甫樊国梁。樊国梁于1862年25岁时来中国，至此在中国传教近40年，对中国历史文化、民风民俗有很深理解，能说一口地道的京腔，经常身穿一身中国式长衫，留有辫子，与总税务司英国人赫德一样为在华外国人中的元老级人物，自诩为中国通，又自诩为北京教皇，因为他似乎有资格直接与梵蒂冈教皇对话。

樊国梁在中国天主教徒中享有崇高威信，他曾代表教皇向慈禧太后上书和赠送礼品，也曾像先前传教士南怀仁等那样受到同治、光绪两朝帝王的尊重，郑重接受过慈禧太后赏赐的三品顶戴。

如果不是义和团运动和八国联军占领北京，相信樊国梁将像他的先驱利玛窦、南怀仁等那样成为中西文化交流史上的重要人物。然而1900年春夏之交的骚乱将樊国梁几十年的英名毁于一旦。是他听信外地神甫夸大其词，竭力渲染教民冲突特别是教会的悲惨处境，最先向外交团请求向北京派兵，最先要求外国军队守护教堂。

在樊国梁的一再要求下，公使团向各国在华军事指挥官提出向北京派兵的请求，以便加强对使馆和教堂的保护。1900 年 5 月 31 日晚，由英、俄、美、法、日、意六国共 356 名官兵组成的使馆卫队先遣队自天津抵达北京，随即由两名军官率 41 名士兵入住西什库天主堂北堂，成为教堂卫队。6 月 1 日和 2 日，又有法、奥两国援兵 80 余人被派遣到西什库。至此，担任保卫北堂的有法国海军陆战队精兵 31 人，意大利兵 10 人，这 41 名教堂卫队由年轻的意大利海军中尉奥利维利指挥。另有法国年轻教士保禄勃尔负责组建的教堂内法国男教士若干人，也配备了若干武器，协助正规卫队固守教堂。

此时，在这座教堂中供职和从外面逃来的神职人员有数十人之多，其中法国传教士 13 人，女传教士 20 人，以及为逃避义和团杀戮而躲进来的中国男教徒一千多人，加上他们的眷属及外国人眷属等，教堂内的各类人数有 2200 人之多。

北堂或许因其过于偏袒教民久已受到义和团民众的攻击，但无论如何，义和团民众在教堂卫队到来之前还不曾真的要去攻打这个教堂。然而，教堂卫队的到来使其变成一个武装堡垒，更重要的是不仅保护外国传教士，还庇护那些不法中国教民。北堂遂成为义和团民众的一个重要攻击目标。

联军的到来一方面使教会领袖获得某种程度上的心理安慰，但另一方面加剧了教会与义和团民众的冲突。你说那些教民是虔诚的基督徒，我说他们是欺压百姓、鱼肉乡里的地痞无赖。各说各有理，于是矛盾越积越深，直至不可收拾。

6 月 14 日，义和团民众纵火焚烧了顺承门（今宣武门）内天主教堂及四周民房三百多间，并烧死了一些教民。紧接着，又纵火焚烧西城栓马庄、油房胡同、灯笼胡同、松树胡同教民住房数百间。6 月 15 日午前，纵火烧毁西单牌楼绒线胡同教堂；午后，烧毁西交民巷教民房屋数十间。傍晚，义和团民众“乾字团”四万余人、“坎字团”两万余人、“黑字团”两万余人，在端王载漪的率领下将西什库教堂团团围住，并酝酿怎样攻打，西什库教堂的噩梦开始。这里也成为与使馆区遥相呼应的东西两大战场。

在端王载漪的指挥下，当天晚七时半，一万多义和团民众手持大刀、火把，在清军炮火掩护下，一哄而起，由南向北冲向西什库教堂。他们均以大红粗布包头，正中掖藏着关帝神马，大红粗布兜肚，穿于汗衫之外，黄裹腿，红布腿带，手执大刀长矛，腰刀宝剑等，呼啸而来，呼啸而去。呐喊声一时间有如翻江倒海，群呼“烧呀，杀呀”，“二毛子呀，你们的死日到”之类的口号。

教堂内，由意大利年轻指挥官奥利维利海军中尉领导的武装人员严阵以待。他们分成两个部分，一部分是教堂卫队，约有四十余名，皆为海军陆战队士兵，经过严格训练，具有丰富的战场经验；另一部分为临时武装起来的数十名传教士，多为教堂内年轻的神父，没有战场经验。这两部分武装人员在奥利维利指挥下，密切观察教堂外面的形势，大堂上有数名传教士各执洋喇叭以报信息，或携望远镜在堂上观望。

乱哄哄的义和团民众在距离教堂大约两百米的地方停了下来，似乎要举行一种什么仪式。眼见一秃头僧人手持高香一束，来到西什库口外甬道上，向北堂一站，随后无数义和团民众各执高香点燃，向北堂齐跪，叩头三次即起。挤满整条胡同的义和团民众右手执刀，左手把香，即向北堂缓缓走去。刹那间，西什库教堂内外一片寂静。谁也弄不明白义和团的下一步行动是什么。

奥利维利海军中尉向教堂主教请示是否开枪，主教尚未回言，旁边一位惊慌失措的司铎王某大声喊叫：快打吧，不可令其接近，否则就措手不及了。

经过职业训练的教堂卫队一起开枪，噼噼啪啪，一阵点射，弹无虚发，冲锋在前的义和团民众差不多都中了弹。可是奇怪的是，他们竟然一个也没有倒地。这不免使奥利维利诧异，义和团难道真的刀枪不入？

奥利维利当然不会真的相信，他果断下令继续开枪。又是一阵点射，冲锋在前的义和团民众终于躺下一片。原来皆因前面的人受伤，后面的人拥挤不堪，致使其不能倒。教堂卫队很快又发第三排枪，又打倒十数人。后来的义和团民众见状立即溃散，全跑出西什库口外奔命去了。

是役，清军的炮火将北堂钟楼的楼顶掀翻，正堂的白十字架被击落。义和团民众用陶罐装火药的土火箭穿堂入室，挖地道埋下的地雷使仁慈堂东部和西部化为灰烬，但并没有将教堂拿下。义和团民众在这次进攻中被教堂卫队枪杀 47 人，受伤的更是不计其数。

强攻不成，义和团民众将与教堂毗邻的房屋点燃，以期乘风势引燃教堂，但未成功。随后又采用火攻，先用水龙将煤油喷入教堂，同时点火燃烧，乘势用抬杠（一种捆绑在发射架上的重型火枪）射击，用自制的火箭（俗名“力大穿屋”）、地雷和装入火药的陶罐掷进教堂内。

面对义和团民众不成章法的进攻，西什库教堂大门紧闭，装满土的布袋在门口和窗户下垒起了一道防御墙，武装的教堂卫队昼夜值勤，神情惊慌地注视着教堂周围挤满义和团民众的喧嚣街道。

第二天早上，东方微明，围攻教堂的义和团将一支箭射进教堂，箭上缚有两封信，主要意思是劝说里面的中国教民出来投降。第一封信写道：

> 字示天主教民知悉：今天津等处洋人皆已平抄尽净，汝等

守此弹丸之地，内无粮米，外无救兵，汝等识时务者当自出投诚，必不杀害尔等。若能杀一洋人献首级者，赏银一两；若拿一活者送到本团，赏银五两。指天为誓，厥不食言。若执迷不悟，破巢后被获之时，虽愿投诚，亦尽杀不贷。

第二封信写道：

你们天主、耶稣教民听着：汝等外救已绝。劝尔等若将樊国梁等洋人交出，凡洋人财产全分与尔等。若尚执迷不悟，破巢后玉石俱焚。今已铺成地雷数处，看尔等如何敌御？及早回心，免遭不测。本团言出法随，思之，思之。

躲藏在教堂内的中国教民当然不会听信这些，依然与传教士一起坚守教堂。他们当然也不相信义和团真的会宽恕教民，因为他们知道，在北京城里，成千上万的教民已经成为义和团民众的刀下鬼。

义和团继续向教堂发动猛烈的火攻，期待将那些中国教民逼出教堂。

一轮大火扑灭了，他们又点燃新的一轮大火。教堂内的人们冒着酷热和火焰，不停顿地奔跑着，想尽一切办法熄灭火焰。

一轮又一轮的火攻并没有产生根本威胁，西什库教堂依然屹立在蓝天白云之中，教堂内也保持了惯常的宁静。只是这种宁静为时太短，很快教堂被一发炮弹击中。很显然，这发炮弹并不是义和团民众所为，而是来自围攻教堂的清军。

义和团冲锋潮水退下后，奥利维利立即组织人用砖石把教堂暴露出的墙洞堵塞起来，准备迎接下一场攻击。

片刻之后，双方重复着冲锋、反击、后退，再冲锋，再反击，再后退的动作。义和团没有对教堂构成根本性威胁，而教堂里的人被团团围住，无法自由行动，只能困守孤岛，与外界基本隔绝。

义和团民众无法攻下北堂有多种原因，其中最重要的是清军表面上与义和团协同作战，本质上则是帮助教会，阻碍或者说破坏义和团对教堂的攻击。根据比较可信的资料，樊国梁在义和团民众进攻教堂的第一天，就秘密派遣法国教士与掌握武卫军统帅权力的军机大臣荣禄联系，请求荣禄暗中保护。

其实，不必樊国梁派员请求，荣禄也会为北堂的安全操心。荣禄始终不赞成义和团对外国传教士的无端枪杀，他虽然无法公开违拗慈禧太后的懿旨，但实际上命令下属不必真的向教堂猛攻。而负责围攻北堂的清军战地指挥官二品顶戴纳继成也在教会的收买下转变立场，暗示围攻教堂的清军不仅装药不装铅子，而且待打到热闹时，往往要出其不意回身袭击义和团民众。所以说，此次战斗中，清军并没有帮助义和团，反而找准一切机会向义和团民众下黑手。

纳继成的诡计很快被中国教民透露给了义和团民众，端王载漪此时乃义和团领袖，闻言不禁勃然大怒，拟将纳继成交刑部按律治罪。对此，义和团民众不胜愤慨，云王所遵者皇上，我们义和团兄弟遵者玉帝；纳继成如定须赦宥，我团民等即可散去。端王载漪无可奈何，只能将纳继成交给义和团民众任其杀之。6 月 26 日，可怜的纳继成被义和团民众乱刀砍死于顺王府前。

在北堂被围困的那些日子里，樊国梁利用一切机会不断为行进中的联军出谋划策，派遣多名传教士和教徒参加法国军队，其中有 8 名传教士在法国军队中充当了连队长的角色，有五十多人充当联军翻译。

樊国梁为教会赢得了荣誉，但在被围困的日子里，教堂里的人们实际上也因樊国梁的固执而忍受着饥饿、孤独和煎熬。教堂被困数日后，据守教堂的军队、神职人员和中国教徒及其眷属，尤其是那些可怜的孩子，不得不因粮草无多而开始减少用餐。自 6 月 29 日起，教堂不得不每天杀一匹骡马煮于粥中。不数日，骡马杀光，教堂中的所有人开始用院中的树皮、野草充饥。

重建信任

窦纳乐非常敏感，他从总理衙门7月16日的复信中已隐约感觉到了外面可能正在发生某种对中国不利的变化。他们推测，联军或许已经占领了天津并向北京进发。

7月16日，窦纳乐对总理衙门的来信给予回复，强调中国政府既然已宣布休战，那么就不应该在使馆周围继续加筑工事。

也是在这一天，金四喜除了带来以总理衙门大臣庆亲王奕劻的名义签发的正式信件外，还带来了美国政府给康格公使的一份密码电报。

这给被围困的外国人带来空前的希望，因为这是快一个月的时间里，他们从外界得到的第一个消息。这封电报的真实性是不容怀疑的，因为它所使用的密码只有公使康格和美国国务院掌握。康格用密码做了答复，由总理衙门通过特殊管道发出，并及时到达华盛顿。

7月17日，总理衙门又给窦纳乐送来一封回信。总理衙门将中外冲突的一切责任推到义和团民众身上。回信还要求使馆卫队从城墙上撤走，然后与中国政府订立一项互不开火的协议。

这当然不被各国公使所接受，窦纳乐在第二天的回信中予以拒绝。窦纳乐促请总理衙门注意这样一个事实，即中国政府虽建议休战，但军队并没有停止修筑工事。窦纳乐建议，中国政府如确有诚意，应该委派一位负责任的官员前来使馆面商。

尽管停火协议并没有签署，但由于进攻停止，使馆区、教堂及其周围很快变成一片和平景象，各处负责防务的指挥官不断向窦纳乐报告，清军确实已停止进攻，态度也变得友好。清军官兵非常希望与被围困者谈话。在日本人控制的区域里，开辟了一个买卖鸡蛋的小市场，中国士兵将鸡蛋藏在宽大的袖子里带过来，卖给被围困的人。鸡蛋虽然不多，但对于改善伤员及妇女儿童的营养状况还是起到了不小的作用。

7 月 17 日下午，在肃王府内东面工事里，大批中国人从他们的防御工事后面走出来，向着日本人的哨所前进。日本哨所鸣枪警告的同时俘获了六人。经简单审讯后，窦纳乐命令立即释放这些俘虏，并让他们带信给清军指挥官说，如果两人以上一起离开工事，便将遭到射击。

当天下午，窦纳乐还欣然答应中方要求，同意清军将那些躺在使馆工事下面的中国军人尸体予以埋葬。窦纳乐还与前来埋葬尸体的中国军官进行了颇为友好的谈话，获知他们确实属于董福祥的甘军，不过现在已受荣禄指挥，荣禄希望尽快停止战斗。窦纳乐告诉这位中国军官说：战斗决不是使馆方面动手干的，但当使馆受到攻击时，他们完全有能力保卫自己。为防止误会，窦纳乐重申，不得两人以上同时离开工事，否则使馆卫队将开火。中国军官建议窦纳乐就此写一封信给荣禄，并保证由他将信件转交给荣禄。

窦纳乐立刻回到使馆起草了信。他说，鉴于已经开始谈判，使馆守军将不会主动开火，除非他们遭到射击。但为了免除误会，清军方面不许有两名以上的士兵离开工事，而且不准携带任何武器。否则，使馆卫队可能会立即射击。窦纳乐还说，如果看见清军修筑新的工事，那么使馆卫队就将对施工队伍开火，即使这些施工队伍可能是非武装人员。这封信遂由那位中国军官带给荣禄。

7 月 18 日，窦纳乐还通过一名中国人带信给荣禄，建议派遣一位官员前来讨论问题，并希望他能够说服清政府同意各国公使尽快与天津方面取得直接联系。

荣禄立即委派一名军官带着信于当天下午冒险前往双方冲突的中间地带即城墙上与窦纳乐会晤，并就休战条款达成一项谅解。

与此同时，荣禄又约请袁昶前往使馆慰问各国公使。袁昶是当时清政府内部少数具有世界眼光的人物，他一直主张对义和团坚决镇压，在几次御前会议上都坚持中国不要与各国破裂，更不能违背国际惯例围攻使馆、迫害使臣。荣禄认为，由袁昶出面，肯定会受到各国公使的欢迎。但袁昶婉言辞谢了。他告诉荣禄，现在刚刚停战，双方之间的问答关系将为后来的交涉框定大的原则，所以不得到慈禧太后和光绪帝的谕旨实在不敢独自前往。否则，受到主战诸公的激烈攻击，以为袁昶是受到洋人贿赂前往议和，以私利换取各国公使的生命。果如此，刚刚建立的一点点联系势必再次中断。

袁昶的分析得到了荣禄的首肯，最后决定委派总理衙门章京文瑞前往英国公使馆面商一切。

当天下午，文瑞手持荣禄的介绍信来到东交民巷，受到殷勤接待，除英国使臣外，其他国家的外交官也有不少赶来参加会晤。

文瑞首先代表总理衙门对各国公使先前几周所遭遇的“不方便”表示极大歉意，对各国使臣及眷属所受到的骚扰表示慰问，对于德国公使克林德和日本公使馆书记员不幸遇难深表痛惜。不过他也明确表示，这些行动并不是清政府所为，而是义和团所致。

对于文瑞转达的清政府对和平的期待，各国公使大致表示欢迎，唯法国公使向文瑞指出，清政府对和平的期待不要仅仅停留在口头上，关键要看清军的行动。

各国公使已经数周没有和本国政府及各国驻天津领事、舰队指挥官联系过，他们急于知道外面的消息。俄国公使、美国公使委托文瑞为其代发一份密码电报。英国公使提出，应该允许外面那些摊贩进来或者允许使馆派兵护送采买青菜，以及将北京出版的官报送进来。对于这些要求，文瑞犹豫地答应考虑，他的表现极为急躁不安。对此，各国公使以为文瑞担心各国公使将其扣为人质。

互信再遭破坏

文瑞的来访对于恢复清政府与各国公使之间的联络还是很有帮助的。不过清政府获悉天津沦陷后，这种联络很快又遭到破坏。

7月18日，日本公使派出的一名信差从天津回来，带来日军司令部的一封信。这封信是对6月30日信件的答复，信息虽然已严重滞后，但还是知道联军已占领了天津城，并且正在组织一支三万多人的联军前往北京。如果一切顺利，这支联军将于7月20日前后开始行动。信中也谈到所遇到的困难如缺乏运输工具以及伤亡惨重等，不过为了稳定被围困人员的情绪，各国公使只传达了好的消息。

这些消息极大地鼓舞了各国公使及那些部属和眷属，这在很大程度上坚定了他们坚守使馆的信心。

先前数日，天津战事吃紧的消息也曾向北京传递，但是谁也没有料到天津的防卫竟然如此不堪一击。7月19日，天津沦陷的消息传到北京，朝廷震怒，立即发布一份上谕，调整已经开始与各国和解的政策，各国公使的处境再次陷入困难。

同一天，总理衙门送来了两份在各国公使看来语气极为矛盾的文件。在一份盖有总理衙门关防的公函中，中国政府婉言拒绝了俄国公使、美国公使昨日委托文瑞代发的密码电报，对于英国公使提出的派兵护送采买青菜一事，中国政府也没有同意，改由总理衙门代买后送往各使馆。这封公函还附有中国政府以光绪帝的名义于7月17日致英国女王和法、德、美、日等国元首的电报原文，呼吁各国帮助中国摆脱目前困境，重建互信与友谊。

另一封信说北京的局势很有可能会失控，各地义和团可能会攻破使馆，为安全起见，总理衙门决定派遣得力的军事将领护送各位公使及其眷属迁往天津。否则，此后所发生的任何不测，均应由各位公使自己负责。

这封信唯一没有明确表白的是，天津已经沦陷，中国政府正在责成裕禄等设法反攻，夺回天津。受天津战事的影响，大量难民涌入京城，清政府已宣布京师戒严，并谕令董福祥从义和团中挑选精壮，编列成军，所余团众，仍令辅国公载澜、庄亲王载勋等分别真伪，酌量存留。

清政府再次敦请各国公使前往天津避难。特别是这封信中提及近来奉天、山西等省团民四起，发奋勤王，如果这些勤王之师来到北京，他们不仅会发起推翻清王朝的大规模起义，而且势必极残忍地迫害使馆中的外国人及教徒们。

不过，各国公使并不知道天津事变的真相，刚刚建立起来的联系又要中断，他们当然不满意，也不会轻易接受移驾建议。第二天（7 月 20 日），英、美、俄、日、德五国公使在回复中说，他们一致相信这些国书将有助于重新建立与各国之间的友好关系。对于要求他们移驾，窦纳乐请求总理衙门说明中国政府为什么不能在北京保护各国公使，而答应在赴天津途中提供安全。窦纳乐指出，为和平起见，各国使节应继续留住在京城。中国政府不应该放弃应负的责任。

清政府并没有坚持这个建议。事实上一批地方大员如李鸿章、张之洞、刘坤一、袁世凯等都纷纷致电中枢，建议政府在这个时候更应该加意保护各国公使，以便为善后交涉创造条件。可能正是这一原因，总理衙门在 7 月 20 日下午照会各国公使，并随照会将四车西瓜及蔬菜送到了使馆街的法国哨所，明确说这是奉慈禧太后的意旨。

这实在出乎公使们的意料，他们无论如何也想不出清政府为什么会在这么短的时间里突然改变立场。他们本能想要拒绝这批礼物，但毕竟是久经训练，知道拒绝不符合他们的利益。他们并没有食用这批瓜果蔬菜，因为担心有毒。

各国公使搜罗到自 7 月 6 日以来的所有《京报》，大致了解到天津发生的事情，也感到中国政府正试图通过进一步保护在北京的外国人来消除先前的不利影响。这在很大程度上化解了各国公使对中国政府的敌意。此后几天，公使馆趋于平静，双方相安无事，并就某些技术性细节保持着书信联系。

在停战最初几天里，双方除了官方高层联系外，也有一些中下层的特殊联系。在肃王府东面的清军在停战之初就在一只狗的脖子上系了一封劝降信，然后让这只狗走进日本人的防御工事。这封信劝告日本人，继续防守是毫无益处的，并建议他们无条件投降。日本人用较强硬的词句拒绝了该建议，并将复信系在狗的脖子上，带给清军。这只狗前后为双方传递了不少类似书信。还有的清军将劝降信系在箭上射入日本人的阵地。

可惜的是，这种平静局面并没有持续很久。7 月 24 日，先是清军向使馆供应的鸡蛋等食品明显减少。携带鸡蛋的那些士兵告诉日本人，他们的长官已警告，如发现任何人携带任何东西给被围困的外国人，决不姑息，格杀勿论。据说 23 日就有两个人因此而被斩首。这一天，使馆受到来自好几个方向的来复枪射击，最后主要是来自北面和西面，虽然为时甚短。

事实上，7 月 20 日前后所建立的互信并不牢靠。仅就使馆方面来说，由于他们没有办法与外界自由联系，所以在这段时期忙着加固工事，并在地下进行所谓反坑道的挖掘，自以为是地以为制伏了清军的坑道挖掘，迫使清军改变自 7 月初就一直在挖掘的坑道行走方向。

更应该指出的是，使馆方面由于对清政府无法真正信任，于是收买中国人通风报信。他们观察到在出售鸡蛋的中国士兵中有一个属于荣禄的部队，这个人对于价格格外计较。日本人遂以 250 元的价格委派他于 7 月 22 日前往天津，将信件送给联军指挥官或驻天津领事。

这名士兵 8 月 1 日从天津带回了日本师参谋长的回信，但拒绝接受那 250 元钱，无论日本人怎样劝说。考虑到他也许不愿意被人发现这一大笔钱，日本人建议他以期票的形式前往日本驻天津领事处领取，但他依然拒绝。当日本人询问他原因时，他说：他到达天津办完事后回到家中，他母亲竭力阻止他返回北京，但他说，已经答应外国军官，而且他必须回来。他母亲说：既然这样，你一定不要接受金钱，因为你正在做的事情是对国家有好处。为了遵照母亲的愿望，他坚决拒绝接受金钱。他说他还可以帮助日本人带一封信回天津，但是不能再带来回信。因为他将遵从母亲的愿望回家去了。由于不能动摇此人的决心，柴大佐另写了一封信交给他带往天津领事馆。这位士兵的母亲的话，很值得分析。似乎老百姓都感到，如果不能救出各国公使，必将使中国蒙受更大的灾难。

7 月 25 日，窦纳乐致信荣禄，对炮击事件提出强烈抗议，认为这是在破坏已达成的休战谅解，要求荣禄约束清军，以避免此类事情重演。

中国方面送来三封信。第一封信是回答窦纳乐 20 日的疑问，即中国政府为什么可以提供前往天津途中的保护，而不能保证各国公使在北京的安全。总理衙门强调，前往天津途中的保护无论多么艰难，那也只是一次性的，而各国公使继续滞留北京，中国政府为此所要花费的精力是持续不断的。这封信重申 7 月 19 日照会中提出的观点，即各地勤王之师正在向北京云集，他们一定会毁灭各国使馆，所以还是希望各国公使尽早前往天津。

在第二封信中，总理衙门请求各国公使向各自政府发一份明文电报，以便使各国对公使们的安全放心。由于天津战事牵涉，各国公使与天津领事团与各自政府都已失去联系数日。在这种情况下，不论清政府怎样解释，显然都不如各国公使自己所说的可信。

各国公使一眼看穿了清政府的窘境，发现显然不能相信清政府所作的保证，而且一致认为这个请求过于傲慢无礼，所以根本不愿意理睬。各国公使认为，如果拍发一份关于公使馆遭受中国正规军队攻击的真实情况的电报，中国政府无论如何也不会发出去；相反，如果发布平安无事的任何声明，那显然是对各自政府的误导，更重要的，可能会使联军将领觉得救援的事情并不那么紧迫。因此，各国公使决定不帮中国政府这个忙。

其实，不管他们愿意与否，他们的国家与中国实际上处于战争状态，他们的安危既关系形势的发展，更关涉战争善后。清政府最清楚的是，没有永远的战争，有战争总要有善后。正如慈禧太后说过的那样，她之所以不愿意伤害各国公使，与洋人撕破脸皮，处处考虑的都是未来善后的事情。

第三封信主要是转达英国驻上海代总领事就公使安全向清政府提出的询问以及清政府的答复，清政府在答复信中详细谈及对各国公使所提供的保护。显然，总理衙门将这样的来往信件转给各国公使，也是为了缓解他们的敌意。

总理衙门之所以愿意将扣留的电报、信函转给各国公使，还有一个背景，那就是 7 月 25 日驻俄公使杨儒致电盛宣怀，称根据他所接触的情报，各国政府都急于知道公使们的状况，现在各国普遍以为天津、大沽的战斗都是因为义和团的猖獗，他们是代中国政府镇压义和团，并非与中国开仗。

盛宣怀立即将这份重要情报通过袁世凯速转军机处，并另电刘坤一和张之洞等地方大员。这份电报所传递的信息对于清政府调整与各国交涉的策略有着不可估量的重要意义，所以总理衙门有意识地与各国公使缓解紧张关系。

各国公使并不急于回复这几封信。在总理衙门不断催促下，窦纳乐 7 月 27 日方才做了答复。他明确拒绝拍发电报。虽然各国公使决定不让中国方面以为使馆卫队遭受到任何窘迫，但他们也感到有理由在这封信中提及避难在使馆区的妇女儿童所遭受到的痛苦，并表示为这些妇女儿童的食物获得某些调剂成为公使馆亟待考虑的事情。

至于前往天津，窦纳乐将皮球再一次踢给中方，要求总理衙门提供前往天津的运输工具详尽清单。

随总理衙门的公函送到公使馆的还有庆亲王奕劻与其他总署大臣一起署名的一封信，信中说既然滞留在公使馆的那么多教徒产生了困难，那么是否可以考虑将他们送出来。因为北京目前的局势日趋稳定，迫害教徒的事情不应该再发生。各国公使根本不予考虑。

总理衙门并没有计较各国公使的傲慢与无理，他们依然"奉旨"不时送来一些西瓜、蔬菜、大米和面粉等。同以前一样，各国公使也只是单纯地提供收据。

善意被误解

其实，使馆区重新发生战斗并不是偶然的。双方都在加紧巩固工事，挪动大炮，调动部队。在如此紧张气氛中，擦枪走火就在所难免。25 日，使馆卫队突然发动攻击，占领崇文门西面一片阵地，并以大炮轰击清军，击毙官兵数人，清军与各国公使馆重新处于战争状态。

7 月 28 日，使馆收到天津方面的来信，确信联军正在集中部队，不过没有提及何时启程。各国公使很失望，长达一个月的充裕时间，联军竟然没有组织一支援军北上。他们指责英国驻天津总领事贾礼士没有给他们带来更多的消息。窦纳乐的猜测是，贾礼士之所以将这封信写的如此轻松，也是有良苦用心的。如果他写下了当时天津的真实情况，那么对于被围困的使馆卫队和外交官及其眷属将产生毁灭性影响。

同一天，总理衙门也答复了有关运输工具的问题，否认中国政府要求公使离开北京的决策含有恶意。

也是在这一天，素来主张坚决镇压义和团的吏部左侍郎徐景澄、太常寺卿袁昶获罪被杀于菜市口，而给事中蒋式芬、御史郑炳麟等人则向清廷推举以排外著称的山东前巡抚李秉衡调任京师为统帅，统筹全局，俾全师归其节制调遣，以替代正在来京途中负责议和善后的李鸿章，这些奏折攻击李鸿章联络东南督抚共谋互保是忠于外洋而不忠于朝廷，而李秉衡才堪定乱，若擢之枢要之地，使之统筹全局，进退人才，转危为安，当可立睹。

或许是李鸿章在上海迟迟不愿前来令清廷失望，或许是战局的发展和北京的混乱确实需要李秉衡这样的混人。总之，清廷任命李秉衡帮办武卫军事务，所有武卫四军均归其节制。因此，双方重新进入战争状态也就不值得大惊小怪了。

按照清政府内部强硬派的主张，大概是期待重新开火迫使各国公使自动提出离开京师、前往天津，不管怎样说，《春秋》大义“不戮行人”的传统政治思想毕竟有深远的影响，清政府即便真的与各国全面开战乃至中断所有外交往来，但其驻华公使的安全毕竟已成为一个包袱。所以，清政府一再要求各国公使前往天津暂避，目标只有一个，即无论如何也不能持久地背上这个包袱。7 月 28 日，总理衙门在回信中再次解释坚持要求各位公使前往天津的苦衷，希望各位公使能够尽早示以启程时间。

然而与清政府的想法完全相反，双方重新开火为各国公使继续滞留北京提供了更加具有说服力的理由。7 月 29 日下午，围攻公使馆的清军或许还有义和团民众向北御河桥东头的一些破屋角上扔出许多砖块和石头，构筑新的工事，并很快进行了猛烈的排枪扫射。使馆守军立即予以回应，双方重新开始新一轮的冲突。

7 月 30 日早晨，人们发现在北御河桥上出现了一个全新的工事，于是各国公使又有了新的说词。总理衙门曾经对使馆守军在休战期间构筑新的工事提出过抗议，因此各国公使在这一天给总理衙门 7 月 28 日来函复信时，理直气壮地促请他们注意清军在一夜之间所修筑的这个可怕的工事，并继续就前往天津的途中安全问题进行刁难。信中称当中国军队对北堂和使馆区的进攻正在继续进行时，各国公使对于前往天津的途中安全不可能感到放心。

7 月 31 日，总理衙门复信重申前往天津途中的安全保证，但也劝告各位公使不必过于焦急，只是应该迅速做出决定。对于北御河桥上的工事，总理衙门说各国公使不必惊慌，那不过是董福祥的部队修筑的一条道路而已。

与此同时，双方的枪击特别是冷枪也不断从各个方面发射。各国公使表示抗议，总理衙门复函声明已下令约束部队，不致再有攻击使馆之事发生。然而当天晚间，潜藏于使馆中的中国教民向中国军队哨卡开枪并致两名官兵伤亡。

总理衙门致函各国公使表示抗议，建议他们不应该受到那些避难于使馆中的中国教徒的影响，这些中国教徒出于自身利益考虑，当然不希望各国公使离开北京。

可各国公使认为，仅仅从保护中国教民的立场出发，他们也不能离开北京，否则他们的命运将会怎样便可想而知。更何况，他们已得知援救联军很快就会到来。所以他们此时的对策，就是找出更多更新的理由拖延时间。

窦纳乐在回信中否认各国公使在做出留京决定时受到中国教民的影响，同时否认使馆卫队或潜藏在使馆的中国教民向中国军队放冷枪，反而认为那都是中国军队干的。窦纳乐指出，当炮火继续进行时，指望各国公使离开使馆是没有希望的。

北京局势的持久胶着为联军向北京挺进提供了难得口实，也使对中国素有好感的俄国政府深感为难。俄国政府为了自己在东北地区的利益，确实在阻止联军向北京出发等问题上做过一些工作，但是由于各国公使迟迟不愿离开北京，而西方国家又不了解这一真实情况，总以为是中国政府将这些公使扣为人质。结果，俄国政府在别的国家那里相当没有面子，于是也把责任推给中国政府，表示如果继续扣留各国公使的话，俄国政府只能站到列强的立场上去。7 月 29 日，俄国政府外交部向中国驻俄公使杨儒提出六点书面抗议，最主要的一条就是应该准许各国公使特别是俄国公使径与本国政府电报联系。杨儒很快将这一抗议电告负责议和的李鸿章，李鸿章迅即请求清政府务必准许，以此化解压力，为善后议和谈判创造条件。

8 月 2 日，清廷发布上谕，要求与各国公使关系比较密切的大学士荣禄负责他们离京事宜的筹办，并要求总理衙门允许他们与本国政府通信或拍发明码电报。显然，清政府对各国公使的态度又在发生些微变化。

使馆守军在 8 月 2 日继续调整、改善自己的防务，并于中午时分主动出击占领了使馆外围的一些建筑物，扩大防线，构筑新的工事。另外，这一天，对于使馆守军来说重要的是从天津来的一个信差传递了许多不为他们所知的外界情况，并说救援部队已经出发。这些消息极大鼓舞了使馆卫队的士气。

8 月 3 日，清政府将 8 月 2 日的上谕告知各国公使，同时还向窦纳乐转交了英国外相索尔兹伯理通过中国驻英公使罗丰禄转发来的密码电报，这实际上是用事实告诉各国公使，禁止他们使用密码电报与本国政府进行联系的禁令已经解除。

说起这条禁令的解除，不能不提及尚在北京的总税务司赫德的智慧。前面提过，清政府曾于 7 月 25 日致函窦纳乐，希望各国公使能够用明码电报向各自政府报告自己在北京受到了比较好的礼遇，安全方面亦有很好的保证。各国公使明确拒绝了这个建议。

对于各国公使的这一要求，清政府当然也不愿意答应，只好另寻途径，于是想到了对中国政府素有好感的英国人、大清王朝总税务司赫德。同一天（7 月 27 日），总理衙门向各国公使馆继续馈送白面、大米、蔬菜、水果的同时，也向赫德致送了一些蔬菜、瓜果和米面，以便联络感情。30 日，清政府觉得劝说各国公使用明码电报向各自政府报平安已根本不可能，遂退而求其次，由总理衙门致函赫德，请其将各使馆平安情形发一切实电报转致各国外交大臣。

对于总理衙门的委托，赫德当然不会怠慢，遂于第二天复函总理衙门，说如果让各国公使发明码电报报告平安，按照目前西方国家国内的情绪，估计不会有谁相信。他建议，不妨让各国公使用密码电报与各自政府联系：代发密码电报，如延迟一日，必增一日之难。若能早允代发，则转圜之事，或可略为易结。8 月 3 日，清政府同意各国公使用密码电报与各自政府进行联系。

8 月 4 日，总理衙门突然送来了一封紧急信件，专此催问各国公使的启程日期，以便赶紧做出必要安排。

这封信件虽然没有透露任何外部情况，但聪明的各国公使已推测出救援部队可能已经出发或者已经在途中了。因此，各国公使寻找一切借口拖延时间。各国公使提出，必须由足够数量的外国部队前来领他们出去，以护送各使馆中的 800 名欧洲人（其中有二百名妇女和儿童）、50 名伤员以及 3000 多名中国基督教徒。各国公使表示，无论如何不能把中国基督教徒遗弃在这里。

日本政府稍后提出更为苛刻的条件：一是中国政府应命令清军和义和团民众撤至一定距离之外，其距离将由联军指挥官指定；二是一部分联军将自由前往北京，护送各国公使和外国人返回天津。这个建议是向英国政府提出的，日本希望能够在公使撤离的问题上与英国政府达成一致，不过日本政府也担心，如果正式提出这一建议，那么当联军逼近北京时，在北京所有的外国人都将被屠杀，慈禧太后和光绪帝将逃往内地，首都北京将陷入严重的无政府状态。

日本的担忧有些过了头，事实上，中国政府之所以坚持让各国公使前往天津暂避，主要还是为了他们的安全，不希望在议和交涉中节外生枝。

8月13日，中国政府驻英国公使罗丰禄向索尔兹伯理提出一项建议说，由一支中国军队护送各国公使离开北京。而索尔兹伯理在日本政府先前建议的启发下，说他无法对这项建议所提供的安全做出评估，但是如果中国政府真正希望安全转移各国公使，而又不能提供为公使们所能接受的护送部队，那么应要求联军派遣一支国际护送部队举着白旗前往北京，即便不进北京城，也要允许他们在北京城墙外面迎接各国公使和他们部属、眷属，然后护送他们前往天津。索尔兹伯理还威胁说，此时中国政府必须供应粮食，除非使馆立即从目前的状态中被解救出来，否则英国政府将改变对中国政府的态度。如果各国公使和其他欧洲人在北京或前往天津的途中遭受任何伤害，英国政府将使中国皇帝和他的大臣们以及所有有关的人直接承担责任。

至此，清政府已清楚地看到，指望各国公使离开北京没多大希望。未来形势如何发展，清政府也只好听之任之。

第六章　东南互保：莫名其妙的和平

当北方战局逐步演变时，南方的情况也趋于恶化。6 月 14 日，英国驻上海代总领事霍必澜致电英国外交大臣索尔兹伯理，表示北方的形势会越来越坏，建议英国政府高度注意。一旦英国不得不随着这些西方国家与中国政府断交时，就应该立即与湖广总督及两江总督达成一项谅解。如果湖广总督张之洞、两江总督刘坤一指望得到英国政府的有效支持，他们将在所辖地区内尽力维护和平，以免长江流域遭受北方那样的战乱和损失。

保境安民：方面大员的忧虑

霍必澜在向索尔兹伯理报告的同时，还致电英国驻汉口领事法磊斯，询问如果张之洞确信将获得英国政府的支持，那么他是否愿意与英国政府进行合作，共同维护长江领域的和平。法磊斯很快回电说，他认为张之洞将欢迎英国政府的重要援助，但毫无疑问的是，他也会十分珍惜中国的独立和主权。

6月15日，英国外交部建议海军部派遣一艘军舰前往南京，以诚意向刘坤一和张之洞表达英国政府对他们维护长江流域和平的支持。英国海军部第二天就命令“仙女”号开往南京，“红雀”号开往汉口，同时命令停泊在香港的“无畏”号驶往吴淞。与此同时，英国议会也表示，中国局势到这种地步，英国军队应该无条件占领长江一带，以确保英国的利益不受义和团运动的损害。

遵照英国政府的指示，英国驻汉口总领事法磊斯立即求见张之洞。6月17日早晨，张之洞与法磊斯举行会晤。参与会晤的还有海关道台沈瑜庆以及张的幕僚辜鸿铭、梁鼎芬等。当随从人员退出后，法磊斯向张之洞解释说：由于北方的官员缺乏能力，各国派兵登陆，造成了十分严重的局势。法磊斯提交了索尔兹伯理的一份英文电报副本，请求张之洞出面维护长江流域的秩序，并表示英国政府将给予坚定的支持。

张之洞带着浓厚的兴趣倾听法磊斯的介绍，对于英国政府的好意表示感谢。他说，他完全了解在长江流域维持秩序和提供保护的责任，这不仅是由于条约义务，也是为了他个人的利益和声誉。他与两江总督刘坤一的意见基本一致，对于维护长江流域的稳定抱有坚定信心，并正为此目的而采取必要措施，以防止义和团或其他不良分子发生骚乱。

不过，张之洞也非常明确地表示，他不希望在长江流域驻有英国舰队，这是高度敏感的时期，极容易引起各方面误解。张之洞的真实想法是，义和团皆乌合之众，无纪律无军械，清政府如果肯认真弹压，尽有余力，不需外助。然而英国乘此混乱之际遽派军舰进入长江，内恐百姓惊谣生事，外恐各国援照效尤，更难收拾。张之洞表示，如果需要英国军队的帮助，会立即提出请求。至于北方的混乱，张之洞解释说，主要是因为慈禧太后受到一批毫无经验且愚昧愚蠢大臣的包围。

张之洞的态度是积极的热情的，承诺也是诚恳的有把握的，这深刻影响了法磊斯。唯一稍感不安的是，张之洞所统辖的部队，可能并不像他自认为的那样忠心耿耿。

法磊斯的拜访和英国人的态度无疑使张之洞感到高兴，不管怎么说，在这混乱时刻有英国人提供某种保证毕竟有助于加强他的力量，并保持长江流域的稳定，尽量避免战火延烧到此。

在法磊斯拜访张之洞的前一天，金陵税务司韩森也在南京拜会了刘坤一。刘坦然表示，他决心与张之洞合作维护长江流域的和平。目前，他知道英国人除了自身利益外，还会为中国利益着想，如果其他国家侵犯长江流域，刘坤一表示愿在英国的“指挥”下采取统一的行动。很显然，刘坤一主要是担心其他国家会乘着混乱局面进入长江流域，而长江流域素来为英国的势力范围，英国决不会轻易同意其他国家进入。在是否借重英国力量这一点上，刘坤一与张之洞在最初阶段略有区别。

如果说张之洞不希望英国军舰在长江流域出现的这一态度在口头表述时还不是那么明确的话，那么他在发给刘坤一的电报中就明确表示，目前不希望任何军舰驶入长江。

经张之洞提示，刘坤一很快改变了看法。他在6月19日会见“仙女”号指挥官时将电报交给英国人过目，他表示，既然英国的两艘军舰已经驶入长江，不希望继续驶入。他明白告诉英国人，长江流域如果发生骚乱，他和张之洞的军队完全能够处理。

英国方面当然不愿意就此罢手，按照他们的计划，将继续扩大在长江流域的军事力量，甚至考虑在各个通商口岸都派驻英国军舰。对此，张之洞、刘坤一担心会引起其他国家的纠纷，而且容易导致许多不必要的误会。6月19日，刘坤一致电张之洞及于荫霖、鹿传霖、王之春、松寿等长江流域诸督抚，明确提出由中国方面力任保护，或许能够阻止各国向长江流域派兵。这多少已流露出在北方战局迟迟不能明朗的情况下，东南各省设法互保的意思。

6月20日，张之洞再次会见法磊斯。他强调，和刘坤一正采取一切可能的措施维护长江流域的秩序。他明确反对英国或其他国家在长江流域进行任何鲁莽的海军示威，因为这只能引起惊慌和猜疑，不利于东南地区的和平与稳定。

与此同时，张之洞也通过中国驻美公使伍廷芳转告美国政府：北方糜烂，社会经济已受到严重破坏；东南大局现在还算平静，只是各国如果要向东南地区派遣军事力量，势必引起混乱和动荡，数百万中国人或许身家性命不保，而各国商务也不可能在混乱中独善其身，数万万资财或许也将归于乌有。因此，张之洞请求美国政府务必与各国密切协商，不可遽派军舰进入长江。

根据刘坤一、张之洞的指示，上海道台余联沅与英国驻上海总领事霍必澜进行紧张交涉。经余联沅反复劝说，霍必澜表示，长江流域由刘坤一、张之洞两位总督主持，英国方面略感放心。英国军舰现在均聚集在北方沿海，并无另调进入长江流域的计划。只是已经驶往汉口和南京的两艘军舰现在不及追回，尚请中国方面予以谅解。

余联沅迅即将霍必澜的意见电告刘坤一，刘坤一认为，英国人的态度大致比较明朗。英国军舰往来长江游历，原本惯例，所以对那两艘军舰，也只好听之任之了。

张之洞和刘坤一的意见终于被英国方面所接受。6月20日，英国外交部建议海军部对已在长江各口岸的英国军舰发出训令，避免任何示威，同时建议英国军方明确告诉张之洞和刘坤一，英国军舰将在必要时同他们合作，或者是支持他们为维护秩序而采取的各项措施。

东南及长江流域各督抚谋求互保的消息很快被西方外交官获悉，各国驻沪领事也曾向各自政府及各国驻华舰队司令官转达过类似意思，并很快获得回应。6月20日联军各国舰队司令发布公告，宣称联军仅对义和团及那些反对派遣部队前往北京救援的人进行战斗，强调保持和平的责任须由中国官员承担。如果中国不破坏和平，那么中国官员就无需害怕遭到联军的任何袭击。这个公告对一些地方官员产生了分化瓦解作用。

确实，不是所有的地方官员都持坚定的排外立场，也不是所有的地方官员都愿意与外国人合作。因此，当刘坤一、张之洞等人提出“力任保护，稳住各国”的方针之后，也有地方官持反对态度，以为应该强硬，随时准备回击各国军队的进犯。当时奉命负责东南防务的钦差大臣李秉衡就是其中最突出的代表，他的反对也确实一度使刘坤一、张之洞很难堪。

诚如刘坤一电告李秉衡的那样，“力任保护，稳住各国”的方针也只是委曲求全，保护东南地区不受战争影响的从权之计，然而他的一番苦心并没有说服李秉衡，李继续在长江流域部署水雷，请求刘坤一划拨经费以助备战，准备与各国军队决战于疆场。这很可能会影响刘坤一、张之洞协商的保护东南方案，于是刘坤一在约请李秉衡来南京面商的同时，也派员赴江阴向李详告办法，以此稳住他不要鲁莽行事。

李秉衡成了刘坤一等人的心腹之患，不过到6月24日，刘坤一就获得一个支开李秉衡并将其“礼送出境”的绝妙机会。这一天，清廷发来一份通知，要求两江总督派员率军北上，并点名要李秉衡带两营兵力一面启程，一面告知朝廷。于是刘坤一迅速致电李秉衡，并对他进行了廉价的吹捧。

所谓“伪诏”：一个奇怪的借口

其实，东南互保政治格局的形成也有来自北京的动力。根据比较可靠的传言，刘坤一和张之洞至少在6月20日就通过袁世凯收到了朝廷的一道密旨。这道密旨的措辞非常奇怪，许多人认为它是一个垂死政府的遗命。密旨要求各督抚切实保护他们所管辖的各省，同心合力，共挽危局。由于这道上谕后来成为东南督抚共谋互保的政策依据，因而有必要抄录如次：

> 近日京城内外拳民仇教，与洋人为敌，教堂教民连日焚杀，蔓延太甚，剿抚两难；洋兵麇聚津沽，中外衅端已成，将来如何收拾，孰难逆料。各省督抚均受国恩厚，谊同休戚，事局至此，当无不竭力图报者。应各就本省情形统盘筹划，于选将、练兵、筹饷三大端，如何保守疆土，不使外人逞志；如何接济京师，不使朝廷坐困；事事均求实际。沿江沿海各省，彼族觊觎已久，尤关紧要。若再迟疑观望，坐误事机，必至国势日蹙，大局何堪设想？是在各督抚互相劝勉，联络一气，共挽危局。事势紧迫，企盼之至。①

这份上谕可以做出多种解释，主战者以为这意味着战争开始；而主和者则以为这实际上是给予各督抚以绝对的权力，这在一定程度上为东南互保的形成提供了政策上的可能性，显然是东南各省督抚敢于谋求互保的真正动因之一。

21 日，李鸿章收到了荣禄发自北京的一封密信，他告诉李鸿章不必对朝廷的谕旨继续予以重视。

这些消息很快为英国外交官获知，据曾经看到过 6 月 20 日密旨副本的英国驻沪代总领事霍必澜说，这道密旨的词句是暧昧不明的，他

① 《军机处寄各省督抚上谕》（光绪二十六年五月二十四日），《义和团档案史料》上，156—157 页。

认为端王载漪在6月21日前后可能篡夺了朝廷的权力。荣禄不愿意与端王合作，而有意于联合那些汉族总督们共同反对以端王为首的中央政府。

来自北京的消息真假参半，但所有消息的指向都是北京的政治局势日趋危机，一切权力都掌握在载漪等人手里。董福祥率领着甘军，端王率领着旗兵和那些招募来的义和团民众，决心抵抗各国军队的入侵。荣禄恳求各国援救他们的臣民。南部和中部各省督抚已经联合起来，并且要求各国保证无论北京的形势怎样恶化，战争都不应该向南部扩展。这些传言使许多人忧心忡忡，也激励他们共同推进南部中国的独立和自保。霍表示，当中国当局继续维持秩序时，除北方外，英国政府将不派部队登陆。甚至明确致电袁世凯，劝告他仿效张之洞、刘坤一及李鸿章，坚定不移地维护自己管辖区域中的秩序。

西方人的外交攻势深深影响了中国地方官员，而北方局势的持续恶化特别是大沽炮台的沦陷以及天津租界持续不断的战斗，也促使中国南部地区官员必须采取某种行动才能不被北方局势的恶化所拖累。6月21日，两江总督刘坤一致其部属鹿传霖的电报，已经清楚地表明了这一点。

北方战局的扑朔迷离和西方外交官的劝导影响了中国东南地方官员，而对义和团南侵特别是对各国联军可能转舵南下，东南地区的士绅和那些民族资本家更是忧心忡忡。6月22日，郑观应致函盛宣怀说，中国军队和义和团对天津外国租界的进攻必将对南方产生相当大的影响，列强极有可能进行类似于瓜分中国的行动，特别是由于英国在整个长江流域具有重要的经济利益，随着形势的演变，英国军队极有可能在上海登陆，进而占据吴淞炮台，复派兵进入长江流域进行惊扰。果如此，东南大局不堪设想。他告诉盛宣怀，经与有关方面协商，为避免不必要的损失，不妨提议将一些中国公司转到外国人名下，这样或许有利于保护。

郑观应的提醒启发了盛宣怀，三天后即6月24日，盛宣怀致电李鸿章、刘坤一、张之洞，提议“从权”在上海与各国领事订约互保：上海租界准归各国自行保护，长江内地均归中国督抚保护。两不相扰，以保全中外人民生命财产为主。各省督抚严厉责成地方密切关注，严加管理，不准滋事，有犯必惩，以靖人心而保危局。随电附有草拟的互保章程草稿。

6月25日，刘坤一复电盛宣怀赞成他的建议，并请他就近指导上海道台余联沅与各国驻沪领事团进行谈判，以便早日定议。

东南互保的建议特别是刘坤一的坚定态度立即获得东南各省督抚的积极回应，他们普遍相信盛宣怀的判断。东南各省督抚相信，东南各省互保不仅是克服目前时局危机的唯一办法，而且也合乎朝廷的精神。

6月26日，余联沅邀请各国驻上海领事举行会晤，讨论局势。余联沅希望领事们建议各自政府，宣布中国其他所有地区为中立区。并表示，如果各国政府照此办理，地方政府就有足够能力维护秩序。

余联沅的呼吁获得各国外交官的积极回应，经过周密谈判，余联沅与各国驻沪领事正式签署《东南互保章程》共九条：

一、上海租界归各国公使保护，长江及苏杭内地均归各督抚保护，两不相扰，以保全中外商民人命产业为主。

二、上海租界共同保护章程已另立条款。

三、长江及苏杭内地各国商民教士产业，均归南洋大臣刘、两湖督宪张允认切实保护。

四、各口岸已有各国兵轮，仍照常停泊，惟水手人等不可登岸。

五、各国以后如不待中国督抚商允，多派兵轮驶入长江等处，以致百姓怀疑，毁坏洋商教士人命产业，事后中国不认赔偿。

六、各国兵轮切不可靠近吴淞及长江各炮台停泊，水手不可在炮台附近操练。

七、上海制造局、火药局一带，各国允兵轮勿往游弋驻泊及派洋兵巡捕前往。此局军火，专为防剿长江内地土匪、保护中外商民之用。设有督抚提用，各国毋庸惊疑。

八、洋教士、洋人切勿前往偏僻未经设防地方。

九、租界内防护之事，均须安静办理，切勿张皇，以摇人心。①

从这个章程看，中国并没有丧失过多的主权。列强如果能够与东南督抚友好合作，长江流域及东南一带应该能够保持稳定。英、德、美等国政府在获悉东南互保章程内容后纷纷表示赞许，美国政府甚至乐观地向其驻华各领事发出通知，鼓励他们与各省总督会商在他们省份里维持和平的详细步骤。张之洞、刘坤一等相继发布告示，宣布东南互保宗旨，严禁民众捏造谣言，煽惑人心，聚众扰乱租界教堂者，责成各府厅州县会同军方及各地绅士，共筹保护之法，切实办理。

然而，不论是西方外交官，还是长江流域各省督抚，他们的乐观实在是太早了些。事实上，此时的北京并不像他们所想象的那样处于分裂状态。6 月 28 日，东南督抚收到军机处通过保定电报局寄发各省督抚的上谕，要求各省督抚广泛召集义和团，藉御外侮，沿江沿海各省尤宜急办。

这在一定程度上打破了长江流域各督抚的既定计划，他们严格封锁这一消息。紧急磋商后，各督抚决定视以端王为首的北京政府为伪政府，以便继续沿着东南互保的方向前行。他们告诉西方国家外交官，称

① 《光绪朝东华录》(4)，4522—4523 页。

端王是一个叛逆，并已决定不服从来自北京伪政府的谕旨。西方外交官格外感动，他们一方面据此猜测中国政局的下一步走向，一方面更加坚定地支持东南督抚。霍必澜告诉索尔兹伯理，他猜测中国政府或许不久将发布谕旨免除这些总督们的职务，并将派兵去支持端王任命的总督。结果，将在全中国发生一场内战。因此他建议英国政府应该有一支强大军队留在中国，以便内战爆发时，去支持那些对国际社会表示忠诚的总督。

所谓“伪政府”的说法只不过是一个自欺欺人的谎言，东南互保的倡导者们对此太清楚不过了。所以，他们必须尽快行动，造成既成事实，这样既可以利用中央政府提供的政策空间，又有利于维护东南地区的稳定。所以他们在收到上谕后，一方面封锁消息；另一方面，尽快将东南互保草拟章程提交给各国政府，以造成既成事实。

根据东南各省督抚的指示，中国驻英公使罗丰禄于6月28日将东南互保的主旨当面通知英国外相索尔兹伯理。第二天，罗丰禄又将经刘坤一、张之洞批准并签署的《东南互保章程》正式文本提交给英国政府。这份文件的英译本也是九条，文字与中文本稍有不同，但无关紧要。

英、法收到中国方面提交的《东南互保章程》后进行了仔细研究，通过交换意见，取得一致。法国政府认为，该协议在许多方面指出了法国政府愿意遵循的方向，但是他们不准备授权法国驻上海总领事在该协议上签字，因为那样可能会使法国以后的行动受到束缚。这一态度也影响了英国政府。

英、法两国的态度很快为中国方面所获悉。7月3日，刘坤一、张之洞联名致电罗丰禄，说他们的协议案绝对没有束缚西方国家在未来形势不可控制时的行动自由，只要缔约国不在长江流域派兵登陆，他们便对各自管辖地区外国人生命财产的安全承担责任。显然，这一政策底线主要是为了向中国国内作交代。

7月4日，罗丰禄来到英国外交部求见索尔兹伯理，转达刘、张二人的最新意思，并询问英国政府对这一协议的最终看法。索尔兹伯理坦率地说，英国政府能够看到他们的极好心愿，但是不能把它们当作英国必须执行的一个协议而予以接受。因为这些建议涉及放弃英国根据条约所享有的权利，并把属于中国政府的义务强加在英国政府身上。所以，英国政府的最终态度是，对于便于执行的那些规定，将欣然予以执行，但每件事情都必须根据实际情况来决定。英国显然期待与法国一样，既支持东南各省互保新政策，但也不愿意就此束缚手脚。

对刘坤一、张之洞来说，英法两国的态度多少让他们有点挫折感。7月4日，张之洞向法磊斯通报了荣禄发来的电报，告知北京实际上已处于无政府状态。霍必澜也获知袁世凯已收到端王发自北京的命令，要求他率领一万八千名受过良好训练的士兵前往南京，剥夺两江总督刘坤一的权力。霍必澜认为，如果清政府执意这么干，那么无政府状态将扩大到黄河以南以至全中国。不过这也许是一件好事，张之洞、刘坤一等人可以信赖英国政府正给予的一切援助。为此，霍必澜建议英国政府应该在上海吴淞集中一支强大的海军部队。

霍必澜的建议得到了英国政府的支持，索尔兹伯理7月6日致电霍必澜，指示他可以将这一建议明确告诉刘坤一、张之洞。

对此，刘坤一和张之洞当然感到高兴。不过，他们最需要的是英国舰队在长江流域集结并做好准备，在必要时赶往出事地点支援。而当一切都可控制时，他们并不需要英国军舰在长江各口岸耀武扬威。特别是当他们获得越来越多的中国地方官员支持后，就更加担心外国军队在长江流域的过多介入可能会激起中国人的反对，反而不利于稳定。

有了英国政府的支持，霍必澜更加积极地活动。7月5日，他联络各国驻沪领事举行会议，并决定由各领使向各自政府请求派遣一支部队前往长江领域，在必要时支持长江流域的总督们维护秩序。

各国政府很快做出积极回应。7月初，驻汉口领事团与当地政府达成初步协议，湖北巡抚于荫霖和湖广总督张之洞联名发表布告，称他们已同各国领事达成协议，只要各国军舰不沿长江行驶，外国人的生命财产便由中国地方官保护。这个告示以“巧妙的方式”恳求朝廷批准他们同各国领事达成的协议，显然更容易获得各国领事的欢迎，因为这实际上保留了各国对东南地区事务干预的权力，当然主要是平息骚乱的权力。

大战中的局部和平

长江流域和整个东南地区的形势确实不容乐观。7月5日，霍必澜致电索尔兹伯理说，据他观察，义和团运动日渐发展，假若天津联军不能及时剿灭义和团运动，那么就可能伸展到中国的中部和南部。义和团民众必将驱逐或杀害内地的所有外国人，毁灭西方国家在中国的贸易往来。

其实，中国方面也有这方面担心。同一天，刘坤一、张之洞联名致电驻俄公使杨儒，说北方局势日趋恶化，南方形势不稳，希望他向俄国政府表明东南督抚的立场，即无论以后如何，长江及苏浙等地，各国允不派兵，他们仍将按照《东南互保章程》履行职责，保护辖区内人民财产。

7月10日，有报告说义和团已在浙江温州公开进行操练，并扬言将杀死所有的中国教民和外国人。11日，浙江诸暨有“白旗党”联络四千余众，焚毁县城及杨家楼教堂、教士住宅，并焚抄教民百余家；同一天，江西景德镇教堂及教士住宅，亦为当地义和团所焚；安徽婺源董门西式大教堂及附近洋楼亦被付之一炬。13日，湖北唐县义和团焚抄小管庄天主教堂及教民三十余家。当夜，又焚毁石佛寺天主教堂及教民二十余家。同一天，湖南衡州、浙江浮梁等地也相继发生杀教士、毁教堂的恶性事件。在厦门及鼓浪屿等地，出现了署名义和团的揭帖。凡此种种，都预示着南方局势日趋恶化。

社会不稳定特别是物价持续攀升都引起了人们的恐慌，这并不仅仅限于外国人，有办法的中国人也都在纷纷寻求更安全的地方。

面对随时可能恶化的形势，英国的一艘军舰很快出动，霍必澜甚至向英国政府建议，一旦形势继续恶化，应该考虑让外国人特别是英国侨民予以撤退，或者将这些外国人从较小的口岸集中到比较大的口岸，以利于英国军舰的保护。

索尔兹伯理很快指示霍必澜同在中国的海军军官磋商，并与军方采取一致行动，而不是接受刘坤一、张之洞互保章程的约束。

索尔兹伯理不愿受制于刘坤一、张之洞提供的框架协议，应该说是一项深谋远虑的决策，对此，霍必澜当然心领神会。他立即加紧在各国驻上海领事团进行活动。

在霍必澜指使下，各国驻上海领事团通过首席领事于 7 月 13 日向上海道台余联沅送交了一封信，表示他们很高兴地收到张之洞和刘坤一提出的保证。但是，根据联军驻大沽各国舰队司令已发表的宣言，联军的作战对象仅仅是义和团，以及那些力图阻止营救外国人的任何行动。不过，领事团也保证：只要他们在所辖省份内能够而且确实维护外国人根据条约而享有的权利，各国政府过去和现在均无意在长江流域单独或集体地采取任何行动，或派任何部队进行登陆。

7 月 11 日，景德镇的罗马天主教会被焚毁，中国教徒被杀死，银行被抢劫。饶州的官员命令教会立即撤退，声明他们已不能继续保护教会和教徒。梧州的教会也面临着类似的困难。7 月 14 日，随着天津沦陷，湖北汉口及枣阳、四川名山以及湖南、温州等地亦都相继传来不好的消息。由于当地局势急剧恶化，在温州的全体外国人已于当天到达上海。

17日，山西、陕西和河南等省的电报线已被义和团切断，当地义和团下令杀死所有洋人和焚毁所有教堂。还有消息说，广西、山西、陕西、河南、湖南、湖北等省巡抚现在都已宣布赞成起事，更有传言连张之洞都有可能卷入这个洪流。

霍必澜担心，义和团运动在南方地区的发展可能会危及上海，将对外国贸易造成无可弥补的破坏。因此，他于7月14日建议英国政府立即派一支英国部队前往香港或威海卫，他们身边应保有足够的运输工具，准备在得到通知后八个小时内动身前往上海。英国派驻中国的陆军司令嘎仕礼将军在与霍必澜及英国驻华高级海军军官讨论后也致电英国政府，表示要确保上海的安全，至少需要一支三千人的部队驻守在那里。

不管怎么说，张之洞、刘坤一与各国领事达成的谅解协议深深启发了南方各省督抚，为了面对可能来临的突然灾难，他们尽量与在当地的外国领事团达成某种程度的谅解。7月14日，各国驻福州领事与地方当局达成关于在福建地区实行互保的协议。

7月15日，英国政府通过其驻沪总领事转告刘坤一，再次强调现在保全中国，当视南方各省督抚能否有效维护地方安宁，如果能够做到保护外国人生命财产不受无端侵害，那么西方国家绝没有瓜分中国的意思。

即便没有外国的压力，随着局势的不断恶化，南方地方政府亦已格外警觉，甚者确如某些谣传的那样，内部也不可避免地会发生分裂。尽管刘坤一的态度极为坚定，但是，江苏地方当局略有怀疑，并迅速进行了军事部署。据说有相当多的军火正在运往江阴和其他炮台，而且在长江沿岸各据点也正在架设大炮，有三门大炮已架设在吴淞炮台。

江苏当局或许是为了防范义和团南下，但对列强特别是英国来说却相当危险。英国驻南京领事力图说服刘坤一同意英国海军登陆，而刘坤一说已下令清军不许在长江沿岸各据点和吴淞口架设炮台，更不允许在没有得到他的明白训令时擅自开火。他重申两江总督和湖广总督有足够力量维护长江流域的秩序与稳定。

对于刘坤一的态度，英国、美国等并不怀疑，不过对于中国地方当局的军事能力，他们都做了最坏的准备。霍必澜建议英国政府，一旦总督们不能有效控制，那么英国军队就必须迅速占领上海。霍必澜认为，上海是中国的商业中心，而且中国人和欧洲人都把它视为一个安全的地方。因此一个极重要的问题是，我们须表明有能力据守它，防止发生任何紧急情况。在某种程度上说，能否保证上海的安全已具有重要的象征意义。在上海的美国商人团体美中协会也呼吁美国政府派遣一支部队，同英国军队一起或独自占领上海。

7 月 26 日，西摩中将抵达上海，上海工部局立即促请他注意，上海处于没有防御设施的地位，要求西摩派一万人登陆上海。

西摩随即与霍必澜及一些英国侨民讨论了上海防务。西摩发现，在上海的外国人有强烈的不安和忧虑，如果张之洞和刘坤一不能控制他们的部队，就会发生大混乱，租界将首当其冲受到攻击。另外，租界内的巨大财富具有特别诱惑力。

7 月 27 日，西摩召集军方及上海地方武装力量指挥官会议，讨论上海安全。与会者普遍认为，大约需要有一万人的部队。

7 月 28 日，各国驻上海领事要求西摩将军采取必要的措施保证上海的安全。西摩同意派遣一支三千人的部队。

由于南方局势确实在逐步恶化，经过一番艰难交涉，刘坤一同意按照西摩将军与各国海军将领提出的人数，并在需要的时候占领上海。刘坤一并未附加任何条件，而且对于其他各国表示想在上海派驻卫队的要求，他也表示不会绝对拒绝。

如果说外交官如霍必澜等人的观察有点危言耸听的话，那么实业界的估计可能对中外决策者更有参考价值。7月29日，英国汇丰银行就上海所面临的危险给英国外交部提交了一份详细的评估报告，并附有一份设在上海的中国协会7月28日发来的电报副本。报告认为，英国政府虽然已充分认识到上海的重要性，但并不太清楚如果上海遭到任何灾难，其后果将多么深远。报告指出，上海的妇女和儿童的人数比其他任何一个条约口岸要多得多。中国军队一旦失控，那就太可怕了。报告强调，即使仅仅从贸易观点看，如果上海遭到破坏，或即便是部分遭到破坏，中英之间的贸易，必将产生毁灭性的灾难。现在，英国在上海的货物和财产的价值估计有数百万镑。这些货物属于曼彻斯特和英国其他公司所有，并由英国和东方的银行提供资金。如果这些财产受到损失，银行将向英国货主要求赔偿，他们势必破产。这会出现一次空前恐慌，它比目前这一代人所经历的任何一次恐慌更为严重，而且范围更为广泛。目前英国国内退休人口中，有很大一批人依靠从上海的财产中所得到的收入过活，每年从一百镑到三万镑不等。如果发生任何大灾难，大多数家庭都将成为受害者。

上海的局势引起了英国政府及各国人士的高度关注。8月2日，英国外相索尔兹伯理代表政府在下议院发表对华政策演讲，强调关于长江地区及其附近地方，英国政府已向各总督保证，英国军舰和部队在平定骚乱和稳定秩序方面将尽可能地同他们合作，而且正在为正式履行这项保证进行准备。

张之洞获悉后立即派道台往访英国驻汉口总领事法磊斯，表示对索尔兹伯理的政策声明感到满意，还向英方政府保证，他信赖英国政府的支持，如果北京政府决定免除他的职务，他将置之不理，并坚定地与英国方面共同努力维持长江流域的稳定。

但在细节问题上，各方意见并不一致。英国驻中国陆军司令嘎仕礼认为只要有三千人就可以保障上海的安全，而西摩中将则认为五千人的部队是起码的，一万人才能完全满足需要。

在对上海防务有了大致规划后，西摩就要求与刘坤一会晤，讨论细节及合作方式。8 月 2 日，西摩在两江总督府受到刘坤一热情接待。

刘坤一告诉西摩说：驻北京的各国公使安然无恙，庆亲王奕劻正保护着他们，但是，在北京的义和团势力仍然很强大，而且他们据有大部分北京城。刘坤一认为，在目前情况下，慈禧太后和光绪帝是应该得到同情的。

对于西摩提出的关于英国海军在上海登陆，刘坤一明确要求人数不可太多，担心可能会引起骚乱。至于长江沿岸各口岸，刘坤一也不希望英国军舰驶入，因为这样无助于长江流域的稳定与和平。

西摩原则上同意刘的看法，不过又认为在长江沿岸的五个通商口岸中，应分别留驻一艘军舰，以便在突然发生战争时斟酌情况。

就英国军方来说，刘坤一同意三千名英国海军在上海登陆，使问题简单化了，有利于英军的调度与部署。

第二天（8 月 3 日），刘坤一如约到洋务局回访西摩将军，当面重申他对英国友好的保证，并对英国仅期望促进贸易感到高兴。他说：如果英国能够保持长江水域的和平，那么中国便将在陆地上这样做。对于在长江各通商口岸留驻一艘军舰的方案，刘坤一表示同意。他也特别表示希望其他国家的军舰不能仿照英国的例子驶入长江。

刘坤一还告诉西摩，他的这些看法与张之洞完全一致，因此不必要往访张之洞。

西摩表示，他将建议各国不要驶入长江，他个人和英国军队将尽力保持长江水域的和平。西摩重申：包括英国在内的西方各国决不会乘此瓜分中国。

8 月 5 日，英国驻上海总领事霍必澜通过外交途径要求两江总督府就三千名英国海军在上海登陆的事情发布文告，以便使中国人确信，英国海军在上海登陆，只是为了防守上海租界，并没有其他目的。中国方面由总督府负责通知上海道台做好准备，外国方面则由西摩和霍必澜于8月9日直接通知领事团，说三千名海军将于8月12日在上海登陆，各国领事很快将这一消息向各自政府做了通报，但在没有收到指示前，他们也没有给西摩和霍必澜以答复，于是西摩和霍必澜都以为各国政府同意了这个计划。

各国政府获悉此消息后反应强烈，法国、美国也纷纷表示，将仿照英国派部队在上海登陆。这些消息在上海引起了极大震动，许多有办法的中国人纷纷前往安全地方。鉴于此，刘坤一不得不改变先前的决定。8月10日，刘坤一通过罗丰禄将这一改变告知索尔兹伯理，希望英国政府能够充分考虑目前的难处，改变或暂缓在上海登陆。

与此同时，刘坤一直接致电西摩，请求他不要让英国军队在上海登陆。然而一些部队已经离开香港向上海进发，所以西摩只能命令尚未出发的英军就地待命。第二天，西摩与霍必澜一起会见上海道台余联沅。不过，上海道台根本无权决定这么重大的事情。而刘坤一当天则通过上海道台更明确地告诉西摩和霍必澜，他反对英国海军现在就在上海登陆。

英军的计划受到了西方各国的质疑，为了平息这些质疑，英国也曾委派外交官进行解释。当英国驻法大使向巴黎外交团发表西摩的声明及大使本人的解释时，法国外交部长却当面讥讽英国大使说，这并没有说明上海确实处于危机之中，法国政府实在不了解上海目前的情形对欧洲人有什么急迫危险，以致有必要派军队在上海登陆。如果英国执意如此，那么法国也必须这样做。

英国政府被迫做出让步。8月12日，索尔兹伯理命令霍必澜：在没有得到进一步的命令之前，不要派部队在上海登陆。

这个命令打乱了英国海军在上海的全部计划，但西摩与霍必澜并没有真的完全停止军事部署。相反，他们继续说服刘坤一。

在索尔兹伯理致电霍必澜不要派部队在上海登陆的同一天，刘坤一又出人意料地同意了英军的计划，但条件是其他国家不能仿效。8月13日，上海道台在告示中同意英国军队登陆上海，不过同时宣布，中国人将分享英国海军提供的保护。8月15日，刘坤一致电罗丰禄并请他转告英国政府，他与西摩司令及霍必澜之间关于派遣几百名士兵在上海登陆一事，已达成令人满意的协议。谣言已经平息，人们安定下来，长江领域的和平和秩序将得到维护。

应该值得注意的是，刘坤一在这里所说是几百名。

8月16日，英国政府授权西摩和霍必澜安排部队登陆，但同时告诫他们不要对其他任何国家的行动提出任何保证。这是由于领事团认为在上海驻扎部队是人们所盼望的，而且刘坤一已同意了这项行动。

法国、美国不同意英国军队在上海单独行动，但各国驻上海的领事又倾向于认为上海正处在危机的边缘，因此，各国领事又纷纷致电本国政府，认为不要坚持让英国抵达吴淞口的两千名印度部队撤离。否则，就很可能危及上海的安全。他们建议，这些部队应根据各国之间的协议在上海登陆。为了对上海这一重要口岸提供最有效的保护，联军立即增派部队是可取的。显然，霍必澜依然主张向上海增兵。按照西摩的计划，英军将于8月18日开始在上海登陆，其余的三千人将从香港赶来。

8月30日，由六百名海军陆战队、一个山炮中队和一连越南人组成的总计约八百人的一支法国部队也在上海登陆，而日本人也在上海为即将登陆的部队寻找营房，德国人则为将要到来的两千名德军寻找膳宿之处。尽管这些国家表示这些行动是要支持英国政府防守上海和维持秩序。然而不论怎样，英国政府都非常明白，这些国家之所以在局势已趋于缓和的情况下继续派军队在上海登陆，不外乎是要保持对上海这个重要的贸易中心的控制权而已。

各国这样做是没有道理的。正如西摩所说，他并不担心长江地区发生任何骚乱。根据他的报告，自从达成互保协议后，整个长江流域都十分平静。正在汉口访问的英国军舰“马拉松”号菲尔德舰长承认，在汉口的街上看到人们十分和平而且彬彬有礼。至于重庆、九江、芜湖、镇江等，正如西摩观察的那样，中国居民普遍采取了更稳重、更温和的态度。在南京，从一开始就没有发生过骚乱，而且预计以后也不会发生，然而当地居民似乎不那么高兴，原因是在南京及其附近地区的炮台驻有大量军队。在这种日趋平静的情况下，各国竞相派遣军队在上海登陆，除了引起人们的恐慌外，并没有多少好处。

第七章　被撩拨的帝王情结

自春夏之交，北方战局就僵持不下，义和团民众在京津保地区发展迅猛，且一度主宰了这个地区的形势。清政府一会儿要严厉镇压义和团，以换取联军止步北上；一会儿因联军根本不买这个账，又要招抚义和团共同对付列强。义和团在清政府这种朝令夕改要弄下，也非常恼火，联军的咄咄逼人，在某种程度上也使矛盾进一步激化。义和团确实有过见到洋人就杀的冲动和激情。不过，此时他们已经很少能够见到洋人了。

以“勤王”的名义

义和团对洋人的仇杀，还有另外一个背景，就是以端王载漪为首的一拨人的纵容、默许和支持以及以毓贤为代表的一批愚昧、鲁莽的地方督抚的野蛮示范。他们对洋人甚至传教士大开杀戒，实际上误导了义和团民众。

清政府此时的主政者载漪，新立大阿哥本来就遭到列强反对，而且他也没有什么外交经验和政治智慧。清政府很多人瞧不起端王父因子贵的狂妄、霸道、无知与蛮干。这实际上又在影响各国公使的态度，他们不愿与载漪沟通，不愿承认大阿哥的法律地位。列强的态度无疑使载漪非常恼火，双方心结越结越深。在这种背景下，长江流域各省督抚于是有了联手互保之举。

除联手互保之外，1900 年春天之后还有一股重要力量在活跃，这就是孙中山领导的革命党。他们试图借助清政府统治层人心涣散之际，结合康有为，联合李鸿章策动两广独立，推动中国解体，推进革命进程。

李鸿章是曾国藩的门生，曾国藩在平定太平天国之后曾经有过称帝单干的机会，只是由于他的愚忠，当然也是因为条件不成熟，最终放弃了这个方案。曾国藩和他的湘军集团乃至稍后由湘军集团衍生出来的淮系势力，都继续为满洲人的政治统治卖力，当然满洲贵族集团也与这些汉族中兴大臣分享权力，李鸿章也就成了清政府内部的大佬，有时候能够享有一言九鼎的权力，有时候却什么也不是，毕竟汉族出身的高官相对于满洲贵族来说，还不是自己人。想起来这些不能不使李鸿章生气。

按照李鸿章几十年与慈禧太后、恭亲王、庆亲王等老一辈所确立的发展方略，义和团这样的内乱根本就不应该发生。然而，李鸿章在这一年年初，义和团运动还没有形成气候时，就南下广州，出任两广总督，鞭长莫及，他的建议也就不能成为清政府的主导意见了。

李鸿章是 1900 年 1 月 20 日在广州正式接任两广总督的，他的主要任务除了发展经济外，更主要的是要铲除广东的革命势力。说起来也非常有意思，倡导革命的孙中山是广东人；提倡改良维新，并策动 1898 年政治变革的康有为、梁启超师徒也都是广东人。更重要的是，这些广东人或多或少地都与李鸿章有关系。所以，清政府同意李鸿章出任两广总督，大概也是因为这一点，就看李鸿章在广东如何动作。

积数十年官场之经验，李鸿章太知道怎样动作了。他接任后，立即在广东开展“刮地皮”运动，惩治地痞流氓和匪盗，重建两广社会秩序。这个工作最容易获得老百姓的认同，而且没有什么政治风险。

事实上，李鸿章此行的重要使命是肃清康有为、梁启超、孙中山在广东的政治影响。所以，在李鸿章被任命的第二天，清政府又向各省督抚发布一份严密查拿康有为、梁启超以明正典刑的御旨。这显然与康有为、梁启超此时肆无忌惮批评、指控慈禧太后等人废黜光绪帝有关。

清廷对康梁恐惧，是因为康梁的宣传虽然有不少空穴来风，但毕竟也能击中清廷的政治要害，引起听众的共鸣。

清政府前一段时间忙于为光绪帝选择继承人。这本是一个事实，问题是对这个事实所做的解释。康梁说这是废黜阴谋，而清廷的解释是光绪帝确实有病，不堪担负如此重任。

正如许多研究者看到的那样，这份严查康梁的谕令，虽然是对着各省督抚发的，但首当其冲的无疑还是新任两广总督李鸿章。

李鸿章与康有为、梁启超早就交过手。他曾在1898年承认自己就是康党，说明他对康有为的政治理念在很大程度上表示认同。

康、梁的政治理念确实是接着李鸿章的往下走，几十年的政治实践以及对世界大势的把握，当然不可能使李鸿章成为极端守旧者，他看到了康、梁思想中的合理价值，也曾象征性地向伊藤博文询问过引渡康梁回国的可能性。即便康梁流亡海外，李鸿章通过伊藤博文、日本驻天津领事郑永昌及东亚同文会井深君三次向梁启超面述慰问之言，并教以研精西学，历练才干，以待他日效力国事，不必因现时境遇，遽灰初心。

但凡稍有政治经验的人都知道，没有永远的政敌，更没有永远的思想犯。今日的思想犯，或许就是他日的主政者。具有丰富政治经验的李鸿章在与各方面保持适度联系的同时，谨慎执行朝廷的政令。他适度对康梁政治势力予以镇压，适度阻止保皇党成员在他的地盘里猖獗活动，将保皇党成员罗伯堂、唐琼昌两人的家属逮捕归案，这既是对朝廷命令的回应，实际上也是拒绝保皇党人过于亲近。他要与各方面保持适度联系和适度紧张。

李鸿章对罗伯堂、唐琼昌家属的处理，确实引起康梁的极度不满。梁启超不断给各处同志写信，鼓励他们从速设法刺杀李鸿章和其幕僚刘学询。但这实际上是在政治层面对李鸿章进行保护，尽管梁启超并不一定这样认为。

清廷于 1900 年 1 月 24 日宣布立溥儁为大阿哥之后，又将康梁与李鸿章的距离拉近，使原本逐步走向消解的康、梁势力突然间获得了动力，并促使他们逐步与孙中山的革命团体走向联合，并利用李鸿章分裂清廷，推动中国的政治改革，虽然他们的目标并不一致。

梁启超在清廷宣布立大阿哥之后曾上李鸿章书，以为李会接受他的建议据两广而独立。梁启超在信中对李鸿章先前几次托人带话表示由衷感谢。在梁启超看来，李鸿章之所以这样做，当然并不是私爱他梁启超个人，也不是爱才之盛心，而是国运如此，不忍心将这样的人才弃置于域外以没世。梁启超时刻想着怎样报答，现在时机来了，清廷倒行逆施，天怨人怒，他们想请李鸿章登高一呼，反对清廷废帝立储，恢复光绪帝的权力。

章太炎的期待

李鸿章是何等智慧的人，他怎么可能被梁启超一番慷慨陈词就给忽悠呢。他在等待，在观望。

李鸿章非常清楚光绪帝身体的真实状况，更清楚满洲贵族集团执意立大阿哥的真实原因，他作为封疆大臣能够做的就是沉默，最多如刘坤一那样通过内部渠道上份密折，表达一点不同看法。要想指望他跟随康有为、梁启超一起去胡闹，那确实太小看他的政治智慧了。他就是对端王有一万条意见，也没有必要公开反对。

对李鸿章寄予厚望的不止康梁，当时国内外关心国事者的对他都有期待。只是，其他人的期待，都是希望李鸿章登高一呼，别立政府，以与清政府分庭抗礼，南北分治。在这方面最典型的例子是章太炎。

根据许多人的研究，章太炎此时还是一个改良主义者，依然期望在大清王朝的政治架构中推动中国的进步与发展。当义和团运动在北方迅猛发展起来后，生活在上海的章太炎深感忧虑。那时的中国已经深深卷入世界经济一体化的过程中，在长江流域、在上海，都有非常重要的外国利益，列强绝不可能坐视其在华利益因义和团运动而受损。

东南互保对章太炎是一个有益的启示。他觉得如果能再往前走一步，或许能够从体制上根本解决中国政治发展过程中的一个大难题。衡宇宇内，章太炎看上了李鸿章。

这中间有着并不复杂的背景。章太炎与李鸿章的侄婿孙宝瑄是非常要好的朋友，在孙的影响下，章太炎认定李鸿章虽为清廷大员，但在骨子里依然是维新同志，具有汉族知识分子的民族气节。

根据孙宝瑄的讲述，当李鸿章南下广州途经上海时，他们曾经闲聊。李鸿章说他此次广东之行，一个重要任务就是奉慈禧太后旨意捕拿康梁，并笑说如果真的能够捕拿康梁，意义重大，其功劳甚至超过当年平定太平天国和捻军，必当加官晋爵。说完这句话，李鸿章哈哈大笑。

接着，李鸿章问孙：你是否康党？孙答曰：是康党。李鸿章说：那你不怕被逮？孙曰：不畏，中堂如果一定要查拿康党，那就先将我抓起来吧。李曰：我怎么能将你抓起来呢，我自己也是康党。我个人为朝廷做事几十年，许多想办的事几十年都做不成，而康有为竟然能够在那样短的时间里办成，我对此深感愧疚。正因如此，使北京许多人都认为李鸿章在骨子里就是维新党。这种传闻甚至到了老佛爷那里。有一次，慈禧太后问李鸿章：有人说你是康党。李鸿章答曰：臣实是康党。废立之事，臣不与闻；六部诚可废。若旧法能富强，中国之强久矣，何待今日？主张变法者即指为康党，臣无可逃，臣是康党。太后默然。

章太炎听了孙宝瑄的讲述后大笑不止，表示这真是一件奇事，康有为以六品小官而宰相为之党，未之前闻。

章太炎认为，李鸿章的政治智慧足堪大任，特别是他在这次义和团动乱中，勇于担当，劝说东南各省督抚拒绝接受中央政府发布宣战上谕之后的一切指示，这实际上为东南各省督抚指明了方向，留下回旋空间和余地。章太炎对此非常欣赏，当然也认为仅有这些还远远不够，要想从根本上解决问题，还需要再向前迈出一大步，那就是“明绝伪诏，更建政府，养贤致民，以全半壁”。

章太炎指出，李鸿章现在处于非常关键的位置，为当朝重臣第一人，肩负重振河山的重任，也曾经为大清王朝立下汗马功劳，多年的外交生涯使他在国际社会享有很高的威望。“于位则宜，于望则宜”，所以被人们寄予很高的期待，希望他能够登高一呼，更建政府，以全南中国半壁江山，与北方政府分庭抗礼。

章太炎还建议，当这个政府成立后，应尽快开释禁网，宣布赦免那些维新志士以及逃亡海外的敏锐异才，将他们部署在湘、鄂、江、皖、闽、浙诸幕府，使各省督抚同心协力，共赴时艰，共建辉煌。

至于内部设施，章太炎希望李鸿章在已建议院的基础上，广招人才，延擢才俊，毁家纾难，重建大业，将广州建设成南方的政治中心，使各省督抚莫不延颈归德，以纾近祸，以为后图，必定能够获得人民的支持，必定能够成功[1]。

很显然，章太炎的这个方案是其先前“分镇”思想的延续，也是其少年时代就具有的反清思想的明朗化。这是章太炎政治思想的一大转变，不过并不能就此说服李鸿章，在南方建立一个与清政府隔江而治的政府，这个政治风险显然要大得多，李鸿章最终还是拒绝了这个建议。甚至可以说，这个建议可能从来就没有被讨论过。

孙中山的愿景

李鸿章是否像他的老师曾国藩那样，有一种汉族人朦胧的民族意识觉醒，我们不知道。我们看到康梁、章太炎都觉得只有李鸿章能够拯救人民于水火，重建汉民族的国家。在这方面表现最积极，留下了比较直接资料的是孙中山。

孙中山与李鸿章几年前就有过接触，结果导致孙中山对清政府彻底失望，走上推翻清政府的革命道路。那就是1894年甲午战前孙中山对李鸿章的拜访。

根据比较可信的研究，孙中山很早就有拯救天下的伟大抱负，只是机缘巧合，不得已过着悬壶济世的平庸生活。1894年年初，因受陆皓东的启发与帮助，有了比较明确的政治理想和实现理想的路线图，希望通过向当朝一品大员李鸿章上书的方式，获得青睐，由此捷径进入官场。是年2月，在陆皓东陪同下，孙中山来到上海，通过各种关系找到能够帮助他踏进李鸿章门槛的重量级人物，如王韬、郑观应。

王韬对孙中山的上李鸿章书深为赞许，仅代修订数语，并写了几封推荐信，让他到天津直接找李鸿章的幕友罗丰禄、徐秋畦。郑观应介绍

---

① 《庚子拳变与粤督书》,《章太炎政论选集》(上)，145页，北京：中华书局1977年。

孙中山结识水师将弁陈廷威，又认识了后来对其生活与事业有重大影响的宋耀如。

离开广州前，孙中山还托澳门海防同知魏恒转托盛宙怀，请盛宙怀给他的堂兄盛宣怀写了一封推荐信。到了上海，郑观应也为孙中山写了一封给盛宣怀的推荐信。

有了充分准备，孙中山于 6 月下旬由沪抵津，手持港沪诸友介绍信往访罗丰禄、徐秋畦等。罗丰禄、徐秋畦均允诺相机协助，旋将孙中山的上李鸿章书转交。

而此时正是甲午战争爆发前最为紧张的时刻，李鸿章借口军务繁忙，拒绝延见，仅由罗丰禄代领得农桑会出国筹款护照一纸。

李鸿章军务繁忙也不能说是托词，孙中山上书后不到一个月的时间，甲午战争就爆发了。这是无法更改的时间表。另一方面，孙中山虽然有王韬、郑观应等人的介绍信，但大都是一些不着边际的虚话。另外，这份上书今天看来也真的是了无新意，除了复述李鸿章已经进行或准备进行的改良主义主张外，似乎看不到什么新思想。如果这样的小青年，李鸿章都会接待，他恐怕也就不是日理万机的当朝一品大员了。

这对孙中山造成极大伤害，他托了那么多的人，甚至已经将经营的事业结束，结果却是这样。上书失败后，孙中山早先所具有的反清思想突然清晰和明朗，意识到通过和平办法不可能改造中国，只有以革命的手段推翻清廷，重建汉族人的统治。孙中山对李鸿章也彻底失望，此后五年分道扬镳。

五年间，孙中山的革命事业有了很大进展，逐步成为一支重要力量，甚至比康梁等人还使清政府害怕。一次又一次的武装起义虽然没有伤及大清王朝的根本，但也确实使慈禧太后等高层统治者很闹心。

义和团运动在北方逐步兴起后，孙中山当然不会放弃这个绝佳机会。1900 年春，孙中山准备在惠州地区进行武装暴动，而恰当此时，梁启超却找孙中山进行合作，劝诱孙中山以“勤王”名号起义，举皇上为总统，握手共入中原，将收事半功倍之效。

梁启超的劝诱说明孙中山和他创办的兴中会已经成为一种不容忽视的政治力量。1900 年 6 月初，当北方的义和团运动越演越烈的时候，香港议政局议员何启建议孙中山不妨与李鸿章合作，帮助李组织广东独立政府。

何启是近代中国著名外交家伍廷芳的内弟，广东南海人，早年留学英国，习法律，1882 年回香港当律师，稍后创办香港雅丽氏医院，1890 年出任香港立法局议员。1895 年参与筹划兴中会广州起义，负责起草对外宣言。

清廷己亥建储后，特别是义和团运动在北方蓬勃发展起来后，何启以为时局紧急，瓜分之祸迫在眉睫。为应对广东可能面临的政治危机，何启找到《中国日报》社长陈少白，主张帮助李鸿章组织广东独立政府，宣告两广独立，以免受到北方战火的侵害。

何启还将这个方案提交给香港总督卜力。按照何启的计划，将由中国的维新党人联名致书卜力，求其协助中国进行根本改造。然后再由卜力转商李鸿章，建议广东自主方案，并由卜力郑重介绍孙中山与李鸿章合作。如果李鸿章赞成此项方案，将电邀孙中山回国共同组织新政府。

陈少白是孙中山的拜把兄弟，也是兴中会早期重要成员。当他从何启那里获悉这一信息后，迅即致电正在日本横滨筹划惠州起义的孙中山，孙中山闻讯大喜过望，立即复电表示赞同。

在李鸿章的幕府中有一位非常独特的幕僚，即被梁启超称为“刘豚”的刘学询。刘学询是孙中山的同乡，也是很好的朋友，他们二人都有远大的政治理想，尽管他们的理想有很大的差距。他们之间唯一的共同点就是推翻清朝。

由于刘学询的目标是要自己当皇帝，所以他对康梁的保皇主张极为反感，不惜借慈禧太后之手铲除康梁，亲赴海外行刺，只是没有如愿。在慈禧太后再三督促下，刘学询毫不客气地将康家祖坟挖得七零八落，与康梁结下永远无法解开的梁子，并终于被康梁门徒行凶得逞，幸未致死。

刘学询担任李鸿章的幕僚实际上是将其视为其反清政治斗争中的一个重要棋子，所以当他获悉卜力向李鸿章洽商广东自主的消息后，遂主动请命与孙中山联络。

听了刘学询的介绍，李鸿章表示同意，他觉得中国也确实到了非彻底改革不可的地步，这当然需要各方面力量的配合和支持。

不言而喻，李鸿章早就知道刘学询与孙中山的关系，正像刘学询想利用李鸿章一样，李鸿章同意接纳他为幕中人物，未尝没有同样的考虑。三教九流、四面八方，这是构建幕府的重要原则。

随后，刘学询迅即致信孙中山，表示李鸿章邀请他速来广东，共商匡救天下之策。

李鸿章这样做还有另外一层考虑，那就是在时局不断恶化的情况下，如果不采取怀柔手段对付孙中山和康梁，他们势必会联手。与其被动等待，不如分化瓦解。

陈少白、刘学询转述的意见当然引起孙中山的重视，不过基于1894年的惨痛经历，他对李鸿章还有若干保留，认为他并不一定真的具有此等魄力和胆识。不过，孙中山认为，如果真的能够策动李鸿章宣布广东独立，对于远东大局和中国未来，肯定都是一件好事。所以他答应前往香港。

孙中山除了与李鸿章会谈外，还计划利用多年来在广西奠定的基础，借助法国的武器弹药援助，尽快在广西建立一个革命政府，然后向广东推进。这个新政权将威胁湖南、福建等省边界，迫使这些省份的督抚参加，至少是承认一个新的南中国联邦共和国。孙中山表示，到那时他将代表这个新生的政权与外国政府谈判，寻求国际承认。

孙中山曾将这个想法向法国驻日本公使朱尔斯·哈马德谈过，时间在1900年6月6日，也就是他从陈少白、刘学询那里分别获悉李鸿章的动向后。很显然，他愿意回国帮助李鸿章也只是一个幌子，真实目的还是自己干。

6月8日，孙中山乘坐法国轮船离开日本。6月17日，孙中山一行抵达香港海面，与在港同志议商惠州起义计划。随行的宫崎寅藏、内田良平等三人换乘李鸿章派来的炮舰，沿珠江驶抵广州，当即被引进刘学询的官邸，刘学询和一位懂日语的海军军官代表李鸿章与他们会谈。

刘学询首先要求确切了解孙中山的要求，宫崎提出两点：一是对孙中山的罪名应予特赦，并保证其生命安全；二是希望提供十万两贷款。

对此，刘学询当场表示：第一点立即禀报李鸿章，第二点明天就可以办理，先在香港面交五万两，其余部分容后送上。

在稍后举行的宴会上，那位海军军官就带回李鸿章的回答。李鸿章表示：关于孙中山的生命保障，我不仅向三位日本朋友保证，而且要奏请慈禧太后予以特赦。

李鸿章的承诺坚定了孙中山的信心，只是时局发生了急剧变化。6月21日，清廷下诏对列强各国宣战；26日，刘坤一、张之洞允准上海道台余联沅与列强驻上海领事订立《东南互保章程》；7月8日，清政府调李鸿章出任直隶总督。

此时的李鸿章态度有了显著变化。他要了解列强的态度后，再决定怎么行动。他逐渐确信，列强并无瓜分中国之意。清政府虽然在这次事件中受到重创，然而并不会就此消失。所以他不愿再与孙中山等人合作，进行什么两广独立建国。

7月17日，李鸿章离开广州。启程前，他与南海知县裴景福的对话，大体描述了他对时局的看法以及将要采取的行动。

裴氏问大局安危，李鸿章答：百足之虫，死而不僵。我朝厚德，人心未失，京师难作，虽根本动摇，幸有袁世凯主政山东，张之洞、刘坤一向有定识，必能联络，保全上海，决不致使中国从此一蹶不振。

裴氏问京师形势会如何发展，李鸿章答：论各国兵力，京师的真正危机当在八九月之交，但聂士成已阵亡，马玉昆、宋庆诸军零落，中国在军事方面对列强的牵制必不得力。而日本由于距离中国太近，调兵最快，再加上有英国的支持，恐怕京师沦陷必不可免。言及至此，李鸿章老泪纵横，以杖触地，痛惜内乱无法制止。

默然良久，裴景福问：依照国际公法及国际惯例，即便联军进入北京，亦不能无礼于中国，侮辱朝廷。

李鸿章闻言而叹：然。但恐无人主持朝政，不待联军入京已先自动摇。

裴氏问：万一京城不守，公入京如何办法？李鸿章闻此胸有成竹答道：必有三大问题，即剿拳匪以示威，纠首祸以泄愤，先以此要我而后索兵费赔款，势所必至。

裴氏问：兵费赔款大约数目会有多少？李鸿章答：我不能预料具体的数目，惟有极力磋磨，展缓年份，尚不知做得到否？我能活几年？当一天和尚撞一天钟，钟不鸣了，和尚亦死了。李鸿章边说边流泪，裴景福闻言也不禁悲伤不已。

裴氏又问：国难即解，公将奚先？李鸿章皱着眉头答道：事定后中外局面又一变，我国惟有专心财政，偿款不清无以为国，若求治太急，反以自困。中国地大物博，岁入尚不及泰西大国之半，将来理财须另筹办法。他坚信联军不足亡中国，可忧者恐在难平之后。

由此可见，李鸿章对于此次北行将面临的困难有着清醒认识。不过，对于解决方法似乎也有相当把握。

在李鸿章离开广州的同一天，孙中山一行抵达香港海面，准备与北上过港的李鸿章见面商谈合作的可能性。香港总督卜力认为，如果孙中山与李鸿章缔结盟约，对于英国的利益是最好不过的。英国政府原则上同意卜力的判断，但坚持只有孙中山得到李鸿章的同意而回来之时，英国殖民当局才准备撤销先前对孙中山五年不许入境的禁令。

为了争取卜力的支持，孙中山、杨衢云、陈少白、谢缵泰、郑士良、邓荫南、史坚如、李纪堂等七人联名致信卜力，历数清政府积弊及目前险恶形势，鉴于北方乱局，大局动摇的现状，孙中山等在这封信中提出“平治章程六则”：迁都、设中央及各省自治政府、公权利于天下、增添文武官俸、平其政刑、变科举为专门之学。他们要求英国殖民当局提供帮助，并请其转商友邦极力赞成，除去祸根，聿昭新治。

卜力在收到这封信之后，大致同意信中对中国未来走向的分析，他在回信中支持在中国南部建立一个共和国，建议将两广合并，举李鸿章为大统领，任命孙中山为李鸿章的顾问。

这个建议获得李鸿章的认可。但此时清政府一再电催李鸿章北上，所以待到要洽谈一些实质问题时，反而被李鸿章所拒，他觉得自己应该继续为大清王朝效忠。

李鸿章的动摇使孙中山等人深感失望，港英当局也非常恼火，特别是刘学询眼看着精心策划的两广独立建国大业付之东流，便通过何启转告卜力，暗示他乘李鸿章途经香港时，强行扣留，逼他宣布两广独立。

然而，正当他们准备将这个计划付诸实施时，英国殖民部大臣张伯伦于 7 月 17 日致电卜力，禁止他强行扣留李鸿章。

卜力无法采取强硬手段对待李鸿章，但他在与李鸿章的会面中依然提出，认为此时正是成立独立国的大好时机，建议由李鸿章出任大统领。

李鸿章认为，此事并非没有成功的希望，只是在形势尚不明朗前，他无论如何都要继续北上。倘若光绪帝不幸驾崩，那么他赞成两广合并实行宪政，届时再实行卜力提出的独立建国计划也不算迟。

因此，对于港英当局任何方式的挽留，李鸿章都表示无法接受。卜力还建议李鸿章与正在香港海面的孙中山谈谈，李不仅婉言拒绝，还力劝卜力禁止颠覆分子利用香港作为反对中国政府的基地。

李鸿章现在的兴奋点已转移到中央政府层面。他在考虑这场大乱之后清政府的合法性问题，也在猜测列强在动乱平息之后是否会改变中国的政治治理结构。最直接的问题是：列强究竟希望由谁当皇帝。

对此，卜力表示：如果光绪帝对于在整个义和团骚乱期间以他的名义所做的事情并不负有责任，那么英国政府对于光绪帝在一定条件下继续进行统治并不会反对。

卜力的分析并不合乎李鸿章此时的需要，他的问题是：如果只有德国公使被杀害，列强或许无权决定谁来当皇帝，倘若所有的公使都被杀害，列强就可以进行合法干预，并立一个新皇帝。李鸿章直白地问道：假如发生这种情况，列强将会选择谁？他个人推测或许会选择一个汉族人。他甚至明白暗示：如果列强希望他李鸿章承担这个责任，尽管已经年迈，但依然乐意接受。从这里，我们或许感受到李鸿章之所以放弃与孙中山合作的根本原因了。

其实，孙中山对与李鸿章合作始终都不是那么乐观，他认为李鸿章虽然具有丰富的政治经验和官场阅历，但他毕竟没有主义没有信念，又缺乏洞察大局的见识，最重要的是，李鸿章年已老迈，看透功名事业。很显然，孙中山的分析有对有错，他高看了李鸿章的功名心，轻看了李鸿章在传统文化背景下被撩拨的帝王情结。

7 月 18 日傍晚，孙中山得知李鸿章已决定先行进京，合作尝试落空。孙中山只好继续组织武装暴动，准备用暴力手段推翻清王朝。

唐才常：从自立到他立

具有帝王思想的封疆大吏不止李鸿章一个，湖广总督张之洞的帝王情结在1900年也曾被一再撩拨。

张之洞是慈禧太后一手提拔起来的亲信大臣，他在甲午战争、戊戌变法等一系列重大事件中，都坚定地站在慈禧太后一边。

然而，现在情况却不一样了。己亥建储之后，特别是载漪出任总理衙门首席大臣后，出台一系列愚蠢政策，弄得天怨人怒，危机四伏，不知道会将大清王朝引向何方。张之洞的责任心、道德感，迫使他在忠君和忠于国家之间做出抉择，他最终选择与两江总督刘坤一相同的政治立场，竭尽全力维护长江流域的政治稳定，并时刻准备着北上"勤王"。

"勤王"是由己亥建储引发的，真正付诸实践并作为一个政治口号号召天下的，还是流亡在海外的康、梁等所谓保皇党。

此时积极追随康有为的弟子有唐才常。唐才常为湖南浏阳人，早年就读于长沙校经书院、岳麓书院，1894年肄业于张之洞创办的武昌两湖书院，所以又算是张之洞的门生弟子。他们之间有着不同寻常的师生之谊。

1897年，唐才常积极介入湖南维新运动，与谭嗣同在浏阳创办算学馆，提倡新学，在长沙参与创办时务学堂，负责编辑《湘学报》，创办《湘报》、南学会、群萌学会等，是湖南维新运动中一位非常重要的人物。

康有为、梁启超，特别是谭嗣同因出任军机章京北上后，湖南维新运动在守旧势力的反对下日趋萎缩。心灰意冷之余，唐才常也于1898年夏准备前往北京参与新政。康梁和谭嗣同在策划以武力解决冲突时，也曾经毕永年提醒准备召唤唐才常前来协助。

唐才常收到谭嗣同的电招后立即动身，不料行至武汉，康梁的行动计划不慎泄露，慈禧太后抢先动手，六君子血染北京街头，唐才常也被迫流亡海外。

在东京，唐才常拜会正在那里流亡的康有为，与康梁等共谋救国之策。1899 年初，唐才常返回上海，主编《亚东时报》，抨击政治守旧分子，继续宣传变法维新。同年夏，唐才常决心“树大节，倡大难，行大改革”。秋，专程赴日本拜会孙中山，共商在湘鄂及长江流域起义计划以及孙中山与康梁系合作问题。

唐才常在会党中拥有重要地位，这是他敢于在湘鄂及长江流域发动起义的资本。通过与孙中山、康有为两派主要人物梁启超、林圭、秦力山、吴禄贞等人沟通，唐才常决定以会党为起义的基本力量，夺取武汉为基地；委派林圭回国负责联络会党，组织起义军，康梁在海外筹款接济，唐才常负总责。

1899 年冬，唐才常潜回上海，广泛联络各方人士，设立东文译社作为秘密机关。不久又发起成立正气会，以“忠君爱国、反清灭洋”为宗旨，并筹划武装勤王。1900 年初，正气会更名为自立会，其武装定名为自立军，仿照会党建立山堂。数月间，仅长江流域及南方各省会党、农民，乃至清军官兵加入自立会的，就有十余万人。

在这十余万人的基础上，林圭选择大约两万人组建自立军七军，奉唐才常为总统兼总粮台，在汉口英租界设立指挥机关，显然是以两湖为活动中心。

当北方义和团运动风起云涌的时候，唐才常敏锐地意识到这是千载难逢的历史机遇，于是在上海邀集各方名流和志士，集会在英租界张园，召开国会，宣布三项宗旨：保全中国自立之权，创造新自立国；决定不认清朝政府有统治之权；光绪帝复辟。会议举容闳为会长，严复为副会长，唐才常任总干事，定名为中国议会，设总会于上海，分会于武汉。企图在起义成功后，以中国议会作为新政权的基础，由此筹建新国家。唐才常还以中国议会的名义发布《对外宣言》《安民告示》等。

作为张之洞的学生，唐才常在武汉的活动并没有刻意瞒着张之洞。他还时常在张之洞面前以勤王大义侃侃而谈，并不断献殷勤，以便在关键时借重张的力量。

张之洞对唐才常等人在两湖地区的活动严密监视，并专门招募两千人，设置特殊的江河巡逻。所以，张之洞对唐才常的活动不说了如指掌，也大致明白是怎么一回事，对于驻扎在湖北的清军甚至他的弟子兵大量加入自立军的情况，张之洞也非常清楚。

更何况，唐才常等人所策划的自立军活动乃至起义，并不以损害张之洞的利益为前提，相反，即便起义成功，他们也是计划拥戴张之洞出面宣布独立。

张之洞本人也在进行着类似的准备。他此时派遣心腹幕僚钱恂与日本参谋本部官员宇都宫太郎进行联系，派其长子张权赴日本考察军事。他在形势并不明朗时，采取超然的中立态度，对自立军运动不闻不问，静观时局变化，然而再权衡利弊，选择方向。他甚至在想，如果不得已要与南方督抚们联合宣布成立一个独立国家时，唐才常的自立军未尝不是一支可以收编、利用的武装力量。

当八国联军向北京进发之际，唐才常等人认为时机成熟，准备于8月9日在汉口、汉阳以及皖、赣、湘等省同时起义。然而，康有为的海外筹款迟迟未到，起义一再延期，自立军内部亦出现分裂，形势日趋紧张。吴禄贞等未得延期的通知，如期于8月9日在安徽大通发动起义，势孤力单，很快被刘坤一镇压。

大通起义失败后，唐才常等人感到事情可能已经泄露。8月15日，八国联军进占北京，两宫西幸。清廷的政治危机无疑使唐才常认为又是一个好机会，于是他在与林圭等人商议后，决定于21日发动起义，首先占领武汉，然后由河南出兵西指，劫持慈禧太后，为挟天子以令诸侯之图。

然而就在唐才常等人决定起事的这一天，张之洞一反先前不干预的态度，以迅雷不及掩耳之势先发制人，在英国领事签字同意后，于8月21日凌晨派兵包围设于汉口英租界和华界相接地段的李慎德堂的自立军总机关，以及另一秘密据点前花楼街宝顺里四号，将唐才常、林圭、傅慈祥等自立军首领三十多人逮捕，仓促审讯后，于次日处决。

两宫西逃，对唐才常等人来说，固然是发难的良机，只是他们不明白，八国联军进入北京，并不以摧毁中国政府为前提。相反，为了维护列强在中国的利益，他们更需要慈禧太后这样的政治强人出面领导政府。所以，两宫西幸，从表面上看是清政府的奇耻大辱，但在实质上却敲定了中国政治的未来基本走向，李鸿章从这里读出中国政治不会发生太大变化的意蕴，张之洞也敏感意识到未来中国的统治，还是非慈禧太后莫属。

中国政治前景的明朗化使先前的东南互保失去了意义，所以英国政府也就不会再容忍唐才常等人在租界内进行反政府活动。他们甚至认为，如果唐才常等人策动的起义获得成功，武汉三镇所有目无法纪的暴民也会乘乱而起。更重要的是，不论是武汉三镇，还是两湖地区、长江流域，都是张之洞在勉力维持着秩序，这比起一个自命的，有着堂皇目标的，但其经验与能力令人怀疑的新政府来说，当然更可取。

张之洞清楚地看到这一点，他在水到渠成时将唐才常人逮捕归案，以他们的鲜血获取慈禧太后的重新信任，自立军的鲜活生命终于成为大清王朝重建统治的祭品。

张之洞：帝王意识一闪念

张之洞在庚子年间对唐才常的自立会等活动，先是纵容默许，静观其变，待形势明朗之际转手镇压，这只是他在这一年内心世界变化的一条线索。另外一条线索是与刘坤一、李鸿章、袁世凯等督抚共谋东南互保；第三条线索就是利用与日本人的特殊关系，准备借外力以独立，在长江流域成立一个独立的国家。

要说张之洞与日本人的关系，起源也是比较早的，而其中最重要的人物就是具有日本参谋本部背景的宇都宫太郎。

宇都宫太郎生于1861年，日本佐贺县人，毕业于陆军大学，后为日本参谋本部情报人员。1897年被派往中国长江流域，他鼓励张之洞发挥个人影响，反对德国强行租借胶州湾，赢得了张之洞的好感，使张之洞、刘坤一等人开始主张联合日本与英国，以抗衡德国和俄国。从此，在清政府内部形成一个亲日派，大量中国学生开始前往日本留学，学习军事的尤其多。

1900年，宇都宫太郎已经回到日本参谋本部工作，他的地位虽然不是很高，但由于身处要津，预闻机要，甚至列席参谋本部元帅会议，耳目灵通，有机会获悉日本政府许多重要机密信息，所以张之洞对他特别看重，派有心腹幕僚钱恂在日本与宇都宫太郎进行联系，以便在进行重大决策时听取日本方面的意见。这当然是中国政治的进步，地方督抚开始有了世界眼光，能够从世界大势中判断自己应取的立场。从消极意义上说，地方督抚与外国政府直接联系，也意味着中央政府控制力的弱化。

义和团在北方持续发展，清政府拿不出解决问题的办法，特别是载漪出任总理衙门首席大臣后，中国政府与外国公使的联系受到极大影响。6月下旬，载漪出于维持大阿哥政治地位这样的私利，不惜伪造所谓“归政照会”，激怒慈禧太后向全世界宣战，中国的政治局面一发不可收拾。南方督抚在李鸿章、刘坤一、张之洞、袁世凯等人主持下，与列强达成某种程度的谅解，尽量维持地方和平。这就是所谓的东南互保。

东南互保当然也不是解决问题的最终方案，所以东南督抚在维持大局的同时，也在各自为未来盘算。正是在这个时候，张之洞有了借外力以独立的腹案。

6 月 27 日夜半时分，钱恂紧急求见宇都宫太郎，说张之洞最近曾有言：天子蒙尘既久，清国处无政府之际，不得已，欲联合南部二三总督于南京成立一新政府。很显然，钱恂这里所说的新政府，肯定不是张之洞与刘坤一正在进行的东南互保，而是带有独立政权性质的新国家，类似于香港总督卜力等人构想的南方政权。钱恂显然是希望能够获得日本政府特别是日本军方的支持。

几天后，钱恂又找到宇都宫太郎，表示当务之急是充实张之洞所属的兵力，希望日本军方能够提供一些帮助，比如五千挺步枪，以及一些军事教官之类。

张之洞的长子张权也于 1900 年春夏之交率领一个湖北系部队军官考察团来到日本，目的是考察军事、购买武器，加强与日本军方的联系。这个考察团中有张之洞的部将总兵吴元恺与游击张彪、纪堪荣，还有后来大名鼎鼎的黄兴，只是他此时的名字叫黄轸。

7 月 2 日，宇都宫太郎以参谋总长的名义举行招待会，招待张权及其在日本留学的长子，也就是张之洞的长孙张厚琨、中国驻日公使李盛铎、学生监督钱恂，以及尚未回国的十七名考察团成员。

9 月 4 日，大局已定，尘埃落下，清政府还是清政府，慈禧太后还是慈禧太后，张之洞借外力以独立的想法已经没有丝毫实现的可能，张权和他率领的军事考察团悄然回国，一切都像不曾发生过那样。①

① 孔祥吉：《张之洞在庚子年的帝王梦——以宇都宫太郎的日记为线索》，《学术月刊》2005（8）。

第八章　大局糜烂与趁火打劫

不管李鸿章、张之洞等人在混乱的1900年有多少小算盘，但他们更多地还是出于对大局稳定的考虑，不希望北方的战火烧到南方。试想，如果南方督抚真的响应载漪的号召，率师勤王，大开杀戒，那不仅是无数生灵涂炭的问题，而且必然引起中国与整个世界的全面冲突。

太原惨案：诱杀在巡抚衙门

山西素为欧美传教士重要的活动区域之一。根据比较可信的记载，意大利天主教传教士早在万历四十八年（1620）就进入山西传教以及做慈善事业；明朝末年，比利时天主教传教士来到太原。至清末，太原地区已有六十多座教堂，这些教会组织还在那里创办不少修道院、孤儿院、教会学校、教会医院以及教会公墓等。实事求是地说，西方传教士在那里数十年如一日辛勤工作，为当地民众做了不少有益的事情。在张之洞任山西巡抚期间，专门成立有教案局，负责处理教会有关事务，所以山西地区的民教关系素来比较融洽。即便山东等地的义和团运动如火如荼，山西境内也没有受到太大的影响。

这除了中国地方政府处理得当外，也与传教士的教养、工作态度等有着密切的关系。在山西的传教士，与其母国政府有很多的联系，他们热衷于为自己的祖国服务，并恪守替上帝传播福音的原初信仰，对中国教民的约束也比较严格。他们在赈灾、慈善、教育等方面的良好形象赢得了山西人民的尊重，民教和睦相处，几乎没有发生过什么重大冲突。

欧美公使反对将毓贤任命到山西，是为了保护传教士的安全；而清政府执意要将毓贤任命到山西，或许就是要让他到那里煽风点火，启发中国人的民族意识，推动义和团运动的发展。

应该承认，毓贤对列强和义和团的认识虽然愚昧，然而，毓贤也算得上表里如一的人物。他是李秉衡的亲信，也是一个坚定的排外主义者。毓贤接替李秉衡出任山西巡抚，其政策也是支持义和团反抗列强，是当时有名的强硬派骨干，是典型的“鹰派人物”。

当义和团竖起“保清灭洋”的旗帜后，毓贤觉得甚合己意，于是赐名“义和团”。说起来，我们今天将“义和团”作为褒义词使用，将“义和团”作为统治者对义和团的诬称，实际上是在延续毓贤的说法。

当局势尚不明朗的时候，毓贤所代表的强硬派在朝野内外也有相当的市场，不承认这一点也不是历史主义。被免职的毓贤在京城不仅没有灰溜溜的感觉，反而像英雄凯旋一般受到朝廷的礼遇厚待，慈禧太后公开接见并赐字。

列强对清政府的态度不能说不知道，不过如何安置毓贤实在是中国政府的内部事务，不便过于干涉。美国公使康格希望清政府以大局为重，不要将毓贤放到那些有可能触及中外关系的敏感位置上。

因此，毓贤任职本身就带有示威的意思。当他 1900 年 3 月前往太原任职时，随扈亲兵十几人差不多都是义和团中的人物，而毓贤也自称为“义和团统领”。

强烈的复仇意识和极端仇外的心理，使毓贤对传教士一再请求保护的呼声置之不理，反而公开声称杀洋灭教，招募大量义和团民众成团，命手下制造钢刀数百把，分发给义和团拳童，勉励他们练习拳脚，多杀洋人。

6 月 26 日，在毓贤的默许和支持下，大批义和团民众进入太原，公开在衙门前设坛练拳。27 日，毓贤以山西巡抚身份在衙门接见义和团首领，款若上宾，鼓励他们与列强为敌，将传教士和中国教民视为最危险的敌人。

在毓贤的支持下，义和团运动在三晋大地迅猛爆发，蓬勃发展，很快绵延至全省。省府太原东夹巷教堂、大北门教堂及一些教会医院、教会学校先后被焚烧。

当省城某教堂被焚时，一个英国传教士从中逃出，哭号于众人面前说：“这些年我在山西花了五六万银两，救活数千人，难道这还不够换条性命吗？”最后还是被杀。有一位英国妇女携带婴儿逃出，跪在地上哀求：“我在这里行医治病有几年时间了，被我救活的有数百人，今请饶了我母子性命吧。”话没说完，就被那些义和团民众推入火中，这个英国女医生奋身逃出，仍被推入，与其子一同被活活烧死。

毓贤面对此情此景，不是组织力量去保护，当部属请示派员前往施救时，竟然严令驳回。这不是一般的失职，而是有悖人类道德的底线。更令人发指的是，毓贤反而孩童似的跑到高处隔岸观火，兴奋处甚至拈着胡须念叨“天意啊天意”，其心理之阴暗简直到了一种变态程度。

端王载漪出任首席大臣后，发布诛杀各地洋人的密令，南方诸省督抚大都以“伪诏”为由拒绝，有的省如陕西甚至刻意派兵护送洋人到安全地方避难。在全国数十省份督抚中，大概只有毓贤坚决执行了这个命令。

这实在是愚昧之至，他自己也很清楚后果。他在决定这样做的时候，身穿朝服郑重拜别自己八十多岁的白发老母，含泪表示自己为了国家，将不能再顾及家庭。

而且更恶劣的是，如果不是毓贤以保护安全为借口，假意邀请在太原的新教及天主教传教士前往巡抚衙门避难，也不至于造成那么严重的流血惨案。

当这些传教士及其眷属抵达巡抚衙门时，衙门武装人员突然将他们囚禁起来。6月28日，毓贤发布诛杀洋人的告示。第二天又发布命令，要求所有传教士和中国教徒叛教，肆意羞辱传教士特别是那些教女。毓贤声称，如果不接受他的命令，那么他们的生命财产便不可能获得保护。随后，毓贤把法国天主堂教女二百余人驱赶到桑棉局，强迫这些人背教。教女不从，毓贤就下令斩杀为首二人，以盆装血，令诸教女遍饮，有十六人争饮喝完。毓贤大怒，下令将这十六人吊死，再次强迫其他人背教，那些教女还是不从，且求死益坚。在此前后，山西因为不肯背教而被杀的有数千人。

山西全省传教士7月5日被集中关押在太原太平仓铁路工局一室之中。几天后，又将这些人悉数驱入巡抚衙门关押，肆意羞辱，迫使他们叛教。

7月9日，毓贤看到这样并不能使传教士屈服，于是将他们集中到巡抚衙门西辕门前。在百姓围观中，毓贤向这些被围困的传教士发表讲话，强烈谴责欧洲传教士过去若干年在中国所犯下的罪行，尤其是对中国儿童犯下的罪行。

毓贤的讲话遭到传教士的反对，恼羞成怒的毓贤亲手杀死天主教山西北境教区正主教艾士杰。顺便说一句，艾士杰和同样遇难的副主教富格辣，都在山西传教数十年，深受当地居民的爱戴，他们后来都被罗马教廷册封为“真福品”。

已丧失人性的毓贤下令大开杀戒，当场将五人斩首，这五个人均为天主教教士，其中有两人为主教。其他的人被带至接见厅的庭院里，在那里被斩首。由于这些传教士都穿着中国衣服，士兵们无法识别新教教徒与天主教徒，于是所有的妇女、儿童都被杀死。所有的人都死得很勇敢，激起了中国士兵们的赞叹。有些士兵为了要看看欧洲人的心脏，暗中把几个被害人的胸膛剖开了。尸体被扔到城外，被野狗吃掉，极其残酷。后来，幸存的教徒偷偷设法掩埋了一些尸体。相传中国方面有大约五百名士兵参与了这次谋杀。

毓贤的残忍在山西开了危险的先例，山西中部灵石县城，义和团奉毓贤之命散发传单、设坛拜神、杀戮教民。7 月 14 日，有两名太原府的基督教徒因为拒绝背教而被杀死。孤儿院的妇女和儿童没有被杀，以便给予他们时间消除所受基督教的毒害。山西南部的欧洲人已经受到迫害。7 月 31 日，在陕西汾州府东面大约五十英里的大口，有六名美国人被杀。8 月 15 日，有三名男子、四名妇女和三名儿童在卫队的护送下离开汾州府，然而在他们走出大约十英里远的地方，便被枪杀。

山西全省弥漫着空前的恐怖气氛，前后共杀死传教士 191 人，杀死中国教民及其家属子女一万多人，其中天主教方济各会的意大利籍主教、修士和修女 12 名，英国浸信会传教士 34 名，包括幼童 11 名。山西是 1900 年义和团事件中死人最多的一个省。另外，焚毁教堂、医院 225 所，民房两万余间。山西事后为此付出的抚恤金和丧葬费等赔款计四百余万两白银，并停止山西人士参加科举考试的资格若干年。

在山西境内发生那么多可怕的事件，当然都是毓贤的责任。英国驻上海代总领事霍必澜告诉英国政府：“山西巡抚毓贤是一个具有激烈排外情绪的官员。这么多传教士在山西被杀的责任，应由他承担。我们不能够期望得到他的帮助，如果没有外援，便没有机会找回那些失踪的传教士。”[①] 后来由于陕西巡抚的合作，才在山西境内成功地营救了一批传教士。

毓贤的暴行激起了列强的强烈抗议，但鉴于当时的形势，列强无力前往太原解救那些传教士。不过，当京津地区形势稍微稳定后，特别是当瓦德西来华就任联军统帅后，各国立即开始了对毓贤及其他一些敌视外国传教士的清政府官员的追究。特别是当慈禧太后一行逃离北京后的首选目标恰恰又是毓贤所在的太原府，这样联军方面在稳定了后方基地及援助线的同时有意识地扩大了战争。

保定总督府的恐怖疑云

保定地处京津石三角腹地，市中心北距北京，东距天津等距离，都是一百四十公里，西南距石家庄一百二十公里，是北京的南大门，也是重要的门户或屏障，从来都是京畿重地，元朝设郡，明朝建府，清朝为直隶总督署。至于保定之名，也就是保卫大都、安定天下的意思。由此可见保定在拱卫京师中的作用。

在清代，直隶总督的权力很大，一般为正二品高官，加尚书衔者，为从一品，统辖直隶全省一切事务，代表中央政府管理一方，向中央负责。由于直隶地处京畿，天子脚下，稍有动静，便危及京师安全，所以清代的直隶总督一定是朝廷最为信任最为倚重的大臣，如曾国藩、李鸿章、荣禄、袁世凯等。

保定的重要地位使它成为列国传教士工作的重点地区。据相关文献

---

① 《代总领事霍必澜致索尔兹伯理侯爵电》（1900 年 9 月 15 日），《英国蓝皮书有关义和团运动资料选译》，218 页。

记载，美国公理会传教士 1861 年就来到保定传教，1877 年开始向周边地区扩展，并逐步在保定、清苑、定州等建教堂，办学校。1863 年，北美长老会传教士丁韪良来到保定传教。经过长期努力，1885 年开始在保定北关建教堂，1893 年开始在保定设立长老会分会，并在保定、顺平、易县、徐水、涞源等县建教堂、医院、学校等，还先后成立了五个布道团。

英国圣公会也在直隶地区有很大发展。1890 年，英国圣公会传教士孟鹤龄来到保定传教，逐步设立五个支堂，并建有中华圣公会医院等。1891 年，英国内地会传教士戴德生、贾玉华也来到保定传教，并在北关设堂，后迁至南关。总而言之，各国传教士在保定传教都比较积极。

保定的传教士与山西的不同，他们多有一定的政治企图。有的传教士总是以母国利益作为考量一切事务的依据，导致这个地区的民教冲突素来比较严重。根据《清苑县志》的记载，“入教莠民，依恃凌人，民教积不相能，乃至拳教相哄”，教案不断。1898 年保定教案发生后，在保定城里出现一副对联：

驱清民，入洋教，乔迁入谷，亿万百姓共伤心；
夺我地，修彼堂，不吊反贺，七十二官皆叩首。

这反映出保定民众对清政府不思保民而一味媚外相当不满。保定民教冲突在 1899 年达到高峰。那一年，保定地区极其干旱，而各种苛捐杂税有增无减，农民生活受到严重影响，民众情绪犹如一堆干柴，而有些教民凭借教会背景危害乡里，民众自然将怒火指向教民及其背后的教会。1899 年底及稍后在保定一带流行的一首民谣：

不下雨，地发干，全是教堂遮住天。杀掉洋鬼头，猛雨往下流。

这表明保定的民教冲突已经到了相当严重的程度。又加上原先在山东一带活动的义和团民众被袁世凯驱赶至直隶地区，无疑加剧了保定地区的混乱，原先就在民间社会活跃的秘密结社如义和团、大刀会逐步开始在保定地区扩展势力。

1900年上半年，保定地区一些传染病流行，造成空前的社会恐慌。凡此，都对民间秘密结社的扩展起到了促动作用。义和团、大刀会由铁路东扩至铁路以西地区，并逐步进入保定城，在城内文昌宫设置总拳场，又于五仙祠建立分场。

清政府数次派兵前往弹压。3月，义和团在涞水起义。4月14日，义和团同清军进行了一场颇具规模的武装冲突。5月22日，义和团民众在石亭村与清军交战时将清军统领杨福同杀死。6月4日、6日，清廷命协办大学士刚毅、军机大臣兼顺天府尹赵舒翘分别前往涿州察看义和团虚实。赵舒翘通过考察认为义和团并不像传言中说的那样可靠，然而由于刚毅力主借力义和团对付外人，再加上赵舒翘通过对慈禧太后心思的琢磨，为恃禄保位，便迎合了刚毅的意思，回京复命昌言义和团忠勇，值得信赖。

清廷摇摆不定的立场对保定地方官影响甚大。先前在保定对义和团保持镇压态势的清军副将邢长春手段残忍，多少遏制了义和团的发展。稍后他奉调赴津作战，保定义和团迅即传牌至津保间各县团场，谓有“二毛子”两千由保至津，鼓动沿途义和团袭击邢部。

邢部赴津作战后，力主镇压义和团的直隶布政使廷杰孤立无援，旋被解职，以按察使廷雍代之。

廷雍生于1853年，此时47岁，为满洲正红旗宗室出身，擅画山水，书工北魏，为晚清有名书画家。以文人从政，官至直隶布政使，护理总督。当义和团初起，廷雍就主张利用、招抚义和团，与力主镇压的廷杰大相径庭。而此时清廷的态度也是一再改变，廷杰不仅得不到支持，反而受到指责，而直隶总督裕禄的态度模棱两可，令人无所适从，于是廷杰成为替罪羊，遭到解职处分，而力主招抚的廷雍火线蹿升，任直隶布政使，成为省级大员。8 月 5 日，直隶总督裕禄在天津杨村战败自杀，廷雍又被委任为“护理直隶总督”。

廷雍的本意是希望利用义和团的力量去反对外国人，甚至以钱米助团攻打教堂，导致原本一度消沉的保定义和团运动再度活跃，保定义和团民众纷纷立厂，不数日增至十余团。

6 月 2 日，义和团民众开始在保定城内抓捕洋人、教民，将南大街基督教堂之孟继贤捕获。6 月 4、5 日，义和团纵火焚毁保定南关基督教公理会、内地会和北关长老会教堂。北关长老会美人死亡八人，南关公理会和内地会英、美籍传教士及家属死亡九人，中国教徒死亡百余人。教士、教民数十百人焚杀净尽，没有一个逃脱。保定城里出现严重的无政府状态，以地痞流氓无赖为主体的所谓义和团民众肆意滥杀无辜，偌大的保定成了一个巨大的屠杀场。直隶全省的基督教、天主教教堂，几乎被焚烧干净，许多传教士被残忍杀死。在保定的新教传教士全部被杀，包括北关教堂的美北长老会传教士，南关教堂的毕得经牧师等美国公理会传教士，以及在保定的英国内地会传教士，特别是传教士那些年幼的子女，有二十多人被杀死，中国教徒被杀一百多人。

保定的大屠杀主要集中在 6 月 30 日和 7 月 1 日两天，地点在保定南城外凤凰台。这是中国地方政府下令的有组织的屠杀，直隶布政使廷雍下令紧闭城门，并且派张协戎督兵镇压教民。后来，联军执意远征保定府，就是为了报凤凰台疯狂杀戮之仇。

有廷雍这样的地方大员支持纵容，直隶的排外思潮日甚。铁路员工曾与外国人共事，被称为“二毛子”，列为被杀对象。为自保，铁路员工在保定西关永宁寺设立拳铺，在他们的保护下，定兴至定县段二百余里铁路得以正常运行。保定城内天主教堂亦由巡防营务处改为团练公所，四所城门改由义和团把守，保定城关的不少庙宇和公产为团铺使用，各寺庙多为拳厂，保定成为义和团闹事最凶的地方。

阴霾笼罩牛庄

受京津地区义和团运动的影响，东北地区也很早就有了动荡的感觉，最先是从牛庄一带开始的。

牛庄位于辽宁省南部，隶属海城，始建于明初，是东北地区进入关内的必经之路，因而素有辽南重镇之誉。

根据1858年6月签订的《天津条约》，牛庄成为东北地区重要的通商口岸。1861年4月3日正式开埠，英国最先在这里设立领事馆，牛庄的发展进入一个新的时代。

义和团运动最初并没有影响到牛庄。只是在山东巡抚袁世凯采取强力镇压措施，特别是大沽炮台和天津相继失陷后，联军在津京一带逐步控制了局势，义和团活动受到很大局限，许多义和团民众便自发或有组织地向牛庄一带转移，牛庄渐渐成为义和团与外国人最易发生冲突的地方。

1900年2月，在营口附近出现了义和团，随之也在牛庄出现了。最初由牛庄人齐凤仙为首练习拳法，自称“武穆岳元帅”，爱热闹的中国民众不明所以，纷纷参加，先后组织有“神拳营”、“红灯照”等，一时间发展至三四百人，男练神拳，青年女性练红灯，中年女性练蓝灯，老年女性练黑灯，寡妇练青灯，当然红灯最多，足见还是以青年人为主。他们头扎红布，腰系黄带，设坛练功，除自卫身家外，也以灭洋人，灭洋教作为目标。只是他们的目标并不一致，除此之外，也有推翻清朝的意思，当地一首民谣就说：

红灯照，红灯照，杀了毛子灭清朝。

牛庄的义和团民众经常在小老爷庙和东关戏楼设坛练功，有时也举行示威，激励人心。牛庄的十几家铁匠铺为他们打制了一些大刀、长矛之类的冷兵器。叮当之声，终日不绝。牛庄地方政府几次诱骗义和团民众，甚至派兵镇压，义和团英勇抵抗，大获全胜，迫使地方政府准许其制造武器，设坛练功。

6 月 30 日，设在盛京沈阳的新教教会被义和团毁坏。7 月 2 日，设在沈阳的法国教会也受到攻击并被焚毁，主教及其下属人员均被杀死。沈阳许多传教士及其属员先后来到牛庄寻求庇护。

与此同时，俄国铁路雇员和铁路卫队在牛庄附近的铁路沿线有好几处地方受到了义和团的攻击，他们只好逐步撤退到在牛庄以东大约 15 英里，位于自旅顺口往北的铁路干线上一个名叫大石桥的地方。自大石桥有一条支线通往牛庄，终点在牛庄城以北三英里的河岸。俄国人通过铁路和海上自旅顺口调集部队增援大石桥，当时并不担心义和团对牛庄的进攻。

这些外国人的到来，使牛庄一时间民教冲突急速加剧，特别是沈阳教堂被焚毁等消息不断刺激，使牛庄的义和团运动迅猛发展。7 月 6 日，牛庄义和团民众两百余人在“武穆岳元帅”齐凤仙带领下，将法国传教士大司铎拉至城南郊当众活活砍死，并将法国教堂付之一炬。同时，还焚烧了北关教民的一些房屋。义和团民众手持器械四处扑杀教徒，吓得他们纷纷逃走，有的赶紧在家里贴上灶王爷或黄纸符咒，以表示或证明自己并不是洋教信徒，以免无端被杀。

稍后，牛庄义和团民众还将那些被誉为“鬼子坟”的传教士坟墓挖开，肆意凌辱，吓得中国地方政府官员也赶快出来拜见武穆岳元帅，希冀义和团能够手下留情。当时，牛庄还有一句民谣说：

> 天主堂，修得高，六月初十被火烧，洋鬼子被打跑，二鬼子气焰消。

恐怖的阴霾终日笼罩在牛庄上空。

此后不久，一号称杨宗保杨元帅的张某率领百余人前往牛庄，与齐凤仙的队伍会合，两支队伍最盛时有两千多人，共推齐凤仙为帅，在娘娘庙设坛，威震四方。他们将活动范围逐步扩大到海城一带，拆铁路，毁桥梁，火烧海城火车站等。

中东铁路和海城火车站属于俄国人的财产，自6月16日以来，俄军的“奥特娃尼”号军舰便停泊在牛庄海滨大道旁，密切关注义和团运动的发展。随着形势的恶化，俄国海军“格里米亚斯基”号军舰于7月13日前来牛庄，停泊在火车站附近。至此，在牛庄的外国人中的妇女、儿童已基本上被送走，剩下的外国男子同俄国水手以及两艘日本小炮艇水手共同防守着牛庄的外国人居留地。

15日，俄国军队以攻为守，出兵海城。然而义和团民众在清军掩护下，与俄国军队对峙，俄军不敌，义和团民众乘胜追击至大石桥。稍后，俄国军队增兵反扑，义和团民众伤亡惨重。

就总体而言，牛庄是开放比较早的口岸，民众对外国人还算友好，力主排外在牛庄还是比较少的一部分人，只是他们在整个大环境的影响下，能量太大。

牛庄的中国道台对外国人的态度是真诚友好的，他忠于职责，努力维护秩序，甚至不顾上司要他采取排外措施的训令。道台能够指挥的军队名义上有一千人，这是牛庄秩序稳定的主要力量。

道台的好意并不被外国人所理解。7月26日晨，驻扎在牛庄火车站的俄军指挥官米申柯夫派遣四五百名士兵乘火车出发，准备进攻中国道台的防卫部队以及他们在牛庄土城墙上的防御工事。

俄国人的挑衅引起了中国军队的愤怒，双方在土城墙上迅速交火。这在中国人中间造成了惊慌，并使道台对继续维持秩序感到绝望。俄国驻牛庄领事否认他对这个军事行动事前有任何了解，并且向各国驻牛庄领事建议，应该要求俄国军事指挥官留在牛庄帮助防守外国居留地，以免遭到义和团的攻击。各国领事同意这项动议，于是在牛庄又增加了一支俄国人的武装部队。

7月28日，俄国驻牛庄领事听到传言说，有一名俄国俘虏被关在牛庄城里。俄国领事致信牛庄道台，要求立即释放，否则牛庄将受到俄国军队的报复。这个俄国俘虏根本不存在，牛庄中国当局当然无从释放。这个传言稍后被证明是假的，但俄国领事的威胁在牛庄引起了极大恐慌。

恐慌气氛下自然容易滋生一些误解。8月4日晨，一大群中国人企图越过河岸上的工事，对牛庄外国人居留地发动攻击，俄国军队奋起反击，双方断断续续开火，随后大批俄军纷纷赶来增援，中国军队被轻易击退。道台及其僚属被迫逃走，大批中国人则躲藏在很远的土城墙后面，其中有些是义和团民众，有些则是中国士兵。

下午三时许，停泊在牛庄港口的军舰开始炮轰牛庄城，持续至晚上七时许。中国士兵和义和团民众在俄军炮火的压迫下毫无反抗之力，不得不弃城逃走。当晚，俄国军方向中国守城部队发布通牒，表示只要交出牛庄城并放下武器，便停止进一步攻击。中国守军立即委派城内几个行会的头面人物出城与俄军谈判，达成停火协议，俄国国旗在牛庄海关上空冉冉升起，标志着俄国人占领了牛庄。牛庄已不再是多国使用的通商口岸，而成为俄国独占区域之一。

俄国人的小动作当天晚上即被英国方面获悉，代理海关税务司包罗立即提出抗议，强调牛庄海关财产是用英国臣民赫德爵士的姓名登记的。各缔约国领事也纷纷致函俄国领事，要求说明在牛庄海关升起俄国国旗的理由。

俄国驻远东海陆军总司令阿列克塞耶夫第二天自旅顺口专程来到牛庄，立即任命俄国领事敖康福为牛庄的民政长官，以便尽早恢复牛庄社会秩序和中外贸易。阿列克塞耶夫还专门致信各国领事进行解释。各缔约国领事也向他提交了一份同文照会，表示他们正在向政府报告。

俄国对牛庄的独占影响了列强的利益，英国对此更为关切。英国在华最高军事指挥官西摩将军立即派遣“矮人”号炮舰前往，以维护英国人在牛庄的利益。另外，还联合其他缔约国促使俄国尽快将政权移交给中国政府任命的道台，因为这位道台在过去很好地维护了牛庄的秩序，对欧洲侨民提供了适当保护。

俄国人可以保护其他各国在牛庄的利益不受损害，但他们无意将牛庄的管理权立即交还给中国地方当局。当英国驻俄大使奉命向俄国政府查询俄军何时撤出牛庄时，俄国政府说他们的行动只是临时的，并保证一定会注意到各缔约国的条约权利和特权。

天津失陷

太原、保定、牛庄等地的情况确实严重，但在当时背景下，真正使列强感到忧心的还是北京和天津。

天津的局势自6月中旬以后已经严重恶化。义和团充斥天津的所有街巷，他们大都红巾蒙首，余布二尺许托至脑后。红布围腰，红布裹腿，手持短刀，数十成群，招摇过市。沿街商铺，得知义和团经过，皆执香跪迎，行人亦跪道左，口称师傅。亦有执香者，途遇中国地方政府道府县官员，皆叱令下舆免冠，司道、府县等官府中人，皆不敢像过去那样穿戴官服，耀武扬威。甚至有的义和团民众招摇过市，大胆列队从总督府门前经过，竟然也无人过问。在清政府招抚政策鼓励下，义和团在天津受到特别关照。

6月14日晚间，天津西门内、镇署前及仓门口三所教堂被“三义庙”义和团总团率众付之一炬；15日晚，城外及三岔河各教堂也是如此。天津租界一带连日来枪炮之声通宵达旦，不绝于耳。整个天津，人心惶惶，人们惊恐万状。同一天晚间一点多钟，义和团强行进入官电报局，捣毁一空，马家口一带的电线杆被全部砍断。南线不通，天津电报局一时间积压电报三百余份发不出去。当此时，租界由外国士兵把守，不许出入，所有店铺均已罢市，乱哄哄的义和团民众满街满巷。16日晨，天津海关道署被义和团砸毁，分府署、县署亦被不同程度地破坏，军械所内所存军械，任凭义和团民众甚至那些地痞流氓无赖乞丐等随意抢取，洋枪弹药，搬运一空。尤有甚者，天津县关押的所有刑事犯罪分子，也被义和团民众一哄而上，当场释放。整个天津正常的社会生活秩序被完全破坏。

鉴于此，各国驻天津军事当局觉得有必要自己动手平息骚乱。17日清晨，联军攻占大沽炮台的消息传到天津，驻天津各国领事的第一个反应，就是形势将会急剧恶化。领事们决定立即调动军队控制通往租界的主要道路，俄国军队抢先占领了老龙头火车站，无数教民被驱赶到沿河一带抢修工事，巡逻的联军在租界内加紧清查所谓的“奸细”，并迅速准备进攻紧对着紫竹林租界的武备学堂。他们担心，当大沽炮台被占领的消息被武备学堂学员获知后，势必会对紫竹林租界形成极大的威胁。而且他们早已获知，中国军队在武备学堂存放有很多有用的弹药。

17日下午二时许，各国驻天津领事派出由英、德、意、奥等国组成的175人的队伍攻击天津武备学堂。守卫学堂的学员进行了英勇顽强的抵抗，双方甚至展开了肉搏战。联军难以攻占学堂，便放火焚毁了校舍，毁坏了大炮，杀死了几乎所有居住在那里的中国人。放火引起库存军火的爆炸，尚留在学堂的九十多名学员几乎全部壮烈牺牲。

武备学堂震耳欲聋的爆炸声引起了驻天津清军的注意，他们立即赶到武备学堂援助。但只看到惨不忍睹的现场和熊熊燃烧的大火，已看不到联军的影子。

愤怒的清军官兵难以自制，他们于下午三时将复仇的炮弹射向紫竹林各国租界。这虽然不合乎国际公法及国际惯例，但实在是诸国领事罪有应得。他们自 5 月底以来不断挑衅，西摩联军以及攻打武备学堂的军队都是从紫竹林租界出发，因此清军炮击租界便有了合乎情理的理由。

清军的炮声引起租界内各国领事的极大震动。他们意识到，这些大炮声一定来自清军。虽说各国领事对清军越来越同情义和团已有所觉察，也对天津驻军有所防备，但没想到中国天津驻军会这样迅速、决绝地与各国领事决裂。

俄国军队迅速架起四门野战炮向清军猛轰。双方的炮击声立即招来无数被激怒的义和团民众，他们义不容辞地加入战斗。清军与义和团第一次冠冕堂皇地并肩作战，这是义和团运动史上一个重大转折。

在义和团民众激励下，直隶总督裕禄按照朝廷嘱咐，以政府名义公开招抚义和团，配合清军共同行动。

不久，裕禄下令驻天津清军分路堵截租界内联军的出击，进而一鼓作气拿下紫竹林租界，然后分兵东下一举收复大沽，报仇雪耻。裕禄的态度对义和团和清军都是极大的激励。清军和义和团民众越战越勇，他们彻底封锁住租界内各国联军，也彻底切断了他们与西摩联军、各国驻北京公使、各国驻大沽、塘沽等地联军的一切联系。

裕禄本来准备速战速决，一举攻下紫竹林租界。然而经过连续几天不计牺牲的奋战，也只不过焚毁了法国租界的一些洋房。这点“胜利”被裕禄严重夸大，他不断向朝廷渲染，对朝廷中的主战派起到了极大刺激作用，促使已准备向列强宣战的慈禧太后更加亢奋。当慈禧太后于6月20日看到裕禄的“胜利”报告后，第二天就发布宣战上谕，并传旨嘉奖在紫竹林助战的义和团。慈禧太后还根据裕禄招抚义和团的经验通报各省督抚，命令各省督抚尽快将分散的义和团民众组织起来。

紫竹林租界久攻不下，外国军队凭借优势火力相持着，他们期待援军的到来。6月20日傍晚，租界内的外国军队委派一名英国军官将租界被围困的消息送到大沽，只是驻守大沽的联军人数太少，一时间也派不出援军。

天津危机引起联军各国将领严重不安。6月22日，美国人和俄国人等均企图派兵救援天津租界，但遭到义和团民众和清军的联合阻击。联军不仅无法有效突破防线，反而损失惨重，一日夜死伤总数达224人。坐阻终夜，于次日晨始抵达紫竹林租界。面对这种困境，各国军队开始有意识向大沽口一带集结，以便寻找合适机会向紫竹林租界增援。

6月23日黎明，从大沽口赶来的各路援军数千人向天津东郊军事重镇军粮城一带集结，然后冲破清军和义和团把守的重重防线，沿着海河和铁道间的一条大路直扑天津。在东局子一带，援军受到清军和义和团的顽强抵抗，伤亡惨重。不得已，援军在俄国军队掩护下，绕过清军和义和团在东局子一带部署的防御阵地，于当晚八时许抵达紫竹林租界。

援军的到来使租界内的联军人数高达万人，其中俄国军队六千人。各国军队重新部署，派一部分人员救援正在进京途中苦斗的西摩联军，其余的军队则坚守租界，并不断乘机组织反击。

为了尽快遏制住租界内的联军，裕禄对天津的义和团首领曹福田、韩以礼、王德成等待之以礼，共商战事，为他们提供军械，鼓励他们冲锋在前，为国效力。

天津的战事得到朝廷的支持，清政府在宣战后确曾将攻占紫竹林租界并聚歼联军，视为收复大沽和保住天津、北京的关键所在。因此，在天津战事开始后，清政府一方面命令裕禄招集义和团共同御敌，另一方面命令董福祥、袁世凯派兵前往天津助战。

然而天津战事久拖不下，引起清廷权力中枢和地方大员的严重不安。李鸿章、刘坤一、张之洞，以及袁世凯、盛宣怀等人都担心这样拖下去，极易生变，对中国不利。6月24日，张之洞、李鸿章、刘坤一等东南督抚联名致电各国外交部，把北方和天津的战事说成是“乱兵团民”违旨滋事，声称清政府绝无失和于各国之意，各省督抚并没有执行与各国开战的谕旨，因此他们请求各国政府迅速致电各该国驻天津领事和指挥官，力劝他们“按兵停战”。李鸿章等人还强调，如果北方战争不能停止，南方地区必将受到牵制，势必影响各国在华商业利益，因此请各国政府劝说各国驻天津领事和军事指挥官息兵停战，通过谈判解决分歧。

各国政府收到张之洞、李鸿章等人的电文已是6月26日，这时紫竹林租界的危险期已基本过去。各国政府虽对李鸿章等人的提议极为重视，但并不愿意立即停战，而是继续调兵遣将，并命令驻天津联军坚守紫竹林租界，寻找机会反守为攻，力争一举攻占天津城。

6月26日下午，西摩联军被营救回紫竹林租界，租界内的联军达一万二千余人。各国司令官连夜组织兵力准备反攻，并决定设法拿下对紫竹林租界威胁最大的东局子。

27日清晨，二千余名俄国军队首先冲出紫竹林租界，从西面向东局子发起进攻。清军守军武卫前军营潘金山部奋起反抗，俄国军队的猛攻并没有得逞。稍后，英、美、德、日军近千人前往增援，对东局子疯狂轰炸，守军英勇抵抗。十一时，东局子一弹药库为炮火击中爆炸，联军乘势猛攻。天津城内义和团民众数千人闻讯前往声援，为左翼联军所阻，右翼之俄军乃于下午一时许攻入东局子，防守之清军三百余人和东局子两千多名职工均壮烈牺牲，东局子遂被联军占领。

愤怒的义和团首领曹福田当即给龟缩在租界中的联军下了一道战书，宣称义和团神兵齐集，本当扫平疆界，玉石俱焚，无论贤愚，付之一炬。无奈天津人烟稠密，义和团不忍心百姓受此涂炭，故行动受到相当大的约束。他向联军挑战称：你们自恃兵强马壮，如果真的能够打败中国人，就请接受我的战书，咱们约定时间到东郊旷野单挑。你们何必这样缩头引颈躲在租界里为苟全之计。

联军指挥官当然不会愚蠢到东郊旷野与义和团拳师单挑，他们考虑的是怎样有效控制住天津局面，稳定后方，进而出兵北京，解救公使。6 月 29 日，天津领事团举行会议，鉴于形势继续恶化，决定将天津局势移交军方负责。换言之，未来天津局势的任何改变，列强已不寄希望于外交途径，更不寄希望于中国政府，而打算以列强的军事力量自行解决。同一天，西摩将军主持召开各国指挥官会议，分析目前形势以及联军占领天津和进军北京的各种可能。

当时的军事形势是，俄国军队大约 4000 人占领着天津河道的左岸，右岸的租界由其他国家的大约 2500 名官兵占领，其中包括海军分遣部队在内。他们盼望着大约 3500 名军队到达，这支军队不包括英军和俄军，主要是由日军组成的。由于缺乏运输工具，联军目前不可能将所有军队开往北京。为了防止中国军队和义和团对租界发动进攻，英军杜瓦德旅长指出，如果允许中国军队和义和团入城，法国租界将难以守住，而且英、美、意、日等国部队的处境极为不利。他建议，应该完全占领天津城外一切可以用来防守的阵地。

除俄国、德国的军官持反对意见外，其他国家的将领均同意杜瓦德的建议。俄国、德国的军官认为，联军部队的力量不足以占领天津城外的一切有用阵地，他们宁愿在目前的阵地上抵抗中国军队的进攻。由于俄国、德国的反对，杜瓦德的建议无法执行，因为当时在天津的各国部队可用于战斗的总数不足一万人，没有俄国军队的帮助是不行的。鉴于这种僵局，西摩宣布休会，等待俄国东西伯利亚总督兼舰队司令阿列克塞耶夫和日本的福岛将军到达后再考虑怎样改善法国和英国租界的防御阵地。

联军占领东局子后，一方面全力支援俄国军队所控制的老龙头车站，另一方面密谋占领整个天津。

老龙头火车站与紫竹林租界隔河相望，是天津陆路交通的重要枢纽。东局子战役一结束，联军就与清军、义和团争夺铁路控制权，老龙头火车站落入联军之手。7 月 1 日，浙江提督马玉昆率武卫左军七个营进驻老龙头火车站附近，翌日，清军从陈家沟、十字街、贾家大桥等分路进攻，试图夺回老龙头火车站。义和团首领曹福田闻讯率众赶来配合，固守在车站的联军数千人轮番出击迎战，战斗极端惨烈。7 月 3 日傍晚，清军和义和团联合发起攻击，一度夺回车站，迫使俄国军队退回租界。

清军和义和团夺回老龙头车站后，战局对清军极为有利，驻天津联军基本上困守在紫竹林租界内。然而恰当此时，清政府受李鸿章等东南督抚的影响，已不思再战，而是利用时机向列强乞和。6 月 29 日，清廷令各驻外使臣向驻在国政府详细“切实声明”清政府“万不得已而作此因应之处”之苦衷，请求各国“所深谅”，并发誓对义和团“此种乱民”，将“相机自行惩办”，对于各国驻华使馆，清政府表示将“严饬带兵官照前保护”[①]。

稍后，清政府正式向俄、日、英三国发出求和国书，不惜承认中国政府为时势所迫，几致干犯众怒，请求各国与清政府排难解纷，共谋良

① 《光绪朝东华录》（4），4523 页。

策，恢复华北地区的秩序。又过了几天，清政府任命李鸿章为直隶总督兼北洋大臣，负责向列强求和。因此，天津形势急转直下。

在清政府求和的过程中，清军与义和团依然团团包围着紫竹林租界，使联军在租界内犹如困兽，只有不断被动挨打，而无法有效主动出击。面对如此困境，租界内的联军指挥官于 7 月 8 日晚召开紧急军事会议，决定集中兵力首先向租界四面发起进攻。

7 月 9 日凌晨四时半，一队日军骑兵千余人首先冲出租界，直扑位于天津城西南郊 15 公里左右的纪家庄，企图从背后袭击驻守在八里台的清军聂士成部，以期打开从南路通往天津城的通道。日军的行动很快被守卫在那里的义和团韩以礼部发现，双方展开激战。后因俄军 500 人、英军千余人赶来增援，义和团不敌，只得撤退。联军迅速占领纪家庄，见人就杀，见房就烧，上千名义和团民众就这样惨死在联军手中，整个纪家庄也迅即变成一片焦土。

与此同时，六千余英国官兵也冲出紫竹林租界，与俄军联手向跑马场、小营门、马场道一带的聂士成部发起进攻。聂军不敌，遂退至八里台附近。双方激战两个多小时，洋兵四面环击，枪炮如雨。聂士成两腿均受枪伤，犹督兵不许少退。营官宋占标看着实在不忍心，就劝聂士成退后稍息，聂士成根本不停劝说，已经杀红了眼，奋不可遏，仍复恃刀督战，又被联军的子弹洞穿左右两腮、项侧、脑门等处，脐下寸许被炮弹炸穿，肠出数寸，登时阵亡；宋占标亦随同殉难。联军随即攻占西局子（天津制造局），放火焚烧，将西局子变成一片火海。联军于午后撤回紫竹林租界。是役，清军阵亡 350 人，义和团民众大约有 500 人牺牲。

这次出击给清军和义和团带来极大的伤亡，租界西面的炮兵阵地及小营门、跑马台、八里台等重要战略据点亦失守。

7 月 10 日，租界内的英军用炮火猛轰天津城东南角、东北角等处的中国炮台及战略要地，为联军攻占天津城扫清道路。是日晚，联军指挥官会议讨论向天津城发动总攻击的时间和作战方案。

11日凌晨三时许，清军在义和团民众的配合下乘黑夜前进，迅速攻入被联军占领的老龙头火车站，并在车厢里展开惨烈的肉搏战。印度兵从车厢两侧向车内猛烈扫射，义和团民众不惧炮火，在车厢内、车厢顶与联军士兵拼刺刀，有效消耗了联军有生力量。此次战斗坚持了数小时，给联军造成相当大的损失。

7月12晚，各国司令官会议决定翌日兵分东、南两路攻打天津城，彻底解决天津城问题。

7月13日凌晨四时半，联军兵分东、南两路开始总攻天津城：东路以2600名俄军为主，加上两个德国海军陆战连和一个法国山炮连，共约3000人在俄国将军阿列克谢耶夫的指挥下，乘中国守军马玉昆部熟睡之际，偷渡芦台运河，然后从两岸前去抢夺铁路前的中国阵地，进攻天津城东北角、三叉河口黑炮台一带，切断河东清军及义和团同天津城内的联系，用大炮猛轰清军阵地和天津城东北角的火药库，引起爆炸，联军乘乱夺取清军速射炮和攻城巨炮，向水师营炮台发起猛攻。至正午，清军不支，纷纷向北郊败退，联军乘势直逼天津东北城下。14日，联军复与城东清军交战甚烈，后在援军炮火支援下，夺取黑炮台。

南路联军由日本福岛将军率2400名日军为中路，美国利斯坎上校率1100名美军为左路，法国贝勒高上校率800名法军为右路，另有英国多沃德将军率800名英军及130名奥军配合行动，南路联军总数大约5000人。他们于7月13日凌晨三时许出租界直扑天津城南门。他们先是集中使用数十门大炮连续猛轰天津城一些战略要地和弹药库，以便为联军步兵出击扫清障碍。

由于义和团民众和南门外的居民开挖河堤，把那里的水塘、沼泽地带变成一片汪洋，从天津城南门进攻的联军无法如愿，被阻在海光寺附近。

晨七时许，租界内的联军确信天津城在联军炮火轰击下已遭到巨大破坏，便留下1000名法军守卫租界，其余联军在炮火掩护下，分东西两路向天津城发起冲锋。

驻天津的清军在南门、东北角、黑炮台等地展开了激烈的战斗，打死打伤联军官兵千余人。然而，正当义和团和清军部分爱国官兵浴血奋战保卫天津之际，直隶总督裕禄、刚到天津的帮办北洋军务大臣宋庆、统领武卫左军及武卫前军的马玉昆，以及到天津"奉旨办团"的钦差大臣刘恩溥等人，不仅仓皇率队逃离天津，退守北仓，而且下令清军掉转枪口，疯狂屠杀义和团。于是原先协助清军冲锋在前的义和团民众将头巾、腰带、刀枪等一切标志性物品弃之于道，夺路逃走。亦有藏在胡同内，将头巾、腰带解下，隔墙抛入院中。数万义和团民众一时间消失得无影无踪，市中无复有红首红腰者，风声远播，近津各村镇，亦皆偃旗息鼓。

清军转身屠杀义和团民众其实早有预谋，当马玉昆在命义和团民众打前锋时，就无耻地宣布，让你们打前锋是大清王朝皇上的御旨，这主要是因为现在这个混乱局面就是你们闹的，所以在向联军发起冲锋时，你们这些号称刀枪不入的大师兄、二师兄等必须率队在前，我兵随后。如果你们胆敢阵中后退，那就不要怪我不客气。等到战斗真的打响了，义和团民众何曾见到过这样的大阵势，果然是大炮一响，轰然而退。马玉昆部也真是一点不客气，向后退的义和团民众开炮，死伤无数。

在南门，当地士绅眼见清军无力坚守，如果一味防御，势必遭到联军毁灭性打击，遂请清军撤退，以为城上不用炮击洋人，洋人必不用炮击城内。清军撤退后，南门内从此无兵防守，只剩下为数不多的义和团民众和数十名打雁猎户在那里坚守。他们利用城墙、壕沟和各种隐蔽物袭击联军，其实也只是一些无关痛痒的骚扰而已。14日凌晨三时二十分，日军炸塌天津城南面城墙的一段，由此突入。英军相继跟进。6时许，联军大部及武装教民占领了天津南城。不久，俄军亦于东面城厢攻入。因清军的主力已随裕禄等人撤退，而义和团也受到了联军与清军的双重夹击，溃不成军。留在天津的清军部分及残留的义和团虽然仍在竭力奋战，终因寡不敌众，坚持到下午，天津城终于不守。

当联军由南门攻城之初，城中大乱，居民们听说北门可以避难，便蜂拥而去，顷刻间北门一带拥挤不堪。城内居中之地有鼓楼一座，下有四门，与各城门遥对，联军率教民登楼，见北门拥挤不堪，连放排炮，每排必倒毙数十人。又连放开花炮，其弹于人丛中冲出城门外，死者益众，而争逃者亦益多。有被弹死者，有失足被践死者，有因争道用刀乱斫而被斫死者，有被斫仆地践踏而死者。前者仆，后者继又仆，又践又死，层层堆积，继长增高。其中有许多妇女儿童，惨不忍睹。

天津之役，参战的义和团民众约有 10000 人，聂士成率领的常备军 25 大队，步兵 10 大队，马兵三联队，均归马军门马玉昆节制，马玉昆并带有防守天津之精兵一大队，与其本部之兵队，清军参加天津之役的共有一万四五千人。联军方面，进攻天津的东、南两路的共计 9900 名，人数不及清军，但战斗力和武器装备显然优于清军数倍。

联军占领天津后，进行了野蛮屠杀。整个天津城尸骸横陈，死尸遍地。时值 7 月，到处可以闻到腐烂尸体的臭味，随时可以看见野狗饿狼撕啃尸体的惨状。

联军入城之初，由于炮火及联军故意纵火所致，天津城内外到处连日浓烟滚滚，烈火不熄，救不胜救。一家被火，延及多家，以北门以东，被焚情形最为惨烈，人被烧死者不少。整夜整夜的火光熊熊，照耀旷野，倍觉凄惨。

大火之后，天津城面目全非，城内房屋几乎全被焚毁，城外的房屋十去其四。许多地方成了一片片的废墟，整条整条的街道除了冒烟的房梁屋架和纵横的瓦砾外，已经别无他物。据时人目睹，河东一带一望无际，化为平地。转至新马路一带，亦与河东相同。自马家口至法租界周围里许，过去皆华屋高楼，法租界中店铺林立，经此浩劫，则无一存者。又从法租界至津城，先时均有铺户居民，现在只剩下碎砖破瓦，狼藉满地。至闸口二里有余，亦求一屋而不得，满目惨状，言之痛心。从锅店街末估衣街起，直至针市街口，亦被焚毁殆尽。先前锦绣繁华之地，而今变为瓦砾纵横之场，实有目不忍睹者。

经此洗劫，成千上万的居民不得不流离失所。天津城由 100 万人锐减为 10 万人，多半是病人或残疾人。

在屠杀、焚毁的同时，联军还大肆掠夺财富、奸淫妇女。略有姿色的妇女或被他们抢到军舰上肆意凌辱，或被强入民宅糟蹋。疯狂的联军士兵，在毫无纪律约束的状态下，肆意奸淫妇女，整整闹了三天方才消停。此后，在俄德两国军队驻守的河东一带，时常发生洋兵强奸妇女的事情，残暴特甚。

各国军队抢走的金银、军事物质和财产难以计数。联军破城之初，大肆抢掠，首当其冲的是当铺、金店、银号，然后是其他商店和大户人家，各衙署也都被捣毁，当时的商业中心地带，如城北的估衣街、锅店街、竹竿巷、肉市口等，都遭到了空前的洗劫。城东的宫南、宫北、小洋货街一带，也尽被抢劫一空。长芦盐运使署、造币厂、铸造局、天津道署、天津府署、天津县署等衙门的金库以及天津的众多工厂、企业等亦未能幸免于难。尤有甚者，联军占领期间，每日洋兵串行街巷，携带洋枪，三五成群，向各家索取鸡鸭西瓜鸡蛋等物，稍不如意，即开枪轰击。并搜抢首饰、洋钱、钟表等物件，翻箱倒柜，不堪其扰。稍一阻止，即动手伤人，或竟开枪轰击，草菅人命。

联军各国司令官于 7 月 16 日举行会议，讨论怎样治理天津。决定成立主要由外国人参与的天津临时政府，并同意任命一位军事长官和一位参谋长全权负责天津临时政府的筹备。第二天，各国司令官会议同意任命一个由三名军官组成的委员会负责天津的管理，三人委员会由英、日、俄三国分别委派，每人在管理方面均享有同等的发言权。各国指挥官还决定对天津实行分区统治，将天津由中央两大道，以鼓楼为中心，分为四面正角，西南隅属英，西北隅属法，东南隅属美，东北隅及河北属日，河东及铁路并北土墙内外属俄，后铁路又改归英国管理，德国军队到津最晚，故后始分一地以属之。

7 月 30 日，联军在原直隶总督衙门旧址成立了以俄国沃加克上校、日军参谋长青木宣纯中佐、英军第一威海卫团团长鲍威尔中校三人委员会为核心的“天津都统衙门”，作为对天津进行殖民统治和进一步扩大侵略的机构。其权限按照《天津城行政条例》的规定相当广泛，包括立法权、行政权和司法权等；其管辖的范围包括：一、外国租界；二、兵械厂、营盘、铁路、电报局以及联军已占领的其他军事机构。临时政府需要负责的事项有：一、整顿管辖区的秩序与治安；二、在临时政府所管辖区域及其周围地区采取卫生防疫措施，预防发生流行性疾病和其他病患；三、为联军驻扎提供方便，供应粮食及交通工具；四、清理中国政府及私人放弃的动产和不动产，编造清单并且采取必要的保护措施；五、采取防止本地人发生饥馑的措施。

天津都统衙门的正式称谓为“天津城临时政府委员会”，下设总秘书处、巡捕局、卫生局、库务司、军事部、司法部及公共粮食供应署等。每一部门由一个主管长官和根据需要而配置的属员组成。美国人田夏礼任秘书处秘书长，英国莫克尔上校主管巡捕局，德国人卢浦主管库务，美国人易孟士主管司法部，法国人德博施医师主管卫生部。

按照都统衙门章程，都统衙门的管理范围是天津城内及城外直到土围子一带的地方，但不包括德、英、法、日的四个租界，也不包括兵工厂、营盘、铁路、电报以及其他已被联军占领的军事设施。到了是年 11 月，经联军指挥官同意，都统衙门的管辖地区有所扩大，已经包括天津附近的许多郊区。“都统衙门”也由此更名为“天津地区临时政府”。

1902 年 8 月 15 日，天津都统衙门正式撤销。在两年多的时间里，都统衙门对天津进行了残酷的殖民统治，对八国联军效尽了犬马之劳，是列强联合侵略中国的一个重要组成部分，对天津人民犯下了一系列不可饶恕的罪行。

一个趁火打劫的典型：以开平煤矿为例

在联军攻占天津的战争中，中国蒙受了极大的损失，先前多少年投入多少精力、财富创建的北洋水师学堂、北洋机器制造局、天津电报局等都受到严重破坏，有的甚至被付之一炬。

联军的破坏是一个方面，而外国资本家趁火打劫，谋取中国财产则更为普遍。就像南方民族资本家郑观应所建议的那样，一些中国国营企业或民营企业，为了避免联军与清军或义和团开战之后被联军征用，或受到无端破坏，在混乱之际将这些企业换了一个假名字，或变更登记，成为外国企业，以寻求联军保护。不料有些弄假成真，莫名其妙丧失了财产控制权、所有权，付出沉重代价。最典型的例子莫过于开平煤矿。

开平煤田距天津约 240 里，介于天津、山海关之间。清光绪初年，有外国人来华游历，在开平一带钻孔试探，知悉此处煤藏丰富，且煤质甚高。

外国人的勘察被李鸿章所闻，遂委派轮船招商局总办唐廷枢于 1876 年开始筹备，翌年 9 月拟定开平矿务局招商章程，章程规定该矿的性质为官督商办，资本大部分是商股，然也有借拨的官款，但所产煤铁仍由商人销售，一切仍照买卖常规。1878 年计划招集资本额为 80 万两（8000 股，每股 100 两），而实际只集得二十余万两。是年夏，开平以初步募集的资金向国外订购各种机器，并在唐山南麓乔家屯买地造房，开始钻探。翌年春，开始第一号矿井的凿掘工程。1881 年正式产煤，日产量在 300 吨左右，翌年达 500 吨左右，1883 年超过 600 吨，1884 年 7 月以后，日产量曾长期地维持在 900 吨以上。到 1894 年，据说其日产量达到 2000 吨。

由于开平矿的煤炭质高价廉，每吨煤的海岸价格不到 2 元，而市场价每吨可达 5 元左右，且开平煤炭适宜于炼焦及用于火车、轮船和工厂，因而一度畅销，且使最具竞争力的日本煤炭逐步失去中国市场。

开平煤矿的生产销售都在有条不紊地发展，其股票在市场上获得了较高声誉：1881 年底，在开平投入大规模生产前夕，面值 100 两的开平股票，在上海商场溢价到 150 两左右；到 1882 年 6 月，竟一度有人愿意以每股 237 两的价格收进。1885 年获净利 7 万两，翌年增至 15 万两。

1888 年，开平煤矿第一次发放股息。这一年开平矿务局的净利为 19698 两，每股发放股息 6%。此后，据说不论盈余多少，股息均按 10%和 12%发付。1898 年的利润达 90 余万两，可见利润之丰。开平煤矿是近代中国一个比较成功的企业。

1892 年，开平矿务局督办唐廷枢去世，李鸿章委派张翼接任。

张翼据说是醇亲王（一说是恭亲王）的侍役，目不识丁，只是因高层关系，捐了一个江苏候补道。他或许具有其他方面的能力，但实在不懂得近代企业的管理和经营，然而却是开平煤矿的大股东。

或许是张翼来自政治圈子，所以在他接管开平后，开平的衙门作风日趋严重，唐廷枢时期所拥有的廉洁而有效的美誉，竟丧失殆尽。过去曾称赞开平管理好的那些外国人，现在竟说它缺乏管理能力和无比的不忠实，并且指责其因中国官僚管理不善，已遭受严重的损害。

不过，由于发展的惯性，在张翼接管后，开平矿务局的生产能力和规模都继续发展，甚至一度出现盲目扩充和无度扩展状态，耗资巨大，缺口甚多，到处张罗借款，而所获无几。在这种情况下，迫使张翼在资金来源上，必须有一个彻底的解决，否则便无法维持正常发展。

1897 年，张翼通过德璀琳的介绍，向德商德华银行借款 60 万两，作为添购轮船扩大运输的费用，以天津、上海等地的港口设备作为抵押。

德璀琳为德国人，在中国已有 30 年的经历，曾担任过天津海关税务司，并兼任过开平矿务局会办和北洋随员等职。和李鸿章有交往，深得张翼的信任，张翼特报准清廷，委任德璀琳随办洋务工程。

1889 年，张翼筹划开辟秦皇岛港口和无水塘等地新矿井，而彼时开平矿局资本不继，负债 120 万两，急需再借一笔资金。这时正好英国经营矿业的墨林公司代表墨林来华寻找投资矿业的机会，遂经过德璀琳介绍，与张翼合作，墨林答应愿为开平筹措借款，采购机器，张翼当然求之不得。

英商墨林公司的总部设在伦敦，是一个典型的英国商行组织。墨林是该公司的主要代表人。1898 年夏，墨林返回英国后，与德璀琳多次密函往返，德璀琳向墨林提出中外合资开发开平，墨林则着手组织东方辛迪加公司，作为向开平投资的国际财团，并于当年秋天，选派美国矿师胡华进开平矿务局当工程师。这个胡华，就是后来的美国总统胡佛。

经清政府同意，1899 年 9 月，张翼正式授权墨林等为开平筹集 20 万英镑借款，利息为一分二厘，以开平矿务局全部产业作为抵押。1900 年初，墨林带着吞并开平的正式使命第二次来到中国，和德璀琳、胡华等人紧张活动了几个月，打着中外合办的招牌，诱使张翼上钩。

外国人看上的是开平矿务局的巨大利益，而张翼之所以执意要和外国人合资，是因为确实遇到巨大的资金困难。但从当时实际情况看，不论开平使用了多少外国资金，清政府决不允许外国人在中国独立管理与开采矿业。因此，如果不发生 1900 年义和团运动和稍后的八国联军用兵等重大变故，开平的股本结构并不会改变，更不可能落入外国人手里。

1900年6月17日，八国联军攻占大沽炮台。7月14日，联军攻占天津，开平矿务局在塘沽和天津的码头等部分产业遂被联军征用或强占，在天津的房屋或被征用，或被焚毁。开平的轮船也被外国债权者所劫持。

9月，俄国军队占领了唐山矿与林西矿；10月，联军接收了秦皇岛。虽然开平煤矿的开采工作在整个夏季继续进行，可是8月份日产量不足200吨，不及过去的十分之一。到了9月，生产继续下降，稍后甚至完全停工。因为军队行动和交通的破坏，使开平的存煤无法运到市场，新的开采也就无法进行。这使财务状况更为险恶，票面价值100两银子的开平股票已跌落到35两。

当此时，一直躲在天津英租界家里的张翼对情况当然相当了解，他预料到各矿可能被外国军队所占领。看来，得采取迅速果断的手段，以对付险恶的财务情况和防止联军对矿山的掠夺。张翼想到的一是利用外国资金，一是借用外国势力。

这在当时也是可以理解的。而恰当此时，英国驻天津领事借口张翼在家里饲养鸽子，疑其与义和团传递消息，遂将张翼逮捕，关在太古洋行一个旧厨房里。这是否是英国人的一个阴谋，现在没有资料可以证明。但这一举动促使张翼将上述想法在一种不合乎情理的情况下加快进行。

在张翼被拘留起来的第二天，德璀琳前往看望，答应代为营救，并威胁说形势危机，开平矿权难保，只有委托他代理开平总办，才能求得外国保护，并当场拿出原先拟好的委任手据，要张翼签字。而张翼竟然当场签字，任命德璀琳为开平煤矿公司经纪产业、综理事宜之总办，并予以便宜行事之权，听凭用其所筹最善之法，以保全矿产股东利益。

第二天，张翼就被联军释放。

德璀琳得到“保矿手据”后依然不满足，稍后，他继续诱迫张翼补发给他两个委札和一份备用合同。第一个委札授权德璀琳或借洋款，或集外资，将开平矿务局作为中外合资公司；第二份委札进一步授权德璀琳广招洋股，大加整顿，彻底改组开平矿务局。备用合同则干脆将该矿局一切土地、房屋、矿产、轮船以及其他一切财产之所有权与管理权全部交给德璀琳，德璀琳有权按其意愿出售、抵押、租赁、管理、经营及管辖该项产业。

7 月 15 日，德璀琳致信墨林，宣称开平矿务局的产业都已交我保管，因为张翼已将它“卖”给我了。7 月 30 日，德璀琳遂以全权代表的名义，背着张翼与胡华签订卖约，以德璀琳代表开平矿务局作为卖方，胡华代表墨林公司作为买方，把开平矿务局全部产业毫无代价地出卖给墨林公司。

同年 10 月，胡华带着这份卖约到伦敦交给墨林，墨林又将这张卖约的矿权以 79500 英镑的价格转让给东方辛迪加公司，由该公司出面筹组开平矿务有限公司，并于 1900 年 12 月向英国政府注册，成为一个受英国法律保护的英中合办公司。

这样一来，原本属于中国的开平煤矿不明所以成了英国的公司。这给后来的交涉留下无穷危害，是西方资本玩家在近代中国最典型的一种玩法，没费一枪一弹，竟然成了中国产业的主人。

第九章　向北京挺进

南方局势的逐步稳定并没有缓解北方的压力，相反，这使列强有足够的精力与兵力对付北方。特别是当西方外交官依然如人质一样继续被围困在东交民巷时，列强当然不会放弃对北京的进攻。

联军增兵

清政府发布宣战上谕后，北京的形势继续恶化，各国外交官、传教士、商人以及外国技术人员均被困在各国使馆中或教堂内，他们失去了行动自由，中断了所有的外部联系。在北京的欧洲人每时每刻都在盼望着救援部队的到来。德国公使克林德在一次偶然的冲突中不幸被杀，这给他们带来了更大恐慌。直到 6 月 29 日，由德国公使馆二等秘书柏尔根派遣的一名中国信差经历了异常艰难，用三天时间方才抵达天津，将各国使馆的大概情况向各国驻天津的领事们做了通报，并带来了总税务司赫德 6 月

24 日致各国部队指挥官的信件。赫德请求联军尽快出发。

这个信差还说，北京的情况确实非常危险，除英、法、德等国使馆及俄国使馆的一部分，所有使馆均被毁坏，德国公使在总理衙门外面被董福祥的甘军杀死，几乎所有欧洲人都集中在英国使馆里，现在使馆里有粮食，但缺乏弹药。使馆附近的一座城门由欧洲人据守，配备有从中国人手中缴获的大炮。有五名海军陆战队的队员阵亡，并有一名军官负伤；目前病员还不是很多。

其实，当来自北京的消息基本中断后，在天津的联军指挥官就曾设想过多种解救方案。6 月 26 日，各国领事会议一致同意向各自政府提出一项动议，即由各自政府通过外交途径通知中国政府，声明如果在北京的各国公使受到人身侵犯，那么埋葬着大清王朝历代君主的东陵必然会遭到破坏，以此要挟清政府。只是这个建议并没有获得各国政府的批准，他们认为，这种具有污辱性的破坏不仅无助于平定义和团骚乱，而且执行起来非常困难。俄国政府建议，与其这样，不如警告这些当权者，如有意外，必将由加害者承担全部责任。

其实，联军指挥官最关心的还是怎样尽快向北京挺进。然而，苦于更多援军一时无法抵达，仅仅依靠现存军事力量，显然还不具备这个能力。

投入兵力的多少是夺取在华军事优势并获取主导权的一个重要因素，由此也必然决定着其在联军中的地位和作用。所以，列强虽然一致认为应该增兵，但对怎样增兵，谁先增兵等一系列问题也一直犹豫不决。

而且，由于列强在中国的利益和距离远近的不同，特别是未来战争规模、时间的不确定，也使他们在增兵问题上难下决心。各国最担心日本利用其与中国的地缘优势，持续向中国增兵，从而导致联军指挥系统的紊乱及权力分配上的不公。

日本则希望充分利用这次难得的历史性机遇，依靠自明治维新以来的实力增长，跻身于强国之列，并试图通过参与联军在远东在中国的军事行动，建立其在东亚及远东地区不可摇撼的霸主地位。

不过，由于三国干涉还辽的阴影依然存在，日本的野心也不敢过分暴露，它虽然在增兵问题上非常积极，但也担心贸然行动会招致外交麻烦。日本政府内定方针是，既要积极利用此次机会向中国扩大用兵，也要慎之又慎，充分征求各国同意。日本政府判断，鉴于中国危机不断加深，西方国家鞭长莫及，必然会依赖日本。

从外交战略上说，日本的判断是对的，西方诸国一旦无法支撑，一定会想到远东的这个“小兄弟”。无奈，沙皇俄国虽然也介入了在中国的军事冲突，但它并不会遵守西方强国俱乐部的游戏规则。沙俄政府 6 月 10 日开始不断向大沽口调派重兵的举动打乱了日本的既定步骤。日本政府判断，俄国不仅仅把中国作为对象，还可能关涉韩国和满洲问题，因此日本必须给予正面回应，用实力抵制俄国的威胁。

其实，在西摩联军刚出发时，日本政府就建议各国向中国增兵，并表示可以立即派遣三万士兵前往中国营救。

日本政府的建议并没有阻止俄国向中国单独用兵的决心。俄国政府表示，任何有助于达到上述目的的合作，肯定会受到所有国家最衷心的欢迎。日本既然能够派遣一支相当数量的部队，俄国政府没有什么理由干涉。只是这并不能给予日本在北京独立解决问题的特权，也许以后提出赔款要求时，日本可以得到一笔比较大的赔款。显然，俄国不希望日本单独用兵，更不希望日本在联军中占据重要地位，但是由于日本增兵理由冠冕堂皇，也不便公开反对。

其实，日本所顾忌的不是俄国的态度，而是英、美、德等国的立场。日本外相青木在向外界透露增兵计划时，就专门向英国驻日大使怀特赫德询问过英国政府的打算，并暗示如果现在登陆的各国海军被包围或遭遇其他危险，日本准备立即派遣一支规模相当大的特遣部队去救援。

日本的试探引起英国政府的极大兴趣。英国政府出于自身利益考量，也不希望俄国乘此扩大在华势力。而英国由于陷入南非作战的泥潭，不仅无法有效营救在北京的外交使节和侨民，而且势必丧失在联军中的主导权。有了日本的自告奋勇，英国政府感到完全可以利用日本去制衡俄国。7 月 2 日，索尔兹伯理指示驻日大使怀特赫德进行交涉，希望日本政府尽快向中国增兵。

第二天上午，怀特赫德拜访日本外相青木，递交了一份备忘录，希望日本尽快向中国派兵。青木答应将尽快研究英国的请求，并向怀特赫德转述了关于北京局势险恶的几份电报，他认为仅仅依靠目前在华各国军事力量不可能成功实施援救，因为任何一支外国军队向北京逼近，都将成为清政府屠杀在北京所有外国人的信号。青木还告诉怀特赫德，现在这个季节，远征北京的困难几乎是不可克服的，因为在整个平原上玉米长得很高，没有可供炮兵和骑兵前进的道路。清军已打开白河水闸放水，水位下降到如此低的程度，吃水三四英尺的船只便不能航行。青木认为，进攻北京至少需要一支七万人的部队。他甚至怀疑，已经登陆的各国部队是否能够有效固守天津和大沽口，都是值得忧虑的。

7 月 3 日下午，日本内阁会议同意向中国增兵。当天晚上，青木在与怀特赫德谈话时，继续夸大日本政府的疑虑，以换取英国的更多支持。日本政府认为，大规模进行联合军事远征和占领北京是刻不容缓的。为了避免摩擦，有必要在列强之间事先就所有问题达成一项协议，例如联军部队最高指挥权以及各国部队作战区域问题。日本终于开出了自己的价码。

英国政府清楚地知道日本的心思，更知道日本急于向中国增兵与其和俄国的利益冲突有关。日俄之间为争夺中国东北和朝鲜半岛一直面和心不和，要想使日本顺利增兵，必须做好俄国以及德、法等国的工作。英国政府于6月25日、26日分别征询过俄、德、法三国意见，希望各国能够同意日本的建议，并希望能够给予日本一项关于派遣大量部队前往中国的某种正式授权。

日本在向英国表明自己立场的同时，也很讨好地向德国政府表示，如果不能获得德国同意，日本不会贸然向中国增兵。

德国既担心日本出兵过多影响自己在联军中的地位，又担心因此得罪俄国。所以，并不急于表态。日本向中国增兵的事情一度搁浅，日本政府也只好强压住急于增兵的想法。当西摩联军败退天津后，英国政府请求日本立即向中国增兵。

7月4日晚，日本外相青木拜访英国驻日大使怀特赫德，说日本政府已决定立即向中国派遣2500人。但他反复说明，登陆十分困难，所以不可能一次派遣更多部队。鉴于俄、德、法三国的迟疑态度，日本设法通过英国向三国施压。日本既需要向中国扩大用兵展示实力，也希望各国能够正式授权，以免将来发生不必要的纠纷。至于报酬方面，日本当然也很关心，希望将来能够予以合理赔偿。

第二天，日本驻英代办松井拜访英国外交大臣索尔兹伯理，通知增兵的决定，并询问英国政府除了下令从印度调派部队外，是否还打算派遣更多的部队前往中国。索尔兹伯理说，这在某种程度上要取决于南非局势的发展，不过英国已有1.2万人在前往中国的途中。在华英国军事指挥官估计，要想有把握解救使馆人员，大约需要4万至5万人。索尔兹伯理还说，法国正在派遣8000人前往中国，德国约有9000人，美国约3000人，俄国已有1万人在大沽和天津。他认为，这些援军大概可以应付最近的紧急事变，但直到8月下旬之前，这些援军在许多场合还不能发挥作用，那时救援各国使馆的行动就太迟了，而且雨季势必会造成行动上的困难。索尔兹伯理询问日本能否立即派遣一支相当大的部队去救援各国使馆？

松井答道：日本政府愿意做，不过担心如果做的事情较多，就会遇到麻烦，而且日本认为救援北京需要一支较5万人更多的部队。如果日本现在就同其他国家一样派遣1.5万人去救援使馆，那么必将被中国军队所击退。

应该承认，松井的说法确实合乎当时的情况，日本虽然有心单独提前行动，但仅仅凭借日本的力量很难实现。对于松井的解释，索尔兹伯理并不反对，但他依然期待日本能够尽早进行干预。他告诉松井，由于距离太远，英国政府不能投入大量部队，但是已经提供了34艘军舰，而且不久将在中国另外配置11艘，英国政府正在尽其所能，因此也希望日本能够从大局出发尽量多做贡献。

日本有意扩大在中国的军队规模，但知道俄国政府反对，也想就此与已经深陷困境的英国讨价还价。英国政府首先劝说俄国政府不要反对，如果给予日本大量增兵的权力，那么日本不仅可以帮助各国援救使馆和侨民，甚至可以成为镇压义和团骚乱的重要力量。

俄国政府却认为这个建议可能会侵犯那些已被大多数国家所接受的基本原则，即维护列强之间的团结，维持中国现存的政治制度，排除任何可能瓜分中国的事情。最后，通过共同努力建立一个合法的中央政权，它本身能够保证国家的秩序和安全。俄国政府认为，坚决树立和严格遵守这些基本原则，是达到维护远东持久和平这一主要目的绝对不可缺少的。当任何其他考虑都必须服从营救外国人这一共同和急迫目标时，对于授权任何一个国家进行单独行动一事，都将有重大的反对意见；同时，导入对立和嫉妒的任何因素，均将严重危害它的成功。俄国外交大臣拉姆斯多夫指示驻英国代办，设法阻止英国政府鼓励日本增兵的任何企图。

俄国政府也知道，目前一意孤行反对也不合时宜。所以俄国政府表示，任何国家派遣部队促进援救工作，都将是受欢迎的。

英国政府已明确意识到，增兵实属燃眉之急。英国政府希望三国能够同意日本率先增兵，同时保证，日军在完成任务后不会留在中国追求特权。如果届时日本赖着不走，英国将与各国一道动用武力。

7 月 13 日，怀特赫德受权通知日本政府，除了派遣先前所答应的 1.5 万人外，如果能够迅速派出另一支 2 万人的部队，那么英国政府提供的支援可达 100 万英镑。

英国的游说使德国的态度发生了动摇，德国也劝告俄国接受。于是俄国顺水推舟表示同意。这也为俄国稍后大规模增兵中国提供了很好的借口。

有了西方诸国的保证，日本放手向中国增兵，至 7 月底，日军在华人数已达 1.3 万人，跃居联军之首，成为进犯北京的主力。山口素臣中将任司令官。英国也从印度、香港、新加坡、澳大利亚等殖民地和附属国紧急增派部队，至 7 月底，已有 2700 名英军登陆天津，盖斯里少将为司令官。美国从菲律宾马尼拉和美国西海岸旧金山紧急调集第十四步兵团和第五炮团的瑞利连及骑兵第六团和一个营的海军陆战队于 7 月底相继抵达天津，由沙飞任司令官。俄国利用地缘优势，快速就近调兵，力保在华北战场的兵力优势，至 7 月底，集结在北直隶的俄军已有六千六百多人。俄军在南满还有近 5000 人。利涅维奇中将为俄国直隶部队司令官，他是德国元帅瓦德西来华前联军中军衔最高的人。法军即刻从殖民地安南调集部队前往北直隶，至 7 月底已有 1500 人，由福里少将任总指挥。德国由于要为克林德公使“复仇”，也不惜代价向中国增兵，7000 名海外远征军于 7 月 27 日从不来梅港出发。意大利只有先前已抵达大沽的两艘军舰，司令官是“爱尔巴”号舰长卡泽拉海军上校。奥匈帝国只有先前抵达大沽的一艘军舰，司令官为该舰舰长托曼海军中校。至此，八国联军在天津一带集结完毕，总兵力在 3 万人左右，进攻北京只是时间问题。

联军统帅之争

各国政府在为增兵问题紧急磋商时，北京的危机正在进一步加剧。7 月 16 日，也就是联军攻占天津后的第二天，英国驻天津部队指挥官收到英国驻华公使窦纳乐 7 月 4 日的信。

窦纳乐在信中介绍了使馆的防卫情况，并对可能发生的情形做了预测。窦纳乐认为，如果中国人不加强对使馆的进攻，他们还可以坚持十天左右；如果中国人下定决心要拿下使馆，不出四五天，他们就将成为俘虏。窦纳乐呼吁联军尽快进发，还提供了一条北京内城南墙下通往英国使馆的秘密通道。

7 月 18 日，日本驻华使馆的一名密使也历尽艰辛来到天津，他告诉联军指挥官，北京政府已将驻扎在京城的董福祥甘军调往北仓，并已受命负责阻击由天津向北京进发的一切外国军队；清政府还将组织兵力，准备夺回大沽炮台。因此，联军对于坚守天津和大沽炮台不敢有丝毫的大意。

组建联军救援北京使馆的任务已摆在了联军将领面前，但如何组建，由谁来担任最高指挥官等实际问题也随即出现。

从当时列强在华军事看，最有实力竞争的不外乎俄、英、日。俄国政府在战争开始之初就制定了一套完整方案，虽然赞成列强向中国用兵，但不愿出头公开领导。俄国外交大臣穆拉维夫于 6 月 17 日向沙皇强调，鉴于俄国与中国的特殊关系，俄国不能去谋求联军统帅的职务，联军的任务要比最初所预定的将更广泛，即镇压各地的义和团、大刀会叛乱等，并肯定要与清军作战，这就等于用武力对抗清政府。俄国与中国有漫长的边境线，在满洲有俄国的铁路，大量中国人和俄国人在那里工作。这都决定着俄国只能尾随各国之后，这样才能在混乱结束后迅速与中国恢复睦邻友好关系，维护俄国利益不受损害。

不过，由于地缘关系，英、法等国不能像俄国那样及时调军队到中国，因此在几次关键战斗中，充当主力的实际上都是俄国军队。所以俄国军事将领力主应该由俄国人出任联军最高统帅。6 月 19 日，俄国陆军大臣库罗巴特金任命阿列克塞耶夫为俄国驻华北陆军高级司令官，为他取得联军最高统帅做准备。6 月 28 日，接替穆拉维夫出任俄国代理外交大臣的拉姆斯多夫致电阿列克塞耶夫，反对由俄国将领出任联军统帅。俄国一方面应和一切国家保持和平关系，另一方面必须随时注意恢复与中国的睦邻友好关系。

俄国政府两面讨好的立场并不被军方将领完全理解。7 月 12 日，库罗巴特金在向沙皇提供的报告中，建议应把联军统帅权授予阿列克塞耶夫。他认为，俄国政府不能把领导俄国军队行动的权力交给他人，更不能交给那些同俄国利益可能有冲突的国家。这个建议立即遭到拉姆斯多夫的坚决反对，他建议俄国政府在对联军统帅问题做出决定前，最好迫使列强无论愿意与否都要表示意见，以便利用列强之间的矛盾平衡各方面关系，获取最大利益。

拉姆斯多夫的看法无疑更合乎俄国的长远利益。7 月 20 日，俄国向各国政府提出建议，表示最重要的问题是所有各国特遣部队的统一行动，即总的统帅和指挥权集中在某一个人手里的问题。俄国政府认为，无论哪一种方法，由于建立在偶然情况的基础上，容易发生变动，所以有可能造成实际上的严重麻烦。在这种情况下，各国同意为采取统一行动而确立一些更稳妥的原则，看来很有用处，而采取统一行动对于顺利镇压义和团运动是非常必要的，所以不应该把特别重要的作用归于这个或那个国家特遣部队的行动。任何国家的部队无论是集中于后卫，还是担任一个纵队的前锋；无论是防守已占领的阵地，担任搜索，还是警卫交通线，甚至不管特遣部队人数多少，从所做贡献看来，都具有同样的价值。

俄国政府的意图究竟是什么，表达得并不是太清楚，因而引起英国政府的困惑。因为英国人太想担当联军统帅这一职务了。西摩原本最有希望出任联军最高统帅，无奈他在出征北京的过程中威信受到极大损害，出任联军最高统帅已根本不可能。

英军总司令吴尔斯来也想担任联军统帅，并且获得英国军方大力支持。不过，英国政府内部有人对吴尔斯来抱有成见，而俄、法、德等国更是抓住西摩的失败及英国在南非的挫折大做文章，讥讽英国缺少帅才。法国驻德大使说，自从英国人在南非这样丢脸后，没有人会信任英国将军的领导。潜台词是，法国可以支持一位德国将军出任联军统帅。

针对英国政府的忧虑，俄国外交大臣拉姆斯多夫向英国驻俄大使史科特做了解释。他说，俄国建议的目的是要使有关各国政府之间关于被各国特遣部队总的指挥权和统帅集中于一人之手中的必要性问题交换意见。法国、德国也都有类似的想法。至于俄国政府的建议，仅适用于目前在中国华北地区进行的联合军事行动，虽然到目前为止并没有发生摩擦，但确定总指挥负责人的时机已经到来。拉姆斯多夫认为，各国政府应该切实了解前线军方人士关于产生总指挥的最令人满意和切实可行的办法，以及能够采取军事措施的性质和范围等问题。

至于俄国政府所说的秘而不宣的军事措施，拉姆斯多夫指出应该理解为完全局限于目前各国特遣部队的活动范围，可以确定为京津地区。至于中国其他地区，对任何必须采取的军事措施的指挥显然应由各国独自承担，如俄国在中国东北地区不得不采取独立的军事行动，而英国很可能会在长江流域采取行动。

俄国政府的解释似乎得到了英国人的谅解，而且在一定意义上说，这种背景下的联军统帅只是指挥联军解救公使馆的被困人员而已。所以英国政府就此放弃争取联军统帅的努力，转而支持日本将军出任这一职务。

日本军队是第一次与西方强国一起参战，对于出任联军统帅有浓厚的兴致，但俄国政府强力反对，所以很难取得任何实际效果。

这种情况下，可能出任联军统帅的只有法国和德国。德皇认为，目前君主制国家在国际社会仍占多数，把领导权让给一个共和国家，是不合适的。因此，最有资格出任联军统帅职务的只有德国。

德国人清楚，要获得联军统帅权，至关重要的是要获得俄国和英国的支持，尽管它们在这一问题上是对立的。8月6日，德皇威廉二世致电沙皇尼古拉二世，询问他是否认为联军总司令一职应该由俄国将军担任，或者同意由德国将军担任，如果同意，威廉二世第一次明确提议由陆军元帅瓦德西伯爵出任这一职务。

尼古拉二世爽快答应，当天复电表示完全赞成，强调俄国将以绝对信任把军队置于瓦德西的统帅之下。

俄国政府的明朗态度终于化解了在联军统帅问题的重重困难，而日本早已明确向德国政府秘密表示过，将全力支持由德国将军出任这一职务。所以当威廉二世就瓦德西出任联军统帅致电各国元首征询意见时，日本和意大利首先表态支持。

8月7日下午，德国外交部官员德伦塔尔拜会英国驻德国大使拉色尔斯爵士，提交了一份未署名的外交照会，就瓦德西出任联军统帅征询英国的意见。

俄国、日本之所以推举德国人担任联军统帅，显然是要排斥对东亚事务具有更大利害关系的英国人，而德国外交部的这份照会实际上是迫使英国政府就范。

既然俄、德以及日本都已同意，面对这种状况，英国政府只好同意。

又过了几天，意大利、俄国、奥匈帝国等也明确表示将派军事代表到瓦德西领导的联军司令部工作，美国政府也于8月10日表示非常愿意获得像瓦德西这样“一个杰出的和有经验的将领来担任任何联合军事行动上的指挥”，但是希望将有关方法的问题在发生时随时解决[①]。

法国之所以迟迟不能做明确答复，是由其内部体制所决定的，即除非得到部长会议的同意，总统无权将法国部队置于一位外国司令官的指挥下，而法国内阁却因某种原因近期无法开会。

8月16日，法国政府终于勉强同意了对瓦德西的任命，表示当瓦德西元帅一旦到达中国，由于他的军衔最高而在联军各国司令官会议中占有显著地位，那么法国远征军司令官不会不将他同瓦德西元帅的关系“置于适当的基础上”，或译作“不会不保证他与元帅的关系”[②]。至此，瓦德西出任联军总司令的任命终于获得各国政府的认可。

挺进北京

在各国对联军统帅任命问题进行紧张交涉的同时，在天津一带集结的各国军队也在为向北京挺进做准备。7月25日，驻天津联军通过特殊渠道收到美国公使康格7月21日发自北京的告急信件，希望联军从速向北京进发。

8月1日，军衔最高的俄军司令官利涅维奇中将召集各国司令官会议，确定8月4日下午向北京出发。

---

① ［美］马士（Morse，Hosea Ballou）:《中华帝国对外关系史》（3），331页，上海：上海书店出版社，2006年。

② 《孟生爵士致索尔兹伯理侯爵电》（1900年8月17日），《英国蓝皮书有关义和团运动资料选译》，183页。

8月3日，利涅维奇又主持召集了一次由所有司令官及参谋长参加的联席会议，对时间、路线和各国参加的人数等问题做了最后安排。确定第二天下午三时，除部分兵力留守天津、大沽等地外，大约二万名联军将分两路沿运河两岸向北京挺进。

其中，以日、俄两国人数最多。日、英、美军担任右翼，沿运河西岸行进；俄、法、意、奥军任左翼，沿运河东岸前进。

对于列强的武力进犯，清政府早在天津失陷后已有所准备。一是命令各地振奋精神，筹办战守事宜，尽最大可能将联军阻止在北京城外；二是请求各国公使暂避天津，乞求各国政府排难解纷，重修旧好；三是加紧调集各地勤王之兵以卫京师，加紧催办军火银粮，以做持久抗敌准备。

经过调集，清军在京津地区集结的总兵力已超过10万人，其京津间的防御工事主要由从天津撤回的清军临时构筑，分成北仓、杨村两道防线。

至于京津地区的义和团，经过清政府的消灭、改编和瓦解，力量已大为削弱，此时约有五万人留在北京城内，二万人分布在京津间的交通沿线。

清军的北仓防线横跨运河分筑两道防御阵地，第一道由刘家摆渡（今刘家码头）、韩家树（今韩家墅）、火药局、刘家房、唐家湾、穆庄等据点组成，构筑了火炮阵地，埋设了地雷，由武卫左军、武卫前军、淮军等约9000人防守，其最高军事指挥为马玉昆。

清政府从一开始就没有信心，认定清军无法有效阻止联军，只是期望将战后议和的损失降至最低。所以对清政府来说最头痛的不是怎样布防，而是如何保障那些难缠的公使们的安全。

对清政府来说，用中国军队护送各位公使及他们的眷属、传教士等出京没有多大问题，不外多派些部队而已。然而联军要求非要外国部队护送，在北京的使馆卫队是不够的，如果像索尔兹伯理说的那样从天津调外国部队来京，不知又要发生什么事情。由驻天津的外国军队来北京接公使出京的方案并不是解决问题的办法，这一方案暗含的意思就是各位公使并不想离开北京。

总理衙门坚持要求各国公使离开北京为列强提供了新的论据，因为总理衙门8月4日的来信说，根据中国驻外公使的消息，各国政府已要求中国政府立即发给各国公使离开北京的护照。在各国公使看来，如果那是各国政府的愿望，那么他们便有权得到有关此项事务的直接通知。因此他们决定由外交团首席公使于8月5日按照这个意思做了答复，并附有各国公使致各自政府的电报。

然而在当天夜里，使馆区又发生了一次为时甚短的激烈炮击，总理衙门在第二天立即致函各国公使表示抗议，而各国公使也觉得这次炮击事件太过蹊跷，双方各执一词。窦纳乐认为，总理衙门的抗议函对这次炮击事件说了许多离奇的话，他在稍后的答复函中指出中方的申诉毫无根据。不过，窦纳乐和各国公使都清楚，总理衙门之所以急于抢先抗议实际上是说明中国军队向使馆区开火是没有经过政府允许的。

8月5日晨，以日军为主的联军开始向北仓发起进攻，清军进行了顽强抵抗，毙伤联军400余人，但依然无法阻止联军炮火的猛烈攻击。7时许，清军全面溃退，北仓失陷。

北仓防线失陷有许多原因，其中一个最重要的因素是一些中国人的背叛。据担任联军情报官的英国传教士宝复礼事后承认，由于他事先早就网罗了一批中国人充当密探，潜入清军内部替联军搜集到清军在北仓防线的布局，包括人数、炮位、壕堑、埋雷地点等情报，这就极大便利了联军攻占北仓。

由于清军事前故意放水淹没了运河东岸的乡村，东路联军特别是俄军、法军、奥军的进展受到了严重的阻碍。不过运河西岸的部队在占领北仓后迅速向前推进，他们希望尽快占领杨村，这是京津途中一个非常重要的战略据点。

8月6日，英、俄、美军联合进攻杨村，经过四个小时的激烈战斗，清军失利，联军顺利占领了杨村。此役清军损失惨重，士气沮丧，全面溃败，直隶总督裕禄自杀，提督马玉昆失踪，人们以为他已阵亡或负伤。由于天气炎热和长途行军，联军方面虽说没有多大损失，但兵困马乏，筋疲力尽，他们决定在杨村休整两三天，再向北京挺进。

另一支约1.2万人的联军队伍于8月6日清晨开始进攻距天津约两英里的西沽。西沽是清军的一个重要阵地，防守严密，然而竟不堪一击，清军败退，向北撤离，加上联军已占领了北仓，这样从天津通往北京的陆路与水路交通基本恢复，联军大规模向北京进军已成为可能。

被围困的各国公使为了向救援部队提供帮助，窦纳乐的参谋长司快尔于8月6日绘制了一份北京简图，标明穿过内城城墙的水门以及使馆守军在城墙上的阵地进入使馆的最佳通路。这封用英美两国密码写成的信8月8日送到正在进军途中的联军将领手里，对于后来的军事行动起到了一定作用。

8月7日，清军对着使馆尤其是英国公使馆展开了更加猛烈的炮火袭击，使馆后来通过间谍查明，一支新的部队在一名总兵的率领下已自山西赶来，他们发誓要在五天内占领使馆。这支新来的部队就驻扎在使馆对面的蒙古市场，而这些前所未有的猛烈炮火也是这支部队所为。

同时，总理衙门于8月7日再次致函窦纳乐，向他转达英国国内的一些情况。这封信无意中向窦氏传递了一个重要信息，即中国驻英国公使罗丰禄仍然在他的岗位上履行职责。根据这一信息，窦纳乐于8月8日致函总理衙门，指出如果中国政府对和平仍抱有希望，像罗丰禄继续留任所表明的那样，那么中国政府便不应当同时对驻北京各国使节表现出公开敌意，允许中国军队向各国使节开火，并阻止各国使节获得应有的供应。

不久窦纳乐就收到总理衙门的回信，说中国政府已于本月 7 日任命李鸿章为全权大臣，通过电报同各国政府进行谈判，先行停战。这个消息给各国公使带来了希望，他们普遍认为中国政府为了避免北京被占领，希望尽快达成某种和平协议。

但是，窦纳乐并不同意停止进军，进行谈判。他认为，为了未来谈判中的有利地位，无论如何也不能被即将到来的停战谈判所蒙蔽。他通过特殊管道致电英国政府并转告联军当局，希望援军的前进不要因为任何谈判而拖延。他甚至不惜夸大事实，声称各国公使每天仍遭受到炮火的袭击，而且供应现已被完全切断，他们除非马上得到援救，否则便必须投降。

关于投降的说法，窦纳乐从来没有对总理衙门暗示过，显然他期待用这种危言耸听的话语打动联军指挥官。当然，窦纳乐等各国公使也预料到，清政府同样不愿意对各国使馆重新采取敌对行动，这会危害中国在未来善后谈判中的地位。

窦纳乐既不愿意和谈，更不愿意停止进军，那么中国军队也就无法完全停止对使馆区的攻击。8 月 9 日，已经平静好长一段时间的肃王府重新受到猛烈攻击，而且清军在工事后面树立起新的旗帜，这意味着力度更大的攻击又要开始。窦纳乐和使馆卫队意识到问题的严重性，他们加紧巩固工事，以防不测。

8 月 10 日，总理衙门将上海发来的电报送给各国公使。同一天，各国公使也收到英、日将军在进军途中写来的信件，告诉他们联军可望两三天内抵达北京。这毫无疑问振奋了使馆守军和所有被围困的人们。

各国公使早已料到，围困结束前的攻击不可避免。8 月 10 日下午三时许，清军对肃王府以及使馆守军在翰林院、上驷院、蒙古市场内所有防御工事进行了惊人的排枪射击，给使馆工事造成了相当大的损害。

联军的攻势引起了清政府的恐慌，总理衙门积极进行亲善活动，以便在未来的谈判中获得主动。至于窦纳乐提出的向各国使馆供应粮食等问题，俄国政府施加了强大压力，中国政府予以同意。

伴随着这些友好交往的是猛烈的炮火，各国公使充分意识到最后的危机已经到来。他们动员了所有的力量全力守卫。冲突时断时续，但真正有力量的攻击始终不曾发生。

正在途中的联军以日军为前导，长驱直入，沿途几乎没有遇到多少有力的抵抗。11 日，联军逼近张家湾，清军统帅李秉衡所率各军全面溃败，李秉衡愤而吞金身亡。

12 日晨，联军顺利占领通州。联军连日作战，过于疲劳，遂决定就地休整，另行计划总攻北京的时间。

在北京沦陷不可避免的重要关头，总理衙门想到各国公使特别是窦纳乐不愿前往天津是为了和平更易转圜，遂于 8 月 12 日致信各国公使，表示庆亲王奕劻和一些大臣有意前往公使馆访问，面商停战、议和等一切事宜。他们当即复信同意。

8 月 13 日早晨，总理衙门却出人意料地送来了一封不太友好的信函。指出，使馆卫队在 12 日的冲突中打死了中国的一名军官并打死打伤 26 名士兵，鉴于此，中国大臣们显然无法如约前来。

各国公使机智地判断这不过是托词，是中国方面所做的最后努力。窦纳乐毫不客气地致信总理衙门，重申联军进京后一定会对那些残酷迫害外国人的凶手，以及那些非理性排外的大臣们进行人身报复。同时，窦纳乐谨慎地透露出各国公使与天津领事团和各国舰队指挥官已经恢复了联系，警告中国政府不要再欺骗各国政府。

8 月 13 日下午，这封信函送到总理衙门。不久，总理衙门也送来了三封信函。第一封信附有中国政府给各国的六封电报；第二封信感谢各国公使对那些居住在使馆区防线内的中国人所给予的款待，并且答应很快为这些中国人的迁移做出安排。这显然是对窦纳乐 8 月 8 日来信的善意回应；第三封信表明中国政府对使馆区继续发生的战斗深感关切，并希望能够尽快停战，强调中国政府已发出了不得开衅的最严格命令，违者将按军法处理；总理衙门希望各国公使能够发出同样的命令。

总理衙门的呼吁并没有得到善意回应，各国公使判断，随着最后时刻的到来，中国军队会对使馆进行一次猛烈轰击。果然，持续一整天的猛烈轰击并未中断，到了傍晚，甚至有一发炮弹击中了窦纳乐的更衣室。当天夜间，中国军队的攻击比过去任何时候都频繁。从日落到日出，使馆区四次敲响“总攻击”的钟声，全体预备兵都已出动，准备应付紧急事变。不过各国公使和所有避难于使馆的外国人及中国教民都不再恐惧，因为他们已能辨别出那些毛瑟枪声和重炮声是行进中的联军发射的。

其实，就在 13 日，联军司令官们在通州召开会议，决定 14 日向北京发起总攻。然而为了争夺破城“首功”，俄军不顾协议，竟然于 13 日晚间首先向北京发起攻击。

联军最初以猛烈的大炮进行了持续大约八九个小时的狂轰滥炸。清军顽强抵抗，固守城墙。日军和俄军沿着通惠河北面的道路前进，而英军和美军沿通惠河南面行走。夜间，日军轰开内城东面的东直门。

按照联军将领们的约定，俄军负责进攻东便门，日军负责进攻朝阳门和东直门。这几个地方是清军防守最为严密的，所以战斗也最为激烈。清军在东便门击毙和击伤俄军一百二十余人，俄军参谋长华西里也夫斯基中将就在此处负伤。在朝阳门和东直门，清军击毙和击伤日军二百余人。

上午九时许，守卫北京和围困使馆的中国军队开始溃退，一部分涌出前门向城外逃跑，一部分穿过前门进入皇城。

至当天中午时分，美军首先突破东便门；接着英军乘虚而入，突破广渠门防线，通过崇文门西边城墙下面的御河水闸进入内城，沿途几乎没有遭遇任何抵抗。

大约下午二时半，联军各部会师使馆区，英国将军嘎仕礼和他的参谋人员站在水门对面的城墙下面，然后通过水门站在御河桥旁的道路上。窦纳乐在那里引导这些部队穿过俄国使馆抵达英国使馆，他们受到了使馆卫队和所有被围困外交人员的欢迎。

第一批进入使馆区的部队是卧杭少校率领的英军第七团，主要是拉其普特的印度士兵。和他们一齐前来的还有第三锡克团的史科特少校，正是他带领的几名印度锡克团士兵从南御河桥沿河边的那条道路，跑到英国使馆一等秘书住宅对面的门口，他们是第一批进入英国使馆的救援人员。

救援联军进入使馆后，还有一些针对使馆的猛烈轰击，救援部队随即展开反击，并很快控制住使馆区的局势。各国公使和那些避难于此的所有外国人、中国教民终于结束了被围困八个星期的痛苦日子。各国公使以及他们的职员都很健康，丝毫没有外界所想象的憔悴。

在此次攻击北京的战斗中，中国人有四百多人死亡，而日军的伤亡为一百人，其中包括三名军官。在6月20日至8月14日整个被围困期间，使馆方面阵亡的外国人为66人。

16日，联军专门组织一支部队，负责营救被围困的西什库教堂。其中法国分队由一个步兵营和步兵混合营组成；俄国分队由一个步兵营和30个哥萨克骑兵组成；英国分队由海军陆战队和步兵混合营组成；奥意分队由意大利海军小分队组成，总计有1200支枪、八门山炮、四门野战炮和三挺机关枪。八时许，联军以炮火攻占顺承门（今宣武门）。一个小时后，联军逼近西安门时，又有大约300名日本兵从北面赶到西安门增援联军，向北堂行进。

至北堂，部分联军搭软梯翻城墙进入北堂，从传教士手中得到义和团及清军部署的有关情报。九时许，联军打开西安门。义和团和清军在皇城内筑起两道街垒坚持抗击。经一小时激战，联军两面夹击，先后攻下两道街垒。十时半，由福里、毕盛率领的联军部队从正门进入北堂。

时近中午，联军击退从紫禁城方向前来争夺北堂的义和团和清军，占领西华门。参与攻打教堂的武卫中军、武卫后军以及庄亲王载勋统辖的虎神营、神机营马步队、火器营炮队等，见大势已去，四散奔逃，将阵地拱手让给联军。至此，义和团孤军作战，腹背受敌，被困于西安门内，只好在夜色掩护下，将西安门附近的皇城宫墙挖开一个缺口，仓促撤退。是役，义和团和清军死六百人以上，联军死伤各十余人。

在这两个多月中，教堂内损失惨重。教堂卫队死伤过半，躲藏的教民也被义和团发射的箭头，或埋设的地雷炸死或烧死四百多人。最可怜的是躲藏的三百多名儿童，在后来的饥饿中不断死去，据说每天都要埋掉十几个。

联军解放了西什库教堂后开始了残忍的报复行为，并以西什库教堂四周为重点，从各个方向合围，将数千名中国人逼到城墙下，然后开枪扫射。

至于樊国梁，在此后的掠夺中更是毫不客气。他指挥传教士和那些中国教徒，将距教堂不远的礼王府中有价值的财宝运往教堂，据说使用数辆大车竟然连续运送了整整七天，基本上将礼王府中的宝物掠夺一空。

因为常年居住在中国，樊国梁深知中国文化的价值。在那兵荒马乱的日子里，他竟然有闲情逸致委派专人从联军官兵和教徒手中收购那些抢来的赃物，西什库教堂在联军入主北京后一度成为北京最闻名的文物储藏地。

第十章　中国在哭泣

8 月 14 日，联军进攻北京最紧张时，六神无主的慈禧太后连续五次召集军机大臣等议事。外面枪炮声越来越急，各位大臣已无意于议政，更无心抵抗，有大臣建议挂旗投降，有的主张再向各国公使求情，更多大臣主张应该乘联军尚未完全占领北京时赶快出逃。

两宫“西幸”

关于两宫在北京不保的情况下必将出逃的传闻很早以前就流传开来。当清廷不顾一切宣战后，清政府就有一旦西摩联军进京，为避免受辱而外逃暂避的预案。当时，慈禧太后预感形势不妙，她虽然传旨义和团入卫，但清楚知道这一办法并不可靠，她已做好安排，一旦形势逆转，便离京西行。盛宣怀 6 月 22 日致张之洞的电报对此已有猜测，23 日致袁世凯电甚至明确提及“銮驾西行”的路线。

按照安徽巡抚王之春的说法，慈禧太后自天津失陷时即欲巡幸汴梁，只因荣禄一日三谏当朝大臣同时跪阻，才放弃了这一想法。8月6日，即八国联军向北京开拔第三天，慈禧太后决定实在抵挡不住时，就和光绪帝一起于8月10日离开北京向西“巡狩”。

这一天，慈禧太后派东阁大学士昆冈为留京办事大臣，令军机章京为前站先行，至长辛店待驾。然而当军机章京等西出彰仪门，车悬随扈黄旗前行时，京城内外人心惶惶，市面震动，两宫出巡计划又告中断。8月7日，慈禧太后任命李鸿章为全权大臣，便宜行事，暂住上海，与各国议和。

8月8日两宫西狩的计划一度中止，故从长辛店召回打前站的军机章京。10日，京师局势日趋紧张，西行计划再度提起，责成刑部尚书赵舒翘置办马车。由于先前置办的马车既已转运无存，另行代购两百辆也不是那么容易，到了11日，荣禄转告赵舒翘等人，说马车之事，皇上知一时无从预办，太后曰既无车辆，我们决计不走便了。两宫西狩的计划再度中止。

在此前后几天，清政府加大了向各国求和的力度，但由于联军已在进京途中，他们决不愿意放弃进攻，进行谈判，清军阻止联军进攻的能力越来越弱，因此，也不能不应付可能发生的巨大事变。8月13日午后，前线指挥官宋庆进京面见慈禧太后和光绪帝说：联军包抄而来，彼众我寡，不惶应接，惟有鼓励将士死战而已。

这番警示显然对慈禧太后决定离开北京起到了一定的影响，而宋庆之所以这样说也是为了让慈禧太后对不利结果提前准备。退朝后，宋庆即赴军机处谒见诸王大臣，指责他们信任义和团，酿成巨祸。现在义和团民众已散，我一国势难抵敌联军，恐京师终难保守。除指责诸王大臣外，也提醒他们早做准备。

当晚，在南苑一带负责阻击联军的清军将领马玉昆应召进京，翌日

（14 日）晨被召见，讨论“护驾出京之计”。之后，慈禧太后又连续五次召见军机王大臣，然仅刚毅、王文韶、赵舒翘三人在值，御前王大臣等均擅自回家去了。慈禧太后十分愤怒，毫不客气地大骂：只剩你们三个人在这里，其余都回家去，置我母子不管。你们三人务须随驾同行。并当面告诉年已七旬的王文韶：你年高，吃此辛苦，我心不安。你可随后赶来。刚毅、赵舒翘素能骑马，必须同行。

15 日黎明，枪炮声越来越近，慈禧太后听说联军准备进攻东华门，遂更换民服，御蓝布夏衫，在光绪帝、端王载漪、庆亲王奕劻、庄亲王载勋、辅国公载澜以及军机大臣刚毅、军机大臣兼顺天府尹赵舒翘等数十位王公大臣护送下，由马玉昆部及神机、虎神、八旗兵弁数千人护送，乘辅国公载澜提供的车子，仓皇出西华门，奔德胜门，经颐和园稍事休息，然后经居庸关向太原方向行进。

在两宫出逃后不多时，联军发动了向皇城的进攻，美军从南面进发，俄军和日军从北面进攻，一部分法军则从前门东面为联军提供炮火支援。面对猛烈炮火，清军进行了顽强抵抗，掩护两宫出逃。

帝都在呻吟

联军中有的急于占领皇城，皇宫一旦被一国独占，或被多国共占，势必会引起联军内部混乱。为防止此类事件发生，联军司令官将是否占领紫禁城的问题留待外交团决定，而各国部队在此之前不得擅自行动。

8 月 16 日，各国公使就此进行讨论。他们认为，鉴于目前北京的混乱状况，联军不能绝对地放弃对皇城的占领。因此，各国军队重新回到 15 日的进攻地点，从四面八方控制着紫禁城。

8 月 25 日，各国公使和联军各国司令官举行会议，讨论如何尽快结束北京的混乱局面。外交团一致认为，混乱局面的形成有着复杂原因，其中最重要的原因是中国政府权力象征的皇宫依然被中国人控制，如果不粉碎据守紫禁城清军的抵抗，北京的无政府状态就要延长，和平的机会势必要减少，甚至可能产生灾难性的后果。

各国将领根据外交团的意见决定占领紫禁城，然而就在占领前，驻守在紫禁城的军队出人意料地自动撤出，这无疑使各国将领和外交团感到困惑不解。几经磋商，他们认为，派兵占领皇宫仍然是可取的，否则中国人根据他们穿凿附会的巨大能力，将会认为是某种超自然的力量进行了干预，或是联军由于害怕侵入神圣地区的后果而受到了影响。各国公使和联军指挥官决定派兵整队穿过皇宫，然后关闭各门，使它不受骚扰。第二天，公使团致函清政府留京办事大臣昆冈等，含蓄表示各国统兵将领及公使等有意进入大内“瞻仰”，以资保护。

昆冈设法阻拦，但公使团坚持认为，现在京城暂归各国保护，此系各国使臣及各国将领的意思，很难阻止。昆冈等外廷人员遂将事情原委如实转告尚留在宫中的内务府大臣世续、文廉等人，希望他们照知内廷各处值班人员略做准备，以免各国公使及联军到来时受到惊扰。

8 月 28 日上午七时许，联军在昆冈、敬信、世续等人带领下列队入大清门，进内左门，出神武门。先行者为俄兵 800 人，继则日兵 800 人，英军 300 人，美军 300 人，法军二队，德军一队，意大利军队一队，奥地利军一队。

接着，日、法两军各鸣炮 21 响庆贺胜利。俄国军队担负入城式的责任，联军将领中军衔最高的俄军司令官利涅维奇检阅了除英国分队外的各个分队。各分队一面前进，一面欢呼。在他们的心目中，似乎占领了皇宫就意味着征服了中国。

入城仪式后，各国将领、使臣、秘书及高级官员们在宫中各处随意参观，可能除了少数的小小纪念品外，他们对于各处的物品都很谨慎地予以“尊重”。宫中官员心情复杂，但依然略备茶点，并没有发生什么不愉快。

显然，联军的这一举动既有战胜清王朝的象征意义，又为将要进行的议和谈判留有足够的余地。按照昆冈等人的报告，列强毕竟先行联系了，没有擅自闯入，意在顾全邦交，留有余地。

在联军占领北京的最初几天，联军司令官纵兵三日，爱杀就杀，爱抢就抢。实际上纵兵八日，使千年古都蒙受空前耻辱。

在报复义和团的名义下，联军对设过拳坛的庄王府、端王府等地方付之一炬，俄军获悉已遭到日俄军队两次抢劫后的户部也曾设过拳坛后，引火焚之。至于翰林院、弘仁寺、仁寿寺、大光明殿、天元阁等著名建筑物，也被联军纵火焚毁。不便运走的文物、档案、珍贵图书悉数化为灰烬。

联军士兵借捕拿义和团的名义，三五成群，身挎洋枪，手持利刃，在各街各巷挨家挨户进行搜索，踹门而入，卧房密室，无处不至；翻箱倒柜，无处不搜，凡银钱、钟表、细软等值钱之物，劫掠一空。稍有阻拦，即被戕害，此往彼来，一日数起。竟有洋兵带着大车数辆，在各胡同挨户装运，不独细软之物，即衣服、床帐、米面、木器等，无所不掳。凡稍有积蓄或中产之家，大都蒙受空前灾难。上自天府，下及富室，无不被其蹂躏。昔日美轮美奂、灿烂辉煌的北京城呈现出残破、萧条与荒凉。触目所见，断砖焦土，一片瓦砾。

出于变态的报复心理，联军对中国平民特别是那些所谓义和团民众进行疯狂而残忍的屠杀，但闻枪炮轰击声，妇稚呼救声，街上尸骸遍陈，死者无算。甚至过了很久，一些空房子因蛆从里出，仍有尸体发现。仅在庄王府一处就一次性杀害一千七百多人。联军当局真是宁可错杀一千，不使一人漏网。

经过疯狂野蛮屠杀，昔日人声鼎沸的京城成了真正的坟场，沉寂凄凉，死尸遍地，无人掩埋，听凭野狗嘶啃；哀鸿遍野，弃物塞途，繁华京城一夜间成为荒无人烟的废墟。

至于那些先前与义和团略有来往，或曾赞成、支持过义和团的人，由于担心联军报复，被迫走上了自殒绝路。有闭门自焚者，有举家自殉者，有被逐无处投靠自尽者，有被侮辱羞愤捐生者，各街巷哭嚎之声不绝于耳，遍处皆同。

体仁阁大学士徐桐是当时最有名的排外主义者，也是最有名的义和团运动策动者、支持者，他家住东交民巷英国使馆附近，所以他经常自诩“与鬼为邻”。在整个义和团运动期间，他家是清军特别是义和团民众围困、骚扰和攻击使馆的一个重要基地。联军进京后，徐桐自知联军决不会放过他，他又无法像其他大臣那样轻装出走，更无法隐姓埋名，人间蒸发，整日焦躁不安，忧虑重重，不知如何应付。

徐桐之子徐承煜，以乃父荫庇，以户部小京官晋迁郎中，累官刑部左侍郎。他也是典型的排外主义者，且不知自保和收敛，为尚书徐用仪、侍郎许景澄、太常卿袁昶行刑时的监斩官。徐用仪已年老，就戮时，昏不知人。许景澄惨默无声，惟袁昶义气慷慨，将赴市曹时，跪听诏旨毕，起立受缚。

行刑前，袁昶忽慨然曰：死亦好，省得看见洋人打进京城，国破家亡。徐承煜闻而呵曰：你还想着洋人打进京城吗？袁昶大怒，目光如炬，骂曰：你们徐家父子俩可把中国害苦了，狗一样东西，你还敢骂我。徐承煜恼羞成怒，怒骂道：快些拉出去宰了他。袁昶冷静答道：哼，我死得很痛快，只是你们将来死得连一只老鼠都不如。

行刑者闻言，面无人色，盖以前犯官皆俯首受戮，未闻有作如许激烈言语者。然而，袁昶对徐承煜的判词还就是不幸而言中。

联军将入京，徐桐早已仓皇失措，徐承煜倡议全家集体自杀殉国。徐桐不肯，徐承煜劝曰：父亲乃当朝大臣中支持、庇护义和团最有名的人物，联军至，肯定追究你的责任。你是当朝大臣，世受国恩，不在这时留名千古，还待何时？假如你落入联军手中，受尽屈辱，还是一死，且失大臣体面。何如你老人家主动殉国，还能为自己留下一世英名。

不得已，徐桐勉强同意，经商量，全家人以为投井最为便捷，也较少痛苦。徐承煜乃促家人实行，徐承煜的母亲、妻子、儿女辈先后投井自杀，轮到徐桐时，不料这年过八旬的老人如此贪生怕死，浑身颤抖，只好由徐承煜扶持着往井中跳下去。

想不到的是，水井水浅人多，徐桐跳下去后，踩在人的头上，水不能浸。徐承煜只好将他拉了上来，另做计划。

几经商量，徐桐同意全家一起上吊死，免得联军来了受侮辱，他的本意或许是想坐观全家上吊而已。不料徐承煜却说：我如果与你一起吊死，那么谁为你收尸呢？于是遂代父结绳，促其先悬。

徐桐临悬时犹豫战栗，无法将脖颈投入环中。徐承煜乃极尽人子之劳，连拉带提，用力把徐桐的脖子伸入绳套，遂急撤脚下板凳，算是送父归天了。

此时只有徐承煜了，他忽然觉得自己可以不死，留“有用之身”赶上两宫，再干一场，方不辜负全家生命的代价。于是他抛下全家人的尸体，拔腿逃出京城“保驾”去了。

然而不幸的是，徐承煜并没有逃脱，他很快被日军逮捕，拘押于顺天府尹署中，后与启秀等人一同被列为动乱祸首，处以极刑。命下，日军官置酒为二人饯行，酒到中席，传诏旨，徐承煜脸色大变，大呼冤枉，痛诋洋人不已。

军机大臣兼礼部尚书启秀显然比徐承煜有种。年过半百的启秀没有随老佛爷西逃，而是藏在日军控制的地界里。9 月 22 日，启秀被日军拘捕时，从其身上搜出给慈禧太后的两封信，其一极言联军占领北京后百姓困苦已极。幸冬令不久即至，联军退出北京者应该很多。因此建议朝廷应该利用这个机会召集各处散兵，静候机会，以冀收复京城。由此可见，启秀至少还比较关心老百姓的疾苦，只是立场稍有问题。

启秀被捕不久，其母突然去世。李鸿章为之说情，日军同意放假十日，以便为母治丧。不过，日军也担心启秀在这十天之间逃逸，遂以绳子系其一手，使人牵之偕行，受尽羞辱。

治丧结束后，启秀求见议和全权大臣庆亲王，庆亲王讽以微词，表示你既然先前那么有种闹事，现在为什么又那么怕死？庆亲王当然不愿救他出去，启秀后遂与徐承煜一起被处以极刑。命下，徐承煜大呼冤枉，哭闹不止，启秀还算冷静，他知道大喊大叫也没有用，既然当年风光过，现在也只好认栽。第二天，备车送至菜市口，启秀从容就戮，而徐承煜辗转不肯受刀，就地作十数滚，真如袁昶所说的那样，死得连一只老鼠都不如。

徐家的自杀及徐承煜受戮在庚子辛丑年间具有典型性，不少大臣、高官选择了这条道路，家破人亡，昔日显赫的大家族一夜间灰飞烟灭。

户部尚书崇绮则是另外一种情形。崇绮为满洲镶黄旗人，满族重臣、大学士赛尚阿之子，是清朝唯一的一位蒙古族状元。一妹一女同为同治帝后妃，妹即恭肃皇贵妃，女即孝哲毅皇后，可知崇绮在清廷的地位。

戊戌后，崇绮与徐桐等人共同反对新政，支持慈禧太后垂帘听政，甚得太后欢心，重新出山与徐桐一起任大阿哥的师傅，相信义和团，妄想用义和团的神功抵挡列强洋枪洋炮，成为清廷中有名的义和团运动的支持者。

联军将入京，慈禧太后任命崇绮为留京办事大臣，在组织义和团民众抵挡一段时间后，终因实力不济，遂跟着荣禄一起败逃保定。其家眷也在其妻率领下不甘受辱，逃至保定合家自毙。崇绮闻之，遂留下“圣驾西幸，未敢即死，恢复无力，以身殉之”的遗书上吊身亡。

北京破城后自裁的王公大臣还有很多，迄今尚无系统整理与研究。至于中国在庚子国变中死亡总数，更一直没有完整统计。

烧杀抢掠之后是奸淫。联军当局在占领北京后听凭士兵公开奸淫妇女，大街小巷，妇女的惨叫声、呼救声和洋兵的淫笑声，日夜不绝于耳。尤有甚者，联军竟有组织地将其所获妇女不分良贱老少，尽驱诸一个地方集中看管，作为“官妓”，听凭联军官兵入内游玩，随意奸宿。

至于洋兵沿街随意强奸妇女，更是造成了黑色恐怖，东直门一带的妇女，对外国官兵有了条件反射，深恐受洋兵侮辱，遇见洋兵尤其是英军中印度兵，越发恐惧。风传印度兵见了妇女就像疯子一样，所以许多妇女一闻枪声，就投井而死。有时在一口井中竟能捞出五六具妇女尸体。

慑于联军官兵的淫威，滞留京城的妇女甚至有相约集体自杀者，也有一家数口中有妇女决心自杀，所余家人不忍见其独死，遂全家集体自杀。联军进入北京的最初日子里，这竟然成为一种不得已的风气。究竟有多少中国妇女被侮辱，被奸淫，被委屈致死，恐怕永远都难以算得清了。

联军在占领北京之初各自为政，互不统领，他们纷纷抢占地盘，为此不时发生火并。鉴于这种混乱，各国将军于8月15日、16日连续开会，最后决定由日、俄、英、美、法五国共管，将皇城、内城和外城划分为五个区，由五国部队分区管制，维持秩序。

数日后，德国和意大利等国的部队赶到，联军当局又对分区进行了调整，初步形成七国共管分治的局面。清廷旧官僚恽毓鼎、曾广銮、瑞瀓等，甘为殖民统治者的鹰犬，参与组织殖民统治机构，在美国占领区设立所谓“协巡公所”，在日本占领区设立所谓“安民公所”，在英国占领区设立所谓“保卫公所”，在德国占领区设立所谓“华捕局”，帮助殖民统治者恢复秩序。

艰难的议和

慈禧太后仓皇出逃确实有点狼狈，只是这在有清二百余年历史上也不是第一次，她对这一结局早有预感，当战争尚未完全开始时，她就对善后议和做了相当部署。6 月 16 日，电召李鸿章立即进京，负责与列强交涉。

李鸿章表示将尽快北上，但实际上并没有立即离开广州。他需要以南方督抚的身份弄清列强的真实态度，因为他一旦成为清政府的议和代表，与列强就处在对等状态，再想弄清情况就不是那么容易了。李鸿章此时比较关心的问题是：和谈结束后，列强是否准备瓜分中国，是否准备更换统治者？也就是说，慈禧太后的地位会不会动摇，他个人是否应该遵旨尽快北上？

对此，英国人的答复很干脆：英国政府无意于采取任何步骤影响北京现存的政治格局，其唯一目的就是要恢复秩序及保障在华欧洲人的生命财产安全。至于慈禧太后的地位，英国人暗示：中国镇压义和团骚乱越早，她就越不用担心。

日本政府明确表示支持李鸿章北上主持朝政，以及“先清内匪再退外兵”的方针。德国政府则怀疑李鸿章能否北上，表示在目前的情况下，中国政府很难与各国达成立即停战的协议。与李鸿章个人关系格外密切的俄国，早就设法策动慈禧太后征调李鸿章回京戡乱，自然非常高兴。

李鸿章很清楚地意识到，列强出于利益最大化考虑，战后肯定更愿意与早已了解的慈禧太后打交道，一个稳定的中国更合乎他们的利益。

7 月 8 日，清政府加授李鸿章为直隶总督兼北洋大臣。7 月 17 日，李鸿章按照计划启程离开广州，经香港，21 日抵达上海。可能是因为天气太热，也可能是年事太高，毕竟已到望八之龄，他刚到上海就患有感冒并腹泻，元气大伤，眠食俱废，两腿软弱，竟难寸步，不得已他只好告假二十日，待身体稍愈再启程北上。

年迈的李鸿章吃不消长途跋涉不必怀疑，但其中更深层原因是他虽然奉命“入内平乱”，但“无路可入”[①]，京津地区的混乱及中外之间的冲突达到高峰：天津失守，直隶总督裕禄逃走，败退溃散的清军和那些被打散的义和团民众沿途抢劫，难民如蚁。杀红了眼的义和团民众不仅仇视一切洋人，对那些与洋人有密切往来的中国人也充满着仇恨，他们扬言只要李鸿章胆敢北上，就有办法刺杀他。在这种情况下，李鸿章只好在上海静待北方局势略有好转。

另外，还有一个原因，就是德国人不愿承认他的全权议和大臣身份，甚至扬言李鸿章胆敢北上，他们就会将他逮捕。李鸿章当然并不怕死，只是如果真的发生，那不仅是他个人，也是国家民族的耻辱。

在各国外交斡旋下，德国态度开始软化。8 月 29 日，德国新任驻华公使穆默抵达上海，张之洞得知后立即请德国驻汉口领事转告穆默，应及早与李鸿章“开议”。

9 月 1 日晨，李鸿章在上海与穆默及美国新任驻华公使柔克义举行了会谈，终于为将要开始的善后谈判开了一个头。

又经过一番交涉，李鸿章于 9 月 16 日离开上海，20 日午后乘坐英国招商轮“安平”号抵达大沽口，俄国方面派员来接。10 月 5 日，李鸿章在俄国军队严密护送下，自天津乘船北上，第二天抵达北京，继续寓居他在京城的故地贤良寺。

抵京后，李鸿章很快与庆亲王奕劻会合，并设法拜访各国公使，请求尽早议和，但是遭到了普遍的粗暴拒绝。在各国公使看来，中国既然

---

① 《盛宣怀致伍廷芳电》（1900 年 7 月 21 日），《义和团——盛宣怀档案资料选辑之七》，137 页。

一败涂地至此，还有什么资格谈议和，剩下的就是严格遵循各国意见行事而已。所谓“弱国无外交”，在这次议和谈判中体现得最真切。所谓谈判，实际上只是列强之间讨价还价，李鸿章、庆亲王不过是在清政府与各国公使之间传话而已。

在这场中外冲突中，列强特别是德国实在有点得理不让人，一再向中国施加压力。

为了扭转这种被动局面，俄国政府没少给中国政府出主意。8 月 15 日，俄国政府建议中国政府应该争取外交主动，不要老是被列强拖着走，有些事情既然将来也必须办，不如主动办。其中最主要就是惩罚那些所谓“肇乱大臣”，以此换取列强在更多方面的让步。这实际上也是暗示中国政府尽快寻找替罪羊，使慈禧太后和光绪帝从这场尴尬的冲突中解脱出来。

在俄国政府提出这一动议前后，法国政府也表明类似立场。法国政府认为，推动中外善后议和的前提有四：一是务必确保各位公使的行动自由与安全；二是应先行将端王载漪等肇祸大臣革职，听候惩办；三是应下令各处官兵撤回，不得再与外国军队接战；四是务必彻底剿灭义和团。

其实，惩处肇乱大臣的想法李鸿章很早就想到了，只是碍于许多人都是皇亲国戚，所以始终没有向慈禧太后提出。文献表明，至少在 7 月中旬，李鸿章就已意识到惩处那些煽动排外的愚昧大臣可能是缓解中外冲突的一个重要步骤。他在 7 月 17 日与南海知县裴景福的谈话中就明确表示，此次北上议和，将面临三大问题：一是必须动手平息义和团运动，二是必须自行惩办肇祸大臣以平息列强胸中怒火，三是必须考虑战争赔款。

李鸿章不敢贸然弹劾那些宫中实权派大臣，但对于那些不在宫中的肇乱大臣，李鸿章一点也不客气。9 月 2 日，他与刘坤一、张之洞联名上奏，请求清政府将署黑龙江将军寿山、署奉天副都统晋昌二人先行罢斥治罪。慈禧太后等几经权衡，最终接受了这个建议，期望以此让步换取列强的宽容。

如此让步显然是不够的，东三省的清军将领被惩处只是满足了俄国人的愿望，西方国家心目中的肇乱大臣根本不是这几个人，而是端王载漪等人。但是，要惩处皇亲国戚谈何容易？

不论清政府是否愿意，惩处肇祸大臣已经成为中外议和的关键，尤其是受到直接伤害的德国人处处表现出日耳曼民族的高度傲慢。新任驻华公使穆默原本在上海与李鸿章见过面，可是到了北方竟然不愿再见李鸿章。至于将要出任联军统帅的瓦德西更是傲慢得可怕，他对李鸿章的求见一味拒绝，没有丝毫通融余地。德国人认为自己是受害最多的，特别是克林德被害，使得德国人空前愤怒，他们必欲借此机会获取更多的利益。

弱势中国只能被动等待列强裁决。9月5日，德国外交副大臣李福芬男爵终于提出了对华议和条件，其中第一条就是"中国政府必须严惩一切有罪的人，主要是属于高级社会的罪魁祸首，并没收其财产"。足见其对所谓惩凶的重视程度①。

这仅仅是初步要求，他们还明确表示，德国将根据各国政府所提出的要求随时增加内容。

德国的要求相当苛刻，但它毕竟提出了要求，这就有了谈判的可能，中国政府与各国的议和善后的进展也因此向前推进了一步。

9月6日，俄国政府也提出四点想法，其中最重要的一条，就是要惩办所谓叛乱首犯。首犯名单有端王、董福祥、刚毅、李秉衡、毓贤等。

---

① 《外交副大臣李福芬男爵致驻北京公使穆默电参事克莱孟脱草稿》（1900年9月5日），《德国外交文件有关中国交涉史料选译》（2），110—111页，北京：商务印书馆1960年。

俄国政府认为将这些罪犯完全罢斥是中国国内持久秩序的另一保证。

此后一段时间，如何惩办这些所谓“叛乱首犯”以及这些“叛乱首犯”究竟应该包括哪些人一度成为交涉焦点。

9 月 14 日，法国政府对俄国政府 9 月 6 日的提议做出积极回应，完全同意俄国政府四点建议，并主张为了中国政府将来不再发生类似的排外事件，还应该在设立经常性的守卫部队保卫公使馆、撤出大沽口的军事工事以及占领自北京至海边通路的两三个据点。

列强关于惩罚战争罪犯的要求不能不引起李鸿章的重视，为了促使议和的早日进行，他只好将这些压力转为动力。9 月 15 日，李鸿章联络刘坤一、张之洞及袁世凯一起上奏清政府[①]，希望能够将端王载漪等先行分别革职，听候惩办，以换取列强同意开议。李鸿章的理由是，俄国政府已经同意与各国协商从北京撤军的事情，但条件是两宫回銮。德国新任公使致电张之洞，提出开议的条件是中国政府必须先行惩办那些支持义和团活动的大臣。而李鸿章认为，据他上海期间与德国公使、荷兰公使及副总税务司裴式楷、各国总领事等人的直接接触，他们皆普遍持这种观点。由此可知各国公愤所在，中国政府断难继续袒护他们。若迁延不办，恐各国变其宗旨，愈久愈不可收拾。接着，李鸿章发挥光绪皇帝 9 月 8 日上谕中“罪在朕躬，悔何可及”的精神，强调此次国变，“实在罪在臣下，无可掩饰。欲求救急了事之法，惟有仰恳圣明立断”，先行将统帅过义和团的庄亲王载勋、协办大学士刚毅、左翼总兵英年及庇纵义和团的端王载漪、查办不实之刑部尚书赵舒翘等分别革职，听候惩办。明降谕旨，归罪于该王大臣等，以谢天下，以昭圣德。清政府如果能够做到这一点，李鸿章认为各国肯定会同意克期开

---

① 根据《张文襄公年谱》记载，李鸿章此奏在事前似乎并没有与刘坤一、张之洞商议。至于上奏时间，各记载也颇多不同。

议[1]。李鸿章终于做出决断，显然除了外国压力，他也做好了最坏准备，因为这些大臣到目前为止依然受到慈禧太后的高度信任。

9月18日，流亡到太原的清廷接到李鸿章等人参劾端王等人的密折。第二天，慈禧太后与光绪帝览奏颇为动容，立即召集军机大臣等商讨对策。端王载漪、庄王载勋以及王文韶、刚毅、赵舒翘等均侍立，太后面斥端王称："这一年来的大祸皆由你引起的，你但能惹事而不能止乱，一味糊涂，我知道指望你也拿不出什么好的办法。现今京津皆被洋兵占据，国事糜烂至此，皆由你和你的那几个同党所播弄，我等一路辛苦，逼居这等破烂地方，宁不伤感！"言讫，愤愤不止，诸大臣见圣怒不可测，俱屏息无言。稍待平息，慈禧太后指着王文韶说："现在国事一塌糊涂，只能仰赖你来主持，如何办法，你可提出方案。"言毕入内，满廷重臣一时咸懔懔不止，惶恐万状[2]。

慈禧太后丢卒保车，用最轻松的办法解除了端王载漪等人的权力，她只是任命王文韶主持国事，而并没有宣布惩处端王等人，所以他们还抱有幻想，不敢带头闹事。

慈禧太后的政治手腕当然比较老辣，她一方面给这些皇亲国戚留有余地；另一方面，也在算计着用哪些人充当替罪羊。太后的底牌是，只要列强不追究她和光绪帝的战争责任，牺牲几个大臣其实是无所谓的。所以，在此后一段时间里，不是清廷愿不愿意惩处肇事大臣，而是处置哪些大臣。这为中外议和谈判打开了方便之门。10月4日，法国政府向各国提交一份备忘录，希望以此作为谈判的基础：

> 一、惩罚主要"罪犯"，这些罪犯应由各国驻北京使节指定。

① 《全权大臣李鸿章折》(光绪二十六年八月二十二日)，《义和团档案史料》上，591页。

② 刘孟扬：《天津拳匪变乱纪事》，《义和团》(2)，56页。

> 二、继续禁止军火入口。
>
> 三、对各国、团体及个人作出公正的赔偿。
>
> 四、在北京建立一支永久性的使馆卫队。
>
> 五、拆毁大沽炮台；对天津至大沽途中的两三个地方进行军事占领，以便万一在各国使馆希望到达沿海或各国部队企图自沿海前往北京的时候，道路可因此始终保持畅通。[①]

法国政府的备忘录引起各国政府的重视和讨论，又经过漫长的修改、补充和润色，至1900年12月24日，参与1900年中外战争的十一国公使终于向中国政府提交了一份议和大纲。这份文件不仅决定了此后相当一个时期中国政治的走向，而且是站在列强的立场上回顾、评定1900年事件，因而值得重视。其最后定本的译文如次：

> 在今年5、6、7、8等月间，中国北部各省爆发了严重骚乱，并且在特别恶劣的情况下犯下了人类历史上前所未有的罪行，即违反国际法、违反人道原则、违反文明等罪行。这些罪行的要点如下：
>
> 一、6月20日，德国公使克林德男爵在前往总理衙门执行他的职务时，被正规军的士兵所杀害，这些士兵是遵照他们首领的命令行动的。
>
> 二、同一天，各国使馆遭到攻击和围困。直到8月14日为止，攻击继续不断，各国军队于该日到达后才使攻击结束。这种攻击是正规军联合义和团一起发动的，他们服从自皇宫发出

① 《1900年10月19日法国大使馆送交的备忘录同文照会的草稿》，《英国蓝皮书有关义和团运动资料选译》，353—354页。

的朝廷的命令。与此同时，中国政府通过它的驻外使节正式宣布，它保证各国使馆的安全。

三、6月11日，日本使馆书记生杉山彬先生在执行一项正式任务时，在城门外被正规军杀死。在北京和好几个省份中，外国人受到义和拳和正规军的杀害、折磨或攻击；仅仅由于他们进行了坚决的抵抗，他们才获得安全。他们的产业遭到抢劫和破坏。

四、各国公墓，特别是在北京的公墓，遭到了污渎，坟墓被挖掘，遗骸四散。

这些事件促使各国为了保护他们的使节和臣民的生命及恢复秩序起见，派遣军队前来中国。在进军北京途中，联军遭遇到中国军队的抵抗，不得不用武力击败它。中国既然已经承认它的责任，表现懊悔之意，并表示希望设法制止所说的那些骚乱造成的局势，所以各国决定在下面列举的那些不能撤回的条件下同意它的要求。各国认为，那些条件是赎清他们所犯罪行并防止其重新发生所不可缺少的。

第一款 （一）派遣一个以亲王为首的特别使团前往柏林，表示中国皇帝陛下和中国政府对已故德国公使克林德男爵被害一事的惋惜。

（二）在被害地方建立一座适合于死者职位的纪念碑，碑文用拉丁文、德文及汉文写成，表示中国皇帝对被害一事的惋惜。

第二款 （一）对1900年9月25日上谕中所指名的人物及各国使节以后将指名的那些人，按照他们所犯罪行予以最严厉的惩罚。

（二）在外国人被害或遭受虐待的所有城镇，五年内停止一切正式考试。

第三款　中国政府对日本使馆书记生杉山彬先生被害一事应给予日本政府以体面的赔偿。

第四款　凡各国或国际公墓遭到污渎而且坟墓被毁坏的每个地方，由中国政府建立一座赎罪碑。

第五款　根据各国之间所决定的条件，继续禁止输入武器，对专供制造武器弹药之用的物质，也是如此。

第六款（一）对各国政府、公司、个人，以及在最近骚乱期间由于为外国人服务而遭受生命或财产损失的那些中国人，给予一笔公正的赔款。

（二）中国政府为了保证偿付该赔款及借款利息，应采取列强可以接受的财政措施。

第七款　每个国家有权为它的使馆留驻一支永久性的卫队，并将使馆区置于防御状态。中国人无权在该区域内居住。

第八款　大沽及其他炮台可妨碍北京至沿海之间的自由联系，应予拆除。

第九款　为了维持首都至沿海之间的联系，各国有权协商决定对某些地方进行军事占领。

第十款（一）中国政府应于两年之内在所有各州县张贴一道上谕，其中包含：

永远禁止加入排外结社，违者处死。

列举对犯罪人所应施加的刑罚，包括在外国人被杀或遭受虐待的城镇停止一切考试在内。

（二）应发布一道上谕，并在全国各处张贴，使所有总督、巡抚及各级地方官员对他们管辖地区内的秩序负责；同时，无论什么时候在该地区内发生排外骚乱或任何其他违反条约事件，如果那些事件没有立即被镇压，而且有关罪犯没有受到惩罚，这些官员应马上被撤职，不得担任新的职务或接受新的恩典。

第十一款　中国政府应允对通商行船各条约内各国认为应行修改之处及有关贸易关系的其他事项，进行谈判，以期促进这种贸易关系的发展。

第十二款　中国政府应允改革外交机构，并且按照各国所指出的方式订正朝廷关于接待各国使节的礼仪。

在中国政府接受上述条件，使列强感到满意之前，下列签字人关于联军结束对北京和北直隶省的占领一事，不能寄予任何希望。①

紧接着是十一国公使的签字。由于这份文件总计十二款，因此有时也被统称为“十二款议和大纲”等。

与此同时，列强也向清政府抛出了诱饵，表示如果能够爽快答应，他们将尽快撤兵。反之，肯定会延长留驻京津一带的时间，甚至还有可能会扩大范围。

俄国公使格尔思在议和大纲提出之后密访李鸿章，以“相当友善的姿态”表示，“议和大纲十二条”极为平和，清政府应该从速批准，若不从速允从，或仍与磋磨，各国必谓清廷非真心修好，和局必至决裂。机会稍纵即逝，格尔思请李鸿章转告清政府，“条款如蒙圣明从速核准，以后详目甚多，可从容计议。仍盼两宫早日定期回銮，庶可催各国撤兵，交还京师。宗社安危，在此一举。”②

格尔思的软性劝告与列强的强硬态度交相配合，对说服奕劻与李鸿

① 《送给中国全权大臣的照会草稿》，《英国蓝皮书有关义和团运动资料选译》，431—434 页。

② 《全权大臣奕劻李鸿章电报》（光绪二十六年十一月初四日），《义和团档案史料》下，843 页。

章起到了相当大的作用。他们二人一再电告西安行在，请求清政府从速批准，表示稍一置词，势必决裂，存亡之机，间不容发。

慈禧太后对议和谈判极为关注，她最担心的是列强会将她列为肇事“祸首”，所以当她看到“祸首”名单中并没有她的名字，已大喜过望，觉得这些条件可以接受。

12 月 27 日，清政府发布上谕，原则同意以这个议和大纲十二条作为谈判的基础，也希望奕劻、李鸿章能够尽量婉求各国体谅中国的难处，尽量维护中国的利益，争得一分算一分。

庆亲王、李鸿章收到这份上谕后迅即于第二天分送各国公使，请求他们以“议和大纲”为基础，早日与中国方面正式开议。

对于清政府的要求，各国公使进行了讨论。1901 年 1 月 3 日晨，各国公使会议要求中国全权大臣签署一份正式议定书，其中引述各国使节提出的照会及中国全权大臣被授权接受该照会的条款；同时要求中国政府向各国公使提供一份 12 月 27 日发布的上谕，并要求在每份上谕上均盖有御宝。各国公使表示，当他们收到这些文件之后，将确定与中国全权大臣举行会议的日期。如果中国方面请求对任何条款进行说明，各国公使要求中国政府必须在举行会议之前用书面形式提出。

根据各国公使的要求，中国政府于 1 月 17 日将正式签字的议定书及盖有御宝的若干份 12 月 27 日的那道上谕交给各国公使，并附送一份详细的备忘录，表明中国政府全权议和大臣对十二条议和大纲中若干问题有待商榷的看法。

以和议大纲和中国政府的修正意见为基础，中国议和全权代表与十一国公使进行了艰难而又漫长的细节谈判，至 1901 年 9 月 7 日正式签字画押。是日上午，十一国公使与清政府全权大臣庆亲王、李鸿章以及他们的随员、翻译等聚集在外交团首席公使、西班牙驻中国公使葛络干的官邸，顺利地在法、中两种文字写成的议定书上签字。首席公使葛络干代表十一国公使发表讲话，庆亲王代表清政府致答词，他们均感到如释重负，“各方面亲切友好地庆贺结束了过去十个月中拖延已久的会谈工作”[①]。困扰清政府的噩梦终于暂时结束。

这份条约，西人称为《北京议定书》。在中国，因为 1901 年为辛丑年，中国文献称为《辛丑条约》。这份条约的最后文本分成两大部分，即“正约”十二款和十九个“附件”。正约十二款的次序与《议和大纲》大致相同：

第一款为德国公使克林德被害一事的善后，规定清政府派专使赴德致歉，并于遇害处所建立牌坊。这实际上是对中国竭尽羞辱之能事。

第二款为惩办“首祸”诸臣。按条约规定，对附和过义和团的官员，中央从王公大臣以下，地方从巡抚、藩臬以下被监禁、流放、处死的共一百多人。

第三款为日本使馆书记生杉山彬被害事，规定清政府派专使赴日致歉。

第四款为“于诸国被污渎及挖掘各坟茔，建立涤垢雪侮之碑”。

第五款为禁止向中国运入军火。

第六款规定中国向各国赔款银 4.5 亿两，分三十九年还清，年息四厘。列强终于如愿以偿，赢得了这场“最够本的战争”[②]。从此，清朝统治者在帝国主义卵翼下苟且偷生，奴颜婢膝；中国人民的生活则在这种沉重的战争赔款压力下更加困难；中华民族的灾难因《辛丑条约》的签订日益深重，社会经济日趋凋敝，国家更加衰弱。

第七款为订定东交民巷使馆区境界，规定使馆区由外交团管理，界

---

① 《萨道义爵士致兰士敦侯爵函》（1901 年 9 月 12 日），《英国蓝皮书有关义和团运动资料选译》，492—493 页。

② 丁名楠：《帝国主义侵华史》（2），152 页，北京：人民出版社 1986 年。

内不准中国人居住，各国有权常留兵队保护使馆。

第八款规定将大沽炮台及有碍京师至海通道之各炮台一律削平。

第九款规定各国酌定数处留兵驻守，以保京师至海通道无断绝之虞。按照规定，北京到山海关铁路沿线十二处驻扎外国军队。驻军地点为：黄村（意大利）、廊坊、杨村（德国）、军粮城、塘沽（法国）、芦台、唐山（英国）、滦州、昌黎（日本）、山海关、秦皇岛、天津（国际军）。上述各处及北京使馆区驻军总数为六千人。列强从此取得了在中国的驻兵权，不仅加强了对清政府的控制，而且为以后留下了巨大的隐患。

第十款规定中国政府必须在全境张贴永远禁止设立仇洋之会、停止科举考试、保护洋人等历次谕旨。宣布永远禁止中国人民成立或者加入具有反帝性质的各种组织，违者一律处死；对一切反帝活动，各级地方官员应负责弹压，镇压不力者应予以革职。这样，清政府实际上成了替列强维持秩序的工具。发生反抗斗争的城镇，停止文武各等考试。列强借此夸耀自己的威风，企图磨灭中国人民的斗志。

第十一款约定商改通商行船各约。清政府在条约中表示同意按照列强的要求，订立新的通商行船条约，这当然有助于列强扩大对中国的经济侵略。

第十二款规定改总理衙门为外务部，班列六部之首，由清朝近支王公主管，另设尚书二人，其中一人为军机大臣。列强提高外务部的地位主观理由是为了提高中国外交衙门的办事效率，与国际通行惯例一致，在客观上无疑培植了更便于执行卖国媚外政策的职业官僚。

很显然，《辛丑条约》是近代中国历史上空前屈辱的奴役性条约。根据这个条约，列强进一步获取了中国政治、军事、经济、文化等方面的更多权益，给中国社会带来了极其严重的危害：

一是巨额的战后赔款严重摧残了中国社会经济，加深了中国人民的苦难。这笔被称作“庚子赔款”的战争赔款是近代以来列强在中国所获取的最大一笔款项，本息合计多达九万八千二百二十三万余两。这不仅使清政府的财政日趋枯竭，而且使中国的主权诸如海关、常关及盐税等均被列强所控制。

除《辛丑条约》规定的庚子赔款外，还有各省府州县分别与当地外国教会签订承担地方教案的赔款。这笔款项各地均有，只是数目多寡不同，多者二三百万，少者数十万，即便那些未曾闹过教案的省份，也或多或少地被摊派直隶教案中二三十万至十数万不等的赔款。据研究者不完全统计，地方教案赔款总额多达两千两百七十万两[①]。

除此之外，由于稍后国际银价的持续下跌，列强强行要求清政府以金代银进行支付。昏庸的清政府被迫屈服，于 1905 年确认庚子赔款为金付款，并且同意以 800 万两抵付 1905 年以前支付给各国的所谓亏损。仅此一项，中国实际上支付给列强的赔款远远大于《辛丑条约》上规定的数额。

二是武装使馆区的划定特别是列强在北京至山海关的军事控制，使中国的行政权力受到了极大削弱，中国的领土主权和国防能力受到了严重损害，而且由于列强在京津地区驻军，使中国的大门洞开，北京几乎成为不设防的城市，中国政治更容易受到列强的干扰与控制。

三是禁止发生义和团运动的地区五年内进行科举考试，以及派员赴德国、日本为被杀者道歉，为诸国于义和团运动期间被污渎及挖掘各坟茔建碑涤垢雪侮等规定，不仅羞辱了中国人民和清政府，消弭了中国人民反抗列强侵略的斗志和意志，而且将镇压人民反抗外来压迫的斗争作为清政府的“条约义务”。这显然是近代条约体制建立之后增加的新内容，严重侵犯了中国人民的自由与权力。

---

① 李德征：《八国联军侵华史》，424 页，济南：山东大学出版社 1990 年。

总之,《辛丑条约》的签订标志着中国历史进入一个新的阶段，中国的国际化程度被迫提升，但清政府却日趋沦为列强的附庸，成为“洋人的朝廷”，中国的国内矛盾日益上升，逐渐成为矛盾的主要方面，决定着中国的未来走势。

附　录　历史的温情与真实[①]

在讨论晚清时，孙中山在很多时候并不是主导者角色，尽管孙中山、革命党的功能非常重要。至于孙中山的三民主义、排满革命理论，在清末很长一段时间，也并不被主流社会接纳。孙中山、革命党从外部对清廷政治改革施加压力，促动了清廷的改革。但当清廷改革发生后，比如预备立宪运动开始后，孙中山、革命党实际上又被宪政改革边缘化。革命、改良，在清末最后十几年处于跷跷板状态，此起彼伏。孙中山的意义，只是在这十几年中，没有机会回国，没有机会跻身于社会主流，清廷即便在宪政改革开始后，也没有大赦天下，特赦孙中山等革命党人，所以我认为，与其说孙中山坚持革命十几年，不如说他一直处于被动状态，等待机会。革命的机会，不是孙中山、革命党的坚持，而是对手——清廷出错。从这里可以领悟清廷宪政改革最终归于失败，一个

① 马勇撰 2017 年版“晚清四书”自序之三。

很重要原因，还是心胸狭隘，没有在改革开始时大赦天下，全民和解，开放党禁，将一切反对派容纳进体制，成为体制内合法反对派。这一点心得，也是受到严复相关论述的启示。

也正是从这个意义上，我在过去二十多年探讨晚清史时，与过去革命叙事一个很大区别，就是不再从革命者、孙中山视角叙述晚清史事，而是从清王朝视角，从王朝史观重构叙事模式。所以，孙中山、革命党不再是事件史主体，不再是历史主导力量。晚清政治史的主导力量，还是清廷，还是慈禧太后、光绪帝。

为慈禧太后说句话

慈禧太后、光绪帝，在过去上百年被严重虚化了。不论是影视、文学作品中的慈禧太后、光绪帝，还是革命叙事中的他们母子，与历史上的真实形象都有很大距离。其中一个重要原因，就是中国历史上一再重演的旧戏码：历史是胜利者书写的。清朝作为消失的过去，最没有话语权，没有任何办法为自己的结束辩解。

胜利者当然有革命党人。革命党人在清末的斗争中攻击清廷，攻击慈禧太后、光绪帝，都属于政治斗争，从历史的观点看可以理解。作为政治反对派，除了亲历王爷不杀之恩的汪精卫，没有谁真正与清廷最高统治者慈禧太后、光绪帝有过正面接触，但这并不影响他们攻击这对母子。比如章太炎，不止一次咒骂慈禧太后，甚至在外国人的法庭上公开指责光绪帝是菽麦不辨的“小丑”。革命党人对慈禧太后母子的攻击，属于阶级分野，不存在什么依据不依据，不能作为史料看。

但是，如果仔细体会革命党人描述的慈禧太后、光绪帝，革命党人并没有将他们母子看作视若仇雠的两极，而是将他们母子看作一个整体，并不存在谁好谁坏，或者谁更坏。将他们母子视为冲突双方，不共戴天，主要来自康有为、梁启超的描述。这在康有为《自编年谱》、梁启超《戊戌政变记》中说得最直接，最极端。他们视光绪为英主，视慈禧为清廷不改革的总后台，必须承担自甲午以来中国失败的全部责任。康梁师徒这个看法深刻影响了晚清叙事，似乎清廷内部真的有两个权力中心一直在较劲。这显然是不真实的。

康梁师徒毕生都只见过光绪帝一次，康有为的时间稍长些，梁启超的时间更短。他们都没有见过慈禧太后，因此他们的描述在很多时候都是出于想象、推理。这在过去几十年的研究中，已经被逐步证实。当然，历史学家没有见过的历史人物多得很，不能要求研究者对自己的研究对象都见过。历史学家可以根据史料接近历史人物，但历史学家不会有那么多先入为主的偏见。而康梁则不然。他们对慈禧太后、光绪帝的爱与恨，主要的不是历史研究，而是现实政治。这是后来研究者阅读康梁留下的那些言说时必须谨慎辨别的，绝不能将他们的政治诉求作为历史事实。必须从康梁营造的晚清话语中走出来。

历史学当然以追求历史真相为唯一诉求。晚清的历史，绝对不能诉诸更多的情感，研究者应该很严厉地检验每一条有关的史料，应该最大限度地利用那些近距离接触过慈禧太后、光绪帝的人留下的史料。

当然，在过去很多年，特别是20世纪有一段时间无限度地鼓励什么人都可以写回忆录，在慈禧太后、光绪帝身边工作过的一些太监、宫女也出了不少回忆录。但是如果仔细辨别这些回忆，他们的说法非常可疑，许多说法不过是将一些传闻借助于他们“身边人”的特殊身份说出来，其实并不可信。以溥仪的回忆录为例。

溥仪回忆录应该是晚清时期所有回忆录中最严肃的，也有历史学家参与工作。但是正因为如此，溥仪回忆录尤其是关于慈禧太后、光绪帝的回忆，基本上都是不可信的。比如他说慈禧太后与光绪帝视若仇雠，说光绪帝临死前有杀袁世凯的安排。这些说法都相当荒唐，与历史不符。溥仪和参与这本书写作的人可能没有阅读摄政王留下的日记，也没有读过那些“天子近臣”留下的文字。假如他们读过鹿传霖的日记、许宝蘅的日记，特别是如果能够仔细体会与两宫都有许多直接接触的李鸿章、翁同龢、袁世凯等人的记录，大约就不会如此轻率断定慈禧太后与光绪帝的矛盾是你死我活，二者只能有其一。因此，要说清晚清史，就必须从最关键的慈禧太后、光绪帝说起，而且必须说清楚。

我在讨论慈禧太后时，曾经借用陈寅恪先生“同情的理解”为讨论的前提，强调对历史上的人物应该从历史背景和其政治地位上去考量其贡献其作为。其实，转换成另外一种语言，陈寅恪的这些说法既合乎我们所熟悉的历史唯物主义，也是中国传统史学“知人论世”的现代转化。用这些观点去观察研究历史上的人物，就是一种比较合乎日常情理的方式，就是一种换位思考。不要恶性去揣摩历史人物的心境、用意，不要以小人之心去度君子之腹。然而，这些原则说起来容易做到难，我们在谈到历史人物特别是近代历史人物时，总是自觉不自觉地受到各种因素的干扰，总是容易有一种先入为主的偏见。

慈禧太后是大清帝国最高当家人，就像《红楼梦》中贾府的老太太。不能说慈禧太后拥有多少决策权，但其对大清帝国拥有最后否决权，应该不必怀疑。作为最高掌门人，慈禧太后不可能不希望大清帝国中兴、繁盛，事实上，也正是在她的领导下，才有了传统史学所标榜的“同光中兴”，与差不多一个世纪前的乾隆时代遥相呼应。因而，革命叙事、康梁师徒将慈禧太后视为万恶之源，是近代中国最邪恶的象征，肯定是不真实的，也是不对的。至于最近若干年，有研究机构运用科学技术手段测定，光绪帝遗骸中残留有大量的有害物质，有剧毒，因而有学者认定这就是慈禧太后谋杀光绪帝的铁证，前提是他们母子有权力冲突，而且他们还不是亲生母子。即便是亲生母子、父子，在中国严酷的宫廷政治中，惨遭杀害的并非孤证。

这个传说流传了一百多年，但经过如此科学的检测和研究，如此郑重其事，据有限阅读，一个严肃历史学家对一个荒诞说法予以认同，这在历史上大约还是第一次。我们无意在这里讨论这个说法的正误，只是想指出这个判断其实是基于一种“恶”的历史观，缺乏“同情之理解”的历史学风度，从大历史层面误读了慈禧太后，误读了近代中国。

几年前，另一种看法也在悄然传入，就是一度热播的《苍穹之昴》。这部根据日本作家浅田次郎同名小说改编，由中日两国艺术家共同创作的电视剧，艺术再现戊戌变法、戊戌政变那个时代的政治风云，其大的历史脉络当然还可以讨论，只是这部电视剧为观众展示了一个完全不一样的慈禧太后。日本著名艺术家田中裕子对慈禧太后人情化、世俗化的塑造，较之过往刘晓庆等人政治化、妖魔化、非人化的塑造，看来更可信更合乎人们的审美要求。

其实，从历史视角重新观察，慈禧太后是一个非常了不起的政治人物，她或许说不上是中国五千年历史上的英主明君，但她绝不是我们过去所认知的那样邪恶，那样不可理喻。如果我们不带先入为主的偏见，我们必须承认近代中国的转型大体上完成于慈禧太后当国的四十多年，那四十多年彻底改变了中国的面貌。中国的工业化从零起步，至1908年太后去世时，已经有了相当基础；中国的城市化，也在这个时期有了长足进展。中国人的生活方式，从吃穿住行四个方面说，慈禧太后执政、操心的四十八年，哪一项不发生天翻地覆的变化？慈禧太后如果没有一个包容的、进取的心态，如果没有一点世界意识，如果她像她的夫君，像她的公公等列祖列宗那样不思进取，不让变革，这些进步显然都不可能。我在研读晚清史料时，并不存心刻意为慈禧太后辩解，我只是将其放到一个大的历史背景中予以考察。

这是从大历史的视角进行观察。从小的视角说，慈禧太后也真的不容易，值得同情，她是中国历史上最不幸的女人之一，因为中国女人最忌讳的几件不幸差不多都被她遇到了。

慈禧太后，姓叶赫那拉，1835年生，满洲人。1852年被选秀入宫，赐号兰贵人，后册封懿嫔。1856年，为咸丰帝生下唯一的皇子载淳，也就是后来的同治帝。这段时间大概是慈禧太后一生中最为快乐最为得意的日子。然而好景不长，内忧外患使身体原本就很虚弱的咸丰帝心力交瘁，终于在经历了1860年英法联军攻入北京的奇耻大辱后，第二年黯然病逝于热河。年仅二十六岁的慈禧太后就此开始了漫长的守寡生活，在皇叔恭亲王帮助下，与东太后一起领着六岁的皇儿同治帝共同治理着这个庞大帝国，一个年轻的寡妇渐渐成为政治家，守护着大清江山。

孤独寂寞的日子度过了十年之久，1872年，十七岁的载淳长大成人，开始亲政，两宫太后撤帘归政，颐养天年，可惜天不假年，仅仅三年，慈禧太后的亲生子同治帝却一命呜呼，于1875年年初病逝，年仅十九岁。这一年，慈禧太后四十岁。正应了中国老话，女人的最大不幸就是青年丧夫，中年丧子。从同情立场去观察，应该说慈禧太后真的是不幸。

慈禧太后是个不幸的女人，也是个不幸的母亲，而且往深了说，她还是一个不合格的母亲。读李鸿藻等人留下的文字，我们可以隐约感觉到，因为咸丰帝早逝，大约也因为同治帝年幼丧父，使慈禧太后觉得小皇子也怪可怜，于是在小皇子的成长过程中，慈禧太后更多采取的是溺爱是纵容是听之任之，结交了许多不三不四的坏孩子比如宫中的太监，终于在这些佞臣宵小的影响下，走上堕落之路，整日里嬉戏游宴，耽溺男宠，常常在几个小太监的陪伴下溜出皇宫，微服冶游，整夜在南城一些茶园酒肆、青楼妓院、花街柳巷盘桓，狎邪淫乐，流连忘返，往往直至第二天早朝时方潜回宫中，以至召见军机大臣时仍处在醉酒状态，语言失次，杂以南城猥贱之事，不堪入耳。

小皇帝微服冶游是个人爱好，不过他似乎也知道贵为皇上这样不好，所以他在南城狎邪淫乐时总是担心遇到自己的“众爱卿”，那样的话不是一般的丢失体面而是太过难堪，所以他总是在那些佞臣宵小带领下，尽量避开大臣们常去的著名妓寮，专觅那些下等私娼取乐，天长日久，终于染上了不洁之病，死前数日，下部溃烂，臭不可闻，洞见腰肾而死，或曰梅毒，或曰疥疮，当然清廷官方解释说是天花。这在翁同龢日记以及时人笔记中都有记载，大致可信。

同治帝之死说明慈禧太后不是一个合格的母亲，而这样不合格的母亲在中国传统社会甚至现在中国社会也并不鲜见。年轻寡妇不能见到自己的独苗吃苦受累，更不愿让自己的独苗受到什么约束。如果我们将慈禧太后放在一个常人的立场上去理解，大概不难明白她的这系列遭遇其实和普通人没有什么不一样。

小皇帝光绪

十九岁的同治帝死了，也没有留下儿子，且同治帝为独根独苗，无兄无弟，皇位继承既不能按照惯例由皇子顺位，也无法按照“兄终弟及”的原则，找其亲兄弟继承。不得已，清廷只好从最亲近的亲属中选择皇位继承人，于是找到了醇亲王奕譞不到五岁的儿子载湉。

载湉生于 1871 年 8 月，他的父亲醇亲王奕譞为道光帝第七子，咸丰帝的弟弟，所以从皇族关系论，载湉为慈禧太后的侄子。而从慈禧太后娘家关系说，载湉的母亲叶赫那拉氏为慈禧太后胞妹，载湉也就是慈禧太后的亲外甥。1875 年 2 月 25 日，年仅四岁的载湉正式继位，这就是清朝第十一位皇帝光绪帝。

青年丧夫、中年丧子的慈禧太后对于这个小皇帝应该说是有真情实意的，绝不会像那些政治上的反对者所说的那样势不两立视若仇雠，果真如此，凭借慈禧太后的权势、决断，她在任何一个时间段都可以找任何一个借口撤换皇位继承人。当然，也正如许多领养孩子的中年妇女一样，慈禧太后和小皇帝在很多年的相处中也不可能都是那样对所有问题的看法都一致，正常的意见分歧不足怪。不过，如果从日常情理层面去观察，他们之间的相互关系应该是，光绪清楚知道自己是领养的，也知道自己在家、国两个方面将要负起的责任，因此对于皇太后是尊重的敬仰的佩服的，对于皇太后的所有安排嘱咐一般地说来是照单遵守认真执行的，因而其性格或者说生活习惯中就养成了对皇太后的高度依赖，凡事总以皇太后的意志为意志，并没有怎样的反叛精神。在这一点上，领养的光绪帝和慈禧太后的亲生子同治帝有着本质区别，慈禧太后鉴于同治帝的惨痛教训不再娇惯纵容这个领养的儿子，也是人之常情，是任何做母亲的本能。

光绪帝是慈禧太后的养子，从血缘上是自己的亲侄子、亲外甥，是老太太自己的未来和大清王朝的希望，是老太太的所有寄托，老太太严格要求皇上并没有错，这是任何正常人家都会做的事情，而且慈禧太后在这个过程中也并不是想象中的那样独往独来自行其是，她不仅要受制于皇族近亲、满洲贵族统治集团的制约，而且她很快将光绪帝的生身之父提升至非常重要的位置，奕譞自 1884 年取代恭亲王奕䜣成为大清王朝首席军机和总理衙门的领班大臣，直至 1891 年去世，一直位居清王朝的权力中枢，所以我们无论如何不能相信康有为等人后来所编造的谎言，说什么慈禧太后与光绪帝不共戴天视若仇雠。

1886 年，慈禧太后五十一岁，小皇帝满十五周岁。这一年，慈禧太后找皇上生身之父、醇亲王奕譞及军机大臣礼亲王世铎等商量让小皇帝早日亲政的事情。几经周折，这件事情终于在 1887 年成为事实，慈禧太后只是在各方面要求下继续帮助小皇帝拿拿主意，帝国的日常事务处置权逐步向光绪帝手中转移。应该承认，慈禧太后在这个问题上并不像后来许多文字描述的那样卑劣，她要真的想赖住权力，大概完全可以不这样做。

执掌大清国的朝政已经三十年之久，更重要的是作为一个青年丧夫的寡妇，慈禧太后先是辅助亲生儿子同治帝治理这个庞大帝国，亲生儿子不在了，又抱养了这个小皇帝，现在小皇帝终于可以亲政了，可以自己当家做主治理国家了，作为母亲，有什么可以去怀疑的呢？无论怎样眷恋权力的人都无法抵制岁月流逝。慈禧太后准备结束一个时代，准备颐养天年，过上几年轻松日子。这是人之常情。

然而，大清国的政治现实并没有满足慈禧太后的期待。光绪帝亲政不几年，甲午战争爆发了，维新运动开始了，为了大清国的整体利益，慈禧太后再次出山，走近前台，帮助儿皇帝料理国家大事。

如果仅仅从权力构成上说，中国传统社会一直强调皇权至上性和不可分割性，皇权中心的一元化几乎是历代王朝不得不遵守的原则。晚清政局之所以出现两宫共同专制的局面，完全是特殊的历史条件所致。不过，如果我们以客观的立场去观察慈禧太后在1894年之后的作为，也应该承认，她对权力的使用是相当克制、相当节制的，她并没有滥用自己权力干预朝政，并没有越过皇上处理国家大事，她只是对皇上的决策保持最后否决权。这只是在替年轻的皇帝把把关。所以，尽管经历了那么多的政治波折，大风大浪，我们从清代正史及那些“天子近臣”的记录中从来没有读到皇上对皇太后的抱怨，皇上至死都是感激皇太后的养育之恩和多年来的精心照料、耐心辅助。

皇上身体不好是一个谁都知道的事实，他不仅自幼体弱多病，更重要的是作为皇上他没有完成而且永远无法完成大位的传承，甚至无法对皇后对嫔妃履行一个丈夫应尽的义务。这是男人无法说出口的羞耻，也是光绪帝后来性格稍有扭曲的一个重要原因。他的肾病由来已久，奇怪的是，他不仅肾功能有问题，而且在大婚前后开始长时期遗精，据他自己说，到了1907年就有二十年的历史。一个长期遗精的人当然不利于夫妇生活，一个没有夫妇生活的人，当然会对性格形成某种程度的扭曲。这是现代医学、心理学所证明的。长时期遗精和长时期的肾病对光绪确实构成一个很大的困扰，也是光绪一个很难说出口的尴尬，是他后来稍微有点抬不起头的最重要的原因。对于这样的一个后辈，慈禧太后能够做的事情，除了安慰，除了劝勉，还能做什么呢？我们完全可以想象，慈禧太后只能从内心深处哀叹自己的命太苦，为什么上帝或者说老天爷要把一切危难一切坏事都留给她呢？青年丧夫、中年丧子，也就罢了。为什么用几十年辛辛苦苦领养的这个儿子，这么听话，这么有出息，却又这样让他身体不好，让他无后，让他英年早逝呢？

光绪帝的病情大约从1898年秋天之后就逐步恶化，好在他贵为天子，享受着帝国最好的医疗条件医疗待遇，经过宫廷御医天下名医精心呵护精心治疗，光绪帝的肾病竟然在那个没有血液透析医疗条件下存活了十年之久。这本身就是一个奇迹。

谁也没有想到1908年秋，当政治改革到了最吃紧的关头，年仅三十八岁的光绪帝病倒了，而且一病不起一命呜呼。关于光绪帝的死因，清代正史和医学专家的意见大体都是正常死亡，是长期受到肺结核、肝脏、心脏、风湿等慢性疾病的侵扰，致使免疫力严重下降严重缺失，最终造成心肺功能衰竭，合并急性感染而死亡。

历史的巧合在于，在光绪帝发病之前一段时间，七十三岁的老太太慈禧太后也因吃了一点不合适的东西，拉肚子好长一段时间了。拉肚子可以致人以死地，这也是医学上的常识，特别是对体弱的老人而言，更是如此。问题还在于，慈禧太后的痢疾既然已经好长时间了，如果不发生光绪帝死亡事件，相信慈禧太后大概也不至于突然不治。光绪帝的死亡对慈禧太后的打击太大了，生命垂危中的老太后越想越伤心，越想越觉得自己的一生太命苦，所有的希望均成为泡影，所以她在这个养子年仅三十八岁英年早逝后不到一天时间，也就一命呜呼。这个解释来自清宫档案，大意是说皇太后得知儿皇帝大行之后，不禁悲从中来，不能自克，以至病势增剧，遂致死亡。这个解释合乎人道合乎人情合乎常理合乎历史和逻辑。然而奇怪的是，这个解释不被政治反对者认同，流亡美国的康有为在光绪帝逝世第二天就散布皇太后谋杀皇上的传言，只是这个说法太过古怪，太没有根据，并不被人们所重视，不料一百年后，康有为终于等到了政治上的知音，慈禧太后再次“被妖魔化”。

恭亲王

如同中国历史上许多王朝一样，清帝国也是打天下坐天下。爱新觉罗家族拥有最大的“股份”，但并不是自家的“私人企业”，而是有一大批拥有不同份额“股票”的大小“股东”，爱新觉罗的后人只是终身“董事长”，而那些大“股东”，也拥有不同程度的发言权、决策权。最大的几家“股东”，无疑属于那些“铁帽子王”。

所谓“铁帽子王”是指那些世袭罔替的王爷。这个制度源于满洲人的封爵制度，铁帽子王比一般亲王享有更优厚待遇、特权，比如世袭罔替，隔代不降爵；俸禄优厚；享有世袭罔替的王府。铁帽子王爷在整个清朝历史上共有十二位，其中八位王爷受封于清初，均属于立下战功的皇亲国戚，为大清帝国开国功臣，有配享太庙的殊荣。这八位王爷是：礼亲王代善、郑亲王济尔哈朗、睿亲王多尔衮、豫亲王多铎、肃亲王豪格、庄亲王硕塞、克勤亲王岳托、顺承郡王勒克德浑。

另有四位属于恩封，即怡贤亲王允祥、恭亲王奕䜣、醇亲王奕譞、庆亲王奕劻。很显然，他们属于清代中晚期的皇亲国戚，对于大清帝国江山永固立下了大功。

这些王爷都属于大清帝国的大“股东”，他们对于清帝国的发展具有高度责任与自觉，不论他们内部有多少矛盾，但在清帝国发展上，他们可以有意见分歧，但其诚意并不需要去怀疑，过去一些研究者刻意寻找慈禧太后与诸位王爷的分歧、冲突、斗争，甚至研究其权谋，我总觉得错误估计了统治集团内部的矛盾，将他们的意见分歧视为根本冲突。因此，说晚清中国就是一隅中国、自大中国走向世界，从传统帝国转型为现代中国的话，我们就不能无视这些王爷的力量。

晚清王爷中贡献最大的无疑是恭亲王奕䜣。不研究奕䜣，晚清历史中的许多问题都很难弄清。奕䜣为宣宗道光皇帝第六子，1850 年受封为亲王。三年后，年仅二十岁的恭亲王充任军机大臣，开始了他在清廷最高决策层的政治生涯。当 1860 年英法联军向北京进发时，奕䜣受命留守北京，负责与联军议和，代表清政府签订了《北京条约》，同意外国公使永驻京师，开放天津等为新的条约口岸。

经过 1860 年外交危机，奕䜣对西方的看法发生了根本变化。他先前与外国人接触时，总是抱有蔑视的态度，并掺和着仇恨、恐惧。但自《北京条约》签订后，奕䜣的态度改变了。当他对英国人有更多了解时，就开始赏识他们的工作精神和工作态度，即便不是坦率地赞扬。奕䜣首肯英国人李泰国充任海关总税务司，信任李泰国继任者赫德等，足以证明奕䜣对西方、对世界的看法已发生根本转变。

《北京条约》签订后，中外交涉事务日渐增多，清政府原有政治架构已无法满足这种需要。1861 年 1 月 20 日，清廷批准恭亲王与大学士桂良、户部左侍郎文祥等人奏请，同意设立总理各国事务衙门，接管以往由礼部、理藩院分别执掌的对外事务。中国终于打开通往世界的大门。

根据相关规定，总理衙门由王大臣或军机大臣兼领，并仿军机处体例设职官。有总理大臣、总理大臣上行走、总理大臣上学习行走、办事大臣等。初设时，恭亲王奕䜣和大学士桂良及文祥三人为大臣，此后人数略有增加，从七八人至十多人不等。大臣下设总办章京，满汉各两人；帮办章京，满汉各一人；章京，满汉各十人；额外章京，满汉各八人。

《辛丑条约》签订后，总理各国事务衙门根据各国要求进行改革，新建与各国一致的外务部，废止统领对外事务四十年的各国事务总理衙门。在往后四十年，由恭亲王奕䜣担任首席军机和总理衙门领班大臣长达二十八年之久，他没有看到总理衙门被废止，但他几乎与这个重要机构相始终。

在恭亲王主持朝政那些年，他与汉大臣曾国藩、左宗棠、李鸿章、胡林翼等在慈禧太后支持下，修补内部政治秩序，调整对外战略，基本放弃沿袭已久的宗藩体制，踏上向西方学习的道路，实际走上霸道政治的道路，以屈辱的姿态韬光养晦，致力于和平外交，为大清王朝的发展赢得了一个难得的外部环境。在这三十多年时间里，清王朝不仅平息了长达十余年的太平天国之乱，而且在对外交往中尽量放下身段，致力于构建大清王朝和平发展的外部环境。

和平的外部环境、稳定的国内秩序、相对开放的对外政策，当然有助于中国的发展，经过大约三十年的努力，中国在经济上不仅修复因两次鸦片战争和太平天国革命所遭到的破坏，而且重振了大清帝国的雄风，大致恢复中华帝国在世界政治舞台上应有的地位。

到了 19 世纪 90 年代初，大清王朝的综合国力与军事力量虽不能与英法等老牌资本主义强国相比，但在亚洲的中心地位与大国气势毕竟得到了相当程度恢复，国际社会比较公认的评论，认为大清国依然是世界上几大强国之一，至少在亚洲尚无其他国家可以取代大清国的强国地位。清政府主持创办的福州船政局、江南制造局、开平煤矿、招商局等近代企业，不仅为大清王朝创造了财富，而且通过近代企业的发展，引进吸收了西方思想文化、生活方式，中国终于迈出步入“近代”的脚步。

大清王朝生机与活力的恢复发展是无数中国人的集体创造，不过如果没有慈禧太后的认知，没有恭亲王奕䜣主持，这一过程可能会是另外一番景象。所以，恭亲王奕䜣被誉为“中国第一次近代化运动的重要倡导者之一”。我在研究中也充分注意到了恭亲王的价值与意义，注意他是怎样与外国人与汉大臣合作的。

在中国走向近代的征途中，恭亲王奕䜣确实起到过重要作用，然而也必须指出的是，恭亲王在主张中国向西方学习的同时，始终不认为中国在整体上落后于西方，始终相信中国自古相传的政治体制在经过两千年的不断更新后，大有“历史终结”的意味。在他的政治理念中，中国不如西方只是暂时的、局部的，一旦中国人学习、掌握了西方近代科学技术，中国必将重新崛起，依然是世界政治格局中重要的一极。在恭亲王的理念中，经济的、科学的、军事的落后，都不是问题，都是可以学习追赶上的。唯在政治的体制上，恭亲王自信清帝国的体制完美无缺，中国的改革绝对不能以牺牲既有体制为代价。所以当康有为 1889 年初提出重构中央政治架构时，恭亲王敏锐地意识到，康有为用心极为险恶，是废我军机，谋我大清。在这一点上，恭亲王又是晚清政治变革的阻力，由此，也就好解释为什么恭亲王一死，政治变革如脱缰的野马迅猛奔腾。

如果没有慈禧太后的认知与支持，恭亲王奕䜣当然没有重建大清王朝雄风的机会，事实上，奕䜣的政治命运始终与慈禧太后纠葛在一起，成为晚清政治棋盘中的关键者。

1861 年 8 月 21 日，在热河病危的咸丰皇帝在临终前遗命其子载淳承继大统，并任命御前大臣肃顺、景寿及军机大臣穆荫等八人为顾命大臣，由他们共同辅助幼主。同时也约定，在同治皇帝未成年亲政前所发布的重大命令，也应该征得孝钦、孝贞两宫太后同意。

然而，这些赞襄政务大臣根本不理会这些限制，遂与两宫太后发生了矛盾。两宫太后发觉顾命八大臣难以驾驭，或者根本就无法驾驭，便召奕䜣密谋去之。稍后，在奕䜣等大臣帮助下，两宫太后下令将肃顺等顾命大臣予以逮捕，并对清廷权力结构做出新的安排，由两宫太后摄政，恭亲王奕䜣为议政王。

新的权力结构导致孝钦皇后即后来的慈禧太后政治地位逐步上升，成为清廷最高领导人。不过在最初那些年里，慈禧太后非常仰仗奕䜣，奕䜣不但拥有议政王头衔，而且继续担任总理衙门首席大臣，并入主军机处，兼领神机营。

恭亲王奕䜣在朝中的权力过大，在一定程度上对慈禧太后也形成了制约，于是二人遂产生了一些矛盾。1865 年，当太平天国运动被平定后，慈禧太后借机罢免了奕䜣的全部职务，含糊指责他偏袒亲戚及在朝廷中行为欠慎。后因廷臣强烈要求，奕䜣得以再任总理衙门领衔大臣和首席军机，但不再具有议政王头衔，不过依然是清廷决策层中举足轻重的人物，在一定程度上对慈禧太后起到约束作用。故而当 1884 年 4 月中法战争不可避免时，慈禧太后借口奕䜣处理不善，遂将总理衙门和军机处大员全部撤职或降级，任命礼亲王世铎领衔军机处，庆亲王奕劻入主总理衙门。但实际权力掌握在光绪帝生父醇亲王奕譞手里，直至他 1891 年初去世。恭亲王奕䜣由朝中重臣一下子成了赋闲的亲王。

直至甲午战争即将爆发，为了应付日趋严重的国际局势、内外压力，在朝一些要员想到了最具世界眼光的老政治家奕䜣，在他们的强烈要求下，慈禧太后同意已赋闲十余年的恭亲王奕䜣官复原职，主持总理衙门和军机处日常事务。

权力获得逐步恢复的恭亲王奕䜣是一个比较重视实际的务实政治家，在处理外交事务方面一贯以和解为基础，这也许得自 1860 年与英法联军打交道的惨痛经验。所以，重新出山的奕䜣和李鸿章一样，认为当时的中国不应该贸然与日本开战，而是应该尽全力寻求外交解决，依赖列强的干预与调停。当战争在主战派的不断鼓噪下终于爆发后，奕䜣依然期待能够在战争的间隙寻求外交妥协。当这种期待完全破灭后，他坚定支持李鸿章不惜代价进行议和，以便最大限度减少损失，为中国赢得和平发展的国际环境。

在奕䜣、李鸿章等人艰辛努力下，中国虽然在《马关条约》中受到极大损失，但中国也由此赢得了此后短暂的和平，中国这个东方漏船在经过简单修整后又开始了自己的航行。

在甲午战争善后工作告一段落时，恭亲王奕䜣也曾想过利用这一次奇耻大辱进行内政改革，改变原来行政效率低下，重建一个高效清廉的政府，无奈清政府积弊太重，而且奕䜣也真的老了，不论是体力上，还是精神意志上，他都没有过去十几年前的状态，他在勉为其难地维持着残局，只是希望大清王朝在他真正退出历史舞台之前不要再出什么乱子。他甚至考虑过退休，但每当提起这件事情时，总是被各种各样的原因所羁绊，即便是翁同龢也总是劝他从大清王朝根本利益着想，宜权衡大势，毋作进退之词。所以，指望年迈的奕䜣还能像先前几十年那样精力充沛地推动、领导清政府进行变法维新，无疑是困难的。

奕䜣期待大清王朝不出乱子的愿望仅仅维持了不到三年时间。在这相对平静的三年中，奕䜣也做了不少有益工作，只是改革内政、重建高效廉洁政府的承诺并没有实行。中国这艘漏船随时都有分崩解体的可能。德国人不宣而战强占胶州湾后，这种可能突然加快。

对于恭亲王和总理衙门大臣李鸿章等具有丰富外交经验的政治家来说，胶州湾危机或许并不像国内激进分子所宣扬的那样严重危害中国利益和安全，在他们看来，将胶州湾租让给德国，将旅顺、大连湾租让给俄国，将威海卫从日本人手里收回后转交给英国人，将西南大部分地区向法国人开放，这不仅不是一件多么可怕的事情，可能正是中国利用外国力量进行开发的绝好机会。落后的中国要想后来居上，要想尽快踏上工业化的快车，改变自己的落后面貌，就必须大力发展自己的经济，利用现代手段去开发自己的资源。而要开放自己的资源，修建自己的铁路网，需要大量资金。而资本的本性就是对利润的追求，中国不做出某种牺牲，就指望列强向中国提供贷款、技术，显然是不可能的。所以，德国人制造的胶州湾事件在大清王朝政治高层虽然觉得很不愉快，但也没到根本无法接受的状态，更没有由此引发中国将亡的预感。

然而，胶州湾事件激起了国内民众特别是中下层人士极其强烈的反对，以严复、康有为、梁启超、谭嗣同等为代表的知识人对奕䜣所领导的这个腐朽政府进行了严厉指责、批评，强调年迈的奕䜣知识褊狭老化，精力不济，并不真正了解国内外情况，致使中国一误再误，错过了一系列获得发展的良机。他们呼吁清廷尽早进行政治体制改革，重建新的行政体制和政府。

这些批评，特别是改革呼吁逐步赢得了清政府政治高层的关注，光绪帝下令奕䜣应该认真研究这些建议。但年老体衰、精力明显不济的奕䜣不仅无力推动和领导大清王朝政治改革，甚至他的思想里似乎也不认为康有为这种极端激进主义的主张能够拯救清王朝。1898 年 1 月 11 日，奕䜣主持总理衙门例会讨论光绪帝有关政治改革的指示，研究是否可以派遣康有为出洋考察。

在这次会议上，当朝帝师翁同龢竭力赞成光绪帝的看法，以为康有为是一个不可多得的人才，康有为的那些建议尽管有某些不切实际的理想成分，但总的来说还是很有价值的，值得予以重视。至于派遣康有为出洋考察各国政治，既是皇上的主张，当然应该可行。而工部尚书许应骙则认为康有为人品低下，是不逞之徒，是千百年来中国传统的叛徒，坚决反对派遣他出洋考察。

双方争论相当激烈，奕䜣在后来的裁决中采取折中调和的看法，建议由总理衙门大臣对康有为进行一次面试，然后再做出决定。

奕䜣的建议是一比较稳妥的办法。1898 年 1 月 24 日下午，总理衙门大臣在西花厅接见康有为，双方就中国是否应该进行改革，以及怎样改革等问题交换看法。奕䜣因有其他要务或身体不适等原因而没有参加这次问话。不过作为总理衙门领班大臣，奕䜣对这次问话的具体内容肯定知道得比较详细。

第二天，光绪帝召见总理衙门大臣听取汇报，翁同龢就双方所谈内容做了说明，并建议皇上召见康有为，就中国改革与发展等问题直接征求康的看法。光绪帝有意接受翁同龢的建议，但奕䜣以皇帝召见康有为这个级别的小臣不合祖制为由，建议先请康有为将自己的改革方案书面条陈，然后视情况发展而定。

奕䜣的建议合乎体制的要求，故而这一建议很难说是反对康有为的变法主张。不过，当康有为参与的变法运动在后来因各种原因结束后，康有为、梁启超等人在分析失败原因时总是将奕䜣的反对视为一个重要因素。

事实上，在甲午战争后三年时间里，奕䜣领导的政府虽然没有在行政体制改革方面做出多少工作，但实事求是地说，奕䜣和他的政府对于那些必须进行改革的许多新举措还是持积极态度，比如同意贵州学政严修的建议创设特科以广收人才，同意荣禄的建议增练新军以固国本，设武科以培养新式军官等，都具有重要意义。即便对康有为等人创办的强学会，虽然朝野上下要求严厉查封的呼声很高，但奕䜣的处理则比较低调，在某种程度上保护了青年一代爱国热情。

青年一代维新志士应该说在某种程度上代表了奕䜣的理想和追求，如果奕䜣再年轻些，按照他过去的思想倾向，他一定会全力支持这些年轻志士。不过，奕䜣的生命毕竟已进入最后岁月，他的老成持重使他不可能对康有为激进主义改革方案完全赞同，他不仅不能完全赞同，甚至反对清政府按照康有为激进主义改革方案进行变革，他似乎已意识到，清政府如果依照康有为的方案进行改革，那么很可能意味着清朝历史的终结。所以他在弥留之际不忘谆谆告诫光绪帝，称自己通过对康有为的观察，总觉得康有为人品不太靠谱，其改革方案不太可行。清政府确实到了不改不行的关头，但任何改革都应该慎之又慎，尤其“不可轻信小人言”，不能因改革而葬送大清王朝，因改革而损害满洲贵族利益。

几十年宦海生涯尤其是主持朝政的非凡经历，使奕䜣在晚清政局中居于重要的地位，他虽然多年来与慈禧太后有许多意见分歧，而他在甲午战争前重新出山据说也是年轻的光绪帝为了制衡太后过于强大的权势而采取的一个阴谋。不过，奕䜣毕竟是道光皇帝的儿子，是大清帝国的大股东，他不会为了朝廷中的权力斗争而牺牲大清王朝的根本利益，所以在他重新出山后并没有完全听从光绪帝的摆布，相反在许多重要问题上诸如甲午战前主和、战后议和等事情上，他本着自己的信念，倾向于支持慈禧太后，反对光绪帝。他甚至觉得光绪帝身边的几个心腹尤其是那个老师翁同龢居心叵测，他在生命最后日子里将这些见解都告诉了慈禧太后和光绪帝。这也就为后来政局演变埋下了伏笔。

奕䜣的一生与慈禧太后确实存在着许多恩恩怨怨，慈禧太后也确实在许多时候存心打击、折磨奕䜣。这在先前的研究中都有很好的揭示，但是不可否认的是，先前的研究过多注意到了他们二人之间的冲突，相对忽略了二人之间的一致。事实上，慈禧太后与奕䜣的矛盾是慈禧太后不太喜欢奕䜣对她的一些重要决策的否定与反对，但慈禧太后清楚奕䜣对大清王朝乃至对她个人的忠诚是不值得怀疑的，更不会听进任何人的挑拨，毕竟他们是一家人，是叔嫂。

基于这样一种错综复杂的关系，奕䜣在晚清政局中的重要地位不言而喻，他的存在就是政局稳定的象征和保障，他一旦发生什么意外，就很难保证政局的稳定一如既往。所以，当奕䜣患病的消息在京城和晚清官场中不胫而走时，有人高兴，有人失意，有人觉得中国政治必将因此而发生一次大的变化，有人则意识到奕䜣去世可能会对政局造成极大冲击，甚者将危及大清王朝的安危。

进入1898年，奕䜣的身体状况越来越差，而国内政治局面却因胶州湾事件而闹得沸沸扬扬。奕䜣在勉力处理好日常政务的同时，也在思考着怎样借助于胶州湾事件带给人们的震动去激活人们的政治热情，重振大清王朝的辉煌。他希望清政府能够借助于这个机会把某些制度进一步调整，但是他无论如何也不能赞成康有为的那种激进政治体制改革，他以为如果采取康的激进改革方案，不仅会给中国带来新的混乱，而且势必削弱国家行政能力，损害大清王朝根本利益。他在生命最后岁月所念念不忘的变化、改革与康有为的主张有本质不同，他当然希望他的这种改革能够在他去世后继续获得执行。

5月26日，恭亲王奕䜣进入弥留状态，慈禧太后和光绪帝闻讯在此后几天里先后多次前往探视。在弥留之际的恭亲王出于对大清王朝的忠诚，对清廷的未来尤其是用人方面向慈禧太后、光绪皇帝等表达了自己的担心。他希望年轻的皇帝能够很好地尊重慈禧太后，在用人行政上要格外小心，恪守成宪，维系人心，与那些忠诚的大臣们共同商量，治理国家，经武整军，富国强兵，相信大清王朝终有重振雄风的时候，不要急功近利地相信那些政治小人的蛊惑，更不要将政府的权力交给翁同龢这样的人。

恭亲王告诉光绪帝，大清王朝确实应该进行某些方面的改革，但这种改革只能是清朝旧有体制的完善，而不能另起炉灶从头开始，而翁同龢在康有为的鼓动下所谓“从内政根本”进行改革的构想，以及在内廷设立制度局的想法，实际上都是要脱离原有的国家权力机关另起炉灶，意在“废我军机”。果如此，以皇上的政治智慧和经验阅历，势必沦为翁同龢、康有为手中的傀儡，那样不仅对满洲皇族不利，对大清王朝也极端危险。所以恭亲王奕䜣用生命的最后一点力气阻止光绪帝起用康有为，称“闻有广东举人主张变法，当慎重，不可轻任小人”。

对于翁同龢，奕䜣根据自己多年与其共事和了解，以为翁同龢不仅一味夸张，力主开战，一错再错，以致十数年之教育，数千万之海军，覆于一旦，不得已割地求和，将国家从甲午战前的发展坦途引领到现在如此危险境地。所谓聚九州岛之铁不能铸此错者，都是翁同龢误导之过。至于翁同龢的个人人品，恭亲王奕䜣也相当瞧不起，他告诉光绪帝和慈禧太后，此人“居心叵测，并及怙权”，如果不对他进行防制，将来一旦他与康有为等人联手，必将祸及大清王朝。

恭亲王奕䜣临终时对朝中人事的评价虽然只是对慈禧太后和光绪皇帝说的，但在当时似乎并没有什么秘密，作为正当红的军机大臣、帝王之师的翁同龢不会不知道这些谈话，即便不知道细节，也肯定知道大概。所以当光绪帝 5 月 26 日向他问及康有为时，他的本能反应就是抹杀自己与康的任何关系，并指责康有为是“居心叵测”的政治小人。光绪帝或许是听了恭亲王奕䜣的忠告对翁师傅进行试探，而翁的反应则是本能的自我保护。至于翁同龢将这些责难与冲突详细记载在自己的日记里，过去的研究也有很多推测，我的看法是，翁同龢这样做，那也不过是为了将来某一天康有为真的出事了，能够由此证明他与康有为等人确实没有关系，因为我们还知道他与康有为几次直接接触这样的大事，在他的日记中都没有反映，他何以要将皇帝对他的指责详细记载下来，原因不是很清楚了吗?

恭亲王奕䜣的政治遗言显然给慈禧太后和光绪帝留下不可磨灭的记忆，慈禧太后和光绪帝也尽其所能给了恭亲王至高至上的荣誉。只是历史的发展并没有向着奕䜣的期待走，晚清政治走向却因他的逝世而发生了急剧变化，一场政治风暴在他去世后短短十三天就正式开始。奕䜣最不希望看到的急剧性政治变革却在他刚刚去世后就突然提速。历史的偶然性在这里又一次促成了历史的必然。

奕䜣去世本在意料中，他在久病了几个月后去世按理说已给慈禧太后、光绪帝乃至清廷中的重要决策者们留下了足够的应变时间。但不知道是什么原因，慈禧太后和光绪皇帝并没有急于安排继任者，清政府的日常运作实际上因奕䜣逝世陷入某种程度的程序性混乱。

恭亲王奕䜣对慈禧太后有某种程度的制衡作用，对年轻的光绪帝有着仁慈的保护功能，对朝廷中各派政治势力更有着一种难得的亲和力。说他守旧，他有新思想，是他主导和推动了中国的第一次近代化运动；说他趋新，他又不相信康有为等人类似于“全盘西化”的政治改革方案，更加怀疑乃至讨厌康有为这班年轻政治人物的个人操守；他甚至非常讨厌貌似趋新的翁同龢，以为翁同龢对年轻皇帝已产生了不良影响。日本驻华公使矢野文雄根据与李鸿章、张荫桓的交谈得出印象，慈禧太后原来就是喜欢革新派的人，而光绪帝常常掣肘于左右守旧派，反而比较守旧。经过甲午战争的刺激，光绪帝幡然醒悟，倾心于革新，于是帝后之间的感情亦由此而加深。特别是恭亲王奕䜣逝世，在一定程度上打破了先前帝后之间的权力平衡，权力中心亦由此发生些微偏移，太后的权力明显增大，改革的启动也就在太后的推动下加速进行。所以，如果往深处追溯后来新政的渊源，则不能不考虑恭亲王之死这个偶然因素。

奕䜣之死在朝野内外激起巨大反响，深刻影响着中国政治走向。朝中比较活跃且与恭亲王奕䜣生命的最后几年多有接触的大臣张荫桓在日记中记下自己的担忧，以为未来政局走向可能因恭亲王逝世而发生改变。四川维新志士宋育仁在得知奕䜣去世的消息后顿足叹息，以为大局从此危矣；与翁同龢有师生之谊的张謇在得知奕䜣去世的消息后就预测中国政治格局将发生重大变化，但是怎样变，张謇似乎还难预测。几乎所有关注中国政局演变的人都预感到政随人亡的千年规律不可逾越，中国先前几十年只注重学习西方的技术，发展经济的所谓洋务运动必将随着奕䜣的去世而寿终正寝，中国的政治体制必将随着中国经济基础的变化而进行调整，中国的政治局面也必将根本改观。

特别是那些急于进行政治改革的年轻一代如康有为等人，他们觉得奕䜣的死实在是一件不可多得、难得一遇的良机，于是他们利用自己的政治关系，通过翁同龢促使光绪帝利用奕䜣去世后的政治权力真空从速变法，勿失时，明降谕旨，著定国是，宣布维新之意，痛斥守旧之弊，天下更始。

醇亲王与光绪、慈禧

咸丰帝是道光帝第四子，慈禧太后掌权主要是因为她是咸丰帝的未亡人，且生有小王子同治帝。恭亲王奕䜣为道光帝第六子，精通与洋人打交道，因而被称为“鬼子六”。醇亲王奕譞为道光帝第七子，他与恭亲王奕䜣，都是慈禧太后的“小叔子”。

咸丰帝生于1831年，慈禧太后生于1835年，恭亲王奕䜣生于1833年，小咸丰帝两岁，大慈禧太后两岁。醇亲王奕譞生于1840年，小咸丰帝九岁，小恭亲王七岁，小慈禧太后五岁。属于最高统治层中年龄最小的。而且，醇亲王奕譞的大福晋为慈禧太后的胞妹，因而奕譞对于这位嫂子兼姐姐抱有敬意、好感，也显得很听话。而恭亲王奕䜣则不一样，他的年龄比慈禧太后大两岁，时时处处有家长的气派与感觉，况且其确实有能力。他们两人之间有点意见分歧，完全可以理解。

恭亲王奕䜣1884年中法战争进行时退职赋闲，并没有被剥夺王爷的特权。接替他的一是他的弟弟醇亲王奕譞，一是礼亲王世铎，一是庆亲王奕劻。

礼亲王世铎生于1843年，为礼烈亲王爱新觉罗·代善九世孙，年龄比醇亲王奕譞还小三岁。他在同治年间只是出任内大臣，在宗人府任职。至恭亲王奕䜣被罢免，奕譞重组军机处，方才被奕譞举荐入值，在军机大臣上行走。后任领班军机大臣，代表皇室主持政务，遇事与奕譞商办，在政治上并没有多少独立见解，属于碌碌无为的贵族，出任高官仅因为其血统纯正。

庆亲王奕劻属于恭亲王奕䜣之后最有能力的皇族成员，但他真正发挥作用在恭亲王奕䜣去世后。他此时介入奕譞的班底，主要带有见习的性质。

奕譞因各种原因，与慈禧太后相处不错。他大概也不像人们想象的那样无所事事，事实上，在 1861 年辛酉政变中，奕譞也是一个重要角色，与其兄奕䜣、其嫂慈禧配合得天衣无缝，甚得慈禧太后、恭亲王奕䜣赏识。1875 年，其子载湉登基后，奕譞加封亲王世袭罔替，并受命负责海军建设。北洋海军之所以在那个时代取得如此大的成就，除了国家实力增强，一个重要原因是奕譞的督促、规划。当然，他最受世人诟病的一件事，就是在他主管海军事务时，挪用海军费用整修颐和园。不过，这件事也要从另外一个方面看。

据光绪朝《东华录》，清光绪十二年六月十日（1886 年 7 月 11 日），年过半百执政已经二十六个年头的慈禧太后看着年轻的光绪帝出落成了大小伙子，她遂在宫中召见小皇帝的生父醇亲王奕譞，以及领班军机大臣、礼亲王世铎，还有十五岁的小皇帝光绪。这次会面的主旨，就是慈禧太后不想再垂帘听政，希望将清帝国日常事务处置权交给小皇帝。慈禧懿旨说：当年小皇帝即位时只有四岁，实在太小，无法亲政，大清王朝一切用人行政，王大臣等不能无所秉承，所以那时不得已允准廷臣之请，垂帘听政，并郑重约定一旦小皇帝典学有成，即行亲政。现在十二年过去了，小皇帝孜孜念典，德业日新，长大成人了，最近也能自己批阅奏章，论断古今，剖决是非，权衡允当。这当然是国家之福。慈禧有意借此机会卸任息肩，颐养天年，所以慈禧表示将遵守当年约定择期归政，请钦天监选择吉期，于明年某时举行皇帝亲政典礼。

如果我们不带有“恶的历史观”去延续一百年来的“革命话语”，如果我们从日常情理层面去体察慈禧太后此时此地此心情，我们应该相信太后的真诚，相信她的“退位”并不存在着什么“微言大义”或矫情，更非虚情假意，而是其内心真实意思的表达。因为那个时候，是大清鼎盛时代，接近于三十年的洋务新政给大清带来了一番新气象，先前经两次鸦片战争、太平天国运动所消耗的国力大致得到恢复，大清王朝似乎重新回到了一个新的盛世时期。慈禧太后在这个时候提出由小皇帝亲政，其实是功成身退，就是要在青史上留名，要用事实正告那些一直诋毁她政治人格的反对派：我虽女流，但绝不是权力贪婪者。

我们之所以这样说，并不是刻意要替慈禧太后翻什么案，因为历史事实俱在，因为在那时大清王朝内部并没有谁对太后的权力提出过挑战，担负执政政治责任的满洲贵族集团对太后过去若干年的操劳大致还是满意的，所以也没有人对太后的权威提出异议。

从太后的立场进行分析，她之所以提出让小皇帝亲政，主要还是为大清王朝长治久安考虑，希望小皇帝在实际历练中提高能力，树立威望，并逐步建立自己的执政班底或团队。然而，从小皇帝立场看，不论已经学到了多少知识，十五岁就担负起大清王朝的政治责任，委实有点太累太恐惧，何况这个位置迟早都是自己的，有“亲爸爸”老佛爷在前面罩着，帝国一切用人行政，还是比较轻松愉快的。所以当太后的决定一宣布，小皇帝在醇亲王敦促下当即长跪恳辞，醇亲王奕譞及军机大臣礼亲王世铎等亦以时事多艰，万几繁钜，小皇帝在皇太后指点下，日积月累，积少成多，精进不止，不断进步，是有了相当能力，不过学无止境，如果皇太后能够从缓归政，将小皇帝扶上马送一程，将来皇上躬亲庶务，必能贯彻无疑，益臻上理，有助于政治稳定社会发展，实为大清王朝之福、天下臣民之幸。

醇亲王是小皇帝的亲爹，也是慈禧太后的亲妹夫。因此不论从哪个角度说，他的陈情与呼吁，都是真诚的，都是为帝国，为小皇帝未来前途好。何况，醇亲王奕𫍽的学识才智不过中等，既无野心，更无锋芒，他之所以得到慈禧太后的信任，比较公平的说法就是他的平庸、谨慎。

醇亲王、礼亲王再三吁恳，情词亦出于至诚，皇太后对此也有比较深的了解，但她主意已定，并不理会小皇帝及醇亲王、礼亲王等人的恳请。慈禧太后向他们解释说：十二年前“垂帘听政”乃非常之举，本属一时权宜。皇帝继统御极，仰承穆宗毅皇帝付托之重。现在皇上既然典学有成，正宜与内外臣工勤求治理，宏济时艰，自应遵从同治十三年十二月初七日懿旨约定，即行亲政，以慰深宫期望之意。坛庙大祀，皇上均应亲诣行礼，以昭诚敬。皇太后决定不再改变，仍命各方面继续准备，并命钦天监于明年正月内选择吉期，举行亲政典礼，所有应行事宜及应复旧制之处，命各相关衙门敬谨查明成案与惯例，奏明办理。

这是慈禧太后宣布归政当天的事情，所有细节在《清实录》《翁同龢日记》等相关文献中都有比较详细的记载。后来的研究者对事实本身并没有提出多少不同看法，只是在对慈禧太后的心理动机分析上，大都遵循“恶的历史观”揣测太后归政诚意并不可靠，认为慈禧太后对权力的贪婪使她不可能真的放弃已经获得的至上权力。这种分析其实不过是以小人之心度君子之腹，更是从来没有掌握过权力的书生之见或臆想。

根据《翁同龢日记》，醇亲王奕𫍽在向慈禧太后当面请求从缓归政未准后，曾找帝师翁同龢等人商量对策及善后，醇亲王介绍了与皇太后面谈情况，说皇上亦当面跪求，但仍然没有使太后回心转意。翁同龢说：这个事情至关重大，王爷宜率御前大臣、毓庆宫诸臣一起请求皇太后抽个时间接见并一起讨论。醇亲王对于翁同龢的建议没有给予明确答复，只是表示待军机处开会商量后再作讨论。

在稍后军机处会议上，礼亲王世铎介绍了事情的经过，表示圣意难回，只好承旨去做。翁同龢对此似乎还是不死心，他依然建议醇亲王率枢臣继续面谏，争取慈禧太后收回成命。醇亲王表示今天时间来不及了，待第二天王公大臣会议会商后，再作表示。

散会后，翁同龢往访同僚孙毓汶，告诉他如果请求慈禧太后继续训政不如请缓归政为得体，而孙毓汶对翁同龢的建议唯唯否否，不知所云。是日夜，热情亢奋的翁同龢起草了一份奏折，准备明天商之同僚同仁。

第二天（7月12日，六月十一日），一切如常，翁同龢将他起草的奏折底稿交给同僚进行讨论，各位阅读后大致同意翁同龢的建议，遂定议联衔上，并以此请示醇亲王奕譞，奕譞以为然。当天各方面的酝酿基本成熟，但能否如愿还要看慈禧太后本人的意思。

7月15日（六月十四日），醇亲王奕譞先上了一个折子，折子的前半段吁请皇太后体念时艰，继续训政，即便要归政，也应该等皇上二十岁时；后半段专言皇帝亲政后宫廷一切事务仍请太后裁决，上不问，始可专心典学云。醇亲王的这个折子似乎已考虑接受皇帝亲政的意思，所以翁同龢对这个折子的评价并不高，以为“意甚远”。

同一天，礼亲王世铎等重臣也奏请皇太后再训政数年；在大清王朝统治集团中拥有重要地位的蒙古亲王伯彦讷谟祜等也专折奏请皇太后从缓归政。这些呼吁、请求，可以说是帝国政治游戏，是政治粉饰，是对皇太后的拥戴。但是，慈禧太后并没有在这些呼吁请求后改变主意，她表示：垂帘听政之举，实在是出于万不得已。十余年来深宫训导，欣见皇帝典学有成，特命明年正月内举行亲政典礼。这个决定经过反复审慎权衡，是最后决定，不容再有游移。天下之事，至繁至赜。皇帝亲政之始，容或有未及周知的事情，但只要各位重臣共矢公忠，尽心辅助，内而枢臣，外而疆吏，均是朝廷重要凭借，协助皇上处理政务，责无旁贷。各位只要殚竭血诚，力图振作，于应办事宜任劳任怨，不要因循推诿，致负委任。至于皇帝求学，本无止境，一切经史之功，国际事务，仍由毓庆宫行走诸臣朝夕讲求，不惮烦劳，俾臻至善。总之，帝德王道，互为表里，皇帝亲政后，正可将平日所学付诸实践，以回应天下臣民对皇上的期待。慈禧太后坚决否定了醇亲王奕譞等人继续训政数年暂缓归政的建议，不愿就这个事情再作任何讨论。

至于醇亲王奕譞在奏折中提出的宫廷政治内外并重，希望皇太后在归政后参照现在规制，凡宫中一切事宜，先请懿旨，再于皇帝前奏闻，以便皇帝能够专心于大政。对此，慈禧太后表示可以考虑，称皇帝很小的时候就接到宫中由她自己抚养教育，十余年如一日，感情至深。所以即便皇帝亲政后，她也不会将所有事务全部推开，一定会利用自己的经验随时调护，随时提醒。皇太后表示这是她的政治责任，不容推卸不容否认。平心而论，慈禧太后的这个心情放在任何一个母亲那里都是可以理解的决定，不必赋予历史文献本身所没有的含义。

这一天，钦天监选择的黄道吉日提交上来了，小皇帝的亲政典礼定于明年正月十五日也就是 1887 年 2 月 7 日举行。

翁同龢是光绪帝的老师，两人关系很好，感情也深。如今皇上要亲政了，翁同龢也觉得自己的努力奋斗特别是多年心血就要有结果了。7 月 16 日，他在给皇上例行上课时力陈时事艰难，总以精神气力为主，反复数百语，至于流涕，上颇为之感动。这一天，翁同龢还与各位王公大臣商量再上奏折，希望即便皇太后归政、皇上亲政了，海防及一切紧要事情仍应由慈禧太后做最后决定，并准许内外重要臣工封事直达储秀宫，像过去一样可以直接向皇太后请示汇报。对于翁同龢的这个建议，诸王以为然，但怎样建构这个新体制，诸位王公大臣以为还要与礼部商酌决定。

慈禧太后归政大概是没有办法转圜了，军机处和各位王公大臣现在能够做的就是劝说皇太后放慢归政步骤，或者答应在归政后仍然为帝国重大事务操劳。17 日（十六日），军机处拟就一份奏折，首言“垂帘听政”虽然是大清过去几十年的权宜之计（权），但并没有违背大清规矩（经）；次颂过去二十年，皇太后在大清王朝政治发展中的功德；末言外国交涉各种事务及战守机宜等，期望未来还能仰承皇太后政治经验和政治智慧。这个奏折中甚至有“为亘古未有之创局，即系亘古未有之盛事”二语，被翁同龢在当天的日记中嘲讽，以为不甚妥当。

翁同龢不仅忙着与诸位王公大臣商量着怎样请求皇太后暂缓归政，而且利用他与光绪帝的特殊关系，当面劝说光绪帝一定要在皇太后面前诚恳请求，真诚希望皇太后能为大清王朝继续负责任。翁同龢等人的用意究竟有多少发自内心真诚，有多少是官场规则和礼仪，我们并不太清楚，我们知道的是，在光绪帝、醇亲王奕譞、礼亲王世铎以及各位王公大臣一再呼吁奏请下，慈禧太后于 7 月 19 日（六月十八日）不得已答应勉为其难，同意在光绪帝亲政后再行训政数年，真的是扶上马再送一程。慈禧太后在懿旨中重申：垂帘听政，历稽往代，皆出权宜之举，行之不慎，流弊滋多，史册昭垂，可为殷鉴。早些天因为皇帝典学有成，特降懿旨，及时归政。这是深宫十余年来殷殷盼望之苦衷，天下臣民自应共谅。所以当这个决定宣布后，王公大臣等合词吁陈，均未允准。只是最近几天，皇帝及各位王公大臣再四恳请，情真意切，力陈时事艰难，军国重要，提出了不少应对方案，读后令人深省。所以当皇帝初亲大政，决疑定策，实不能不遇事提撕，期臻周妥，何敢固持一己守经之义，致违天下众论之公？只好勉为其难，答应于皇帝亲政后再行训政数年。俟数年后斟酌情形，再行降旨。

慈禧太后原本期待功成身退，为她的时代画上一个完美句号，最终因为这些原因没有成功。

在各方压力下，慈禧太后收回成命，答应在光绪帝亲政后再继续训政若干年。这个决定为后来的政治发展留下了非常大的变数，至少使中国传统社会的皇权中心发生了偏移，使许多事情变得越来越复杂，越来越难办。

不过，可能发生的这些问题，慈禧太后和清廷最高政治层也并不是没有一点预感，皇太后在决定接受群臣呼吁收回成命时，就命令军机大臣礼亲王世铎等专门研究在皇帝亲政后继续训政的制度安排，以免发生权力冲突贻误大事。

根据慈禧太后的指示，军机大臣礼亲王世铎等参照内阁等衙门提供的相关文献和规则，于1886年11月21日向清廷提交了一份皇帝亲政后继续训政的制度安排建议方案，规定在皇帝亲政后所有谒陵、祭祀等大典，均循旧制由皇帝出席，或循旧制由礼部提出具体方案；凡遇皇帝召见、引见事宜，建议参照礼臣会议规制，暂设纱屏为障，皇太后在幛后升座训政；凡中外臣工呈递皇太后、皇上的奏折，均按照现在通行的规制书写；凡需接见的各部臣工，仍按旧制一律带领引见，至于皇太后是否出面接见，由皇太后届时自行决定；至于乡会试等各项国家大考，仍建议循旧制由相关部门拟题，呈皇太后审定，由皇上宣布，录取结果也仍由皇太后把关；内外臣工所递奏折需要批示、批复的，拟照旧制均请朱笔批示，由皇太后审定后发下。

按照这个安排，光绪帝亲政后似乎还有一个政务处理见习期。在这个见习期中，帝国重大事项除礼仪性典礼由小皇帝出席进行政治历练外，但凡涉及政治决策、人事调整等重大事宜，在这个见习期也就是继续训政期仍由皇太后作最后把关，但小皇帝的参与确实是越来越多。这大概就是皇太后和满洲贵族重臣的期望，希望十五岁的小皇帝在老太后的带领下在政治上逐步成熟，或许能够像醇亲王奕𫍽所期待的那样，再过五年时间，待光绪帝二十岁的时候，能够独立处理政务。到那时，为帝国操劳三十年的慈禧太后再从第一线退出。这样肯定更有利于帝国的稳定。

从大清王朝政治立场看，这个制度安排可能更合乎逻辑和道理，更合乎大清王朝利益最大化，所以在当时并没有人提出不同意见，一切都在按部就班地筹备着进行着。

1887年2月7日（光绪十三年正月十五日）一大早，年仅十六岁的小皇帝一脸肃穆亲往大高殿拈香，寿皇殿行礼，然后率王公大臣、蒙古王公以及六部九卿满汉高官前往慈禧太后居住的正宫慈宁宫门外行庆贺礼。礼毕，御太和殿，受王公大臣文武百官朝贺。礼成，光绪帝颁布亲政后第一份诏书，一是感谢过去十几年慈禧太后辛勤养育，感谢皇太后过去十几年孜孜不倦，励精图治，颂扬大清帝国在慈禧太后精心治理下纲举目张，物阜民康，丰功伟绩，为向来史册所无。

光绪帝的亲政诏书在谈到未来体制时，强调尽管自己遵照皇太后懿旨亲政了，但未来几年帝国重大决策依然如过去一样，由皇太后作最后决定，负最后责任，皇太后仍是大清王朝实际上的最高领导人。光绪帝要求诸王贝勒内外大小文武群臣，务当各抒忠赤，尽力报国；全国军民，敦本务实，共享升平。

慈禧太后继续训政从理论上说并没有使大清王朝的政治体制发生改变，只是毫无疑问的是，随着小皇帝亲政，随着小皇帝成长，帝国政治最终决策权必将逐步向光绪帝移交，这是朝廷内外大小臣工都看得很清楚的。所以，随着光绪帝亲政，慈禧太后尽管继续为帝国政治负最后责任，但如果不发生意外，她相信一个时代必将终结，而一个新的时代正在开始，所以，她要主动让位，她要为自己的余下岁月寻找生活兴趣，甚至要为自己找到一个更合适的居所，一来方便自己生活起居，二来逐步远离帝国政治中心，让皇儿尽早“断奶”，逐步独立自主地处理帝国政务。

光绪帝亲政后不久，光绪十四年二月一日（1888年3月13日），发布一道谕旨，宣布将清漪园加以整修，更名为颐和园，以备皇太后将来归政后居住。上谕说，过去二十余年，我圣母皇太后为天下忧劳，无微不至，而对自己实在考虑太少，现在想来实在有点不太合适，因念西苑距皇宫也不是很远，往年乾隆爷曾经在这里驻跸，殿宇尚多完整，稍加修葺，可以养性怡神。园中万寿山前的大报恩延寿寺是乾隆帝为庆祝其母六十大寿修建的。现在整理后由皇太后使用，敬踵前规，也是一个吉祥去处，只是将旧名清漪园谨改名为颐和园。殿宇一切亦将酌情加以葺治，以备慈舆临幸，更是作为慈禧太后六十华诞的贺礼。

对于光绪帝的孝心，慈禧太后当然高兴，但她也明确指示现在虽然寰宇粗安，也不敢稍有暇逸之心，还是应该一切从简，只要能够将国家治理好，国家强大了，人民富裕了，她的心也就安了。

慈禧太后是对大清王朝有过重大贡献的领导人，按理说重建一个住所也是正当之举，然而我们看到大清王朝的体制在这方面也有可取之处，在言官以及一般社会舆论的监督下，光绪帝明确宣布此项工程并不动用国库中的经费，“工用所需悉出节省羡余，未动司农正款”，然而这个工程在后来却备受批评。批评者指责醇亲王奕譞滥用职权，挪用海军银两整修颐和园，致使北洋海军在稍后的黄海大战中丧失了取胜的机会，将失败的责任推给了奕譞。

颐和园的整修工程是与光绪帝亲政、大婚，以及慈禧太后完全归政联系起来的，环环相扣。也就是说，之所以要整修颐和园，是因为皇帝真的长大了，成人了，要结婚了，要完全主持帝国政务了，为了帝国权力中心的一元化和唯一性，慈禧太后确实准备迁出皇宫了。光绪十四年六月十九日（1888 年 7 月 27 日），懿旨定于明年二月归政。稍后，懿旨择定具体日期为二月初三日。至于光绪帝的大婚典礼，懿旨择定明年正月二十七日。也就是说，当光绪帝完成大婚典礼成人仪式后不到一周时间，慈禧太后也就将帝国的所有政务统统交给光绪帝。

慈禧太后这一次是真的下定决心退出政坛，荡漾于山水之间，颐养天年。这个决定究竟有多少诚意，后来的研究者多有怀疑，而我在阅读这些史料时，总觉得过去那些怀疑其实是没有多少道理的。事实是，随着完全归政日子的逐渐来临，朝廷内部似乎也有不同声音。光绪十五年一月二十一日（1889 年 2 月 20 日），御史屠仁守向朝廷递交了一份奏折，建议慈禧太后在这次完全归政后，继续操控或者说实际上掌握政权，建议外省密折、廷臣封奏，仍按照训政时期的体制上书皇太后、皇上圣鉴，俟皇太后披览后再施行，并建议皇太后不要住到颐和园，远离皇宫，应该继续住在慈宁宫，以方便及时干预朝政。

屠仁守的建议出于挚诚，是对清帝国未来的关爱，但是这个建议却惹恼了慈禧太后，太后看了奏折后极端震惊和愤怒，表示垂帘听政本属万不得已之举，鉴于前代流弊和教训，特饬及时归政，上符列圣成宪，下杜来世口实。这是不容再作讨论的事情。现在如果按照屠仁守的建议，归政伊始，又降懿旨，规定内外奏折仍书“皇太后圣鉴”，仍由皇太后指示，这不是让皇太后自坏规矩，自损名声吗？屠仁守的这个建议既与朝廷先前决策相违背，又开后世妄测訾议之端，所见甚属乖谬。此事关系甚大，若不予以惩处，无以为逞臆妄言紊乱成法者戒。根据皇太后的建议，屠仁守为此丢掉了御史职务，并被开除公职，宣布永不叙用，只好回老家教书去了。看来，慈禧太后的归政决心并不必怀疑。

当然，这样说并不意味着慈禧太后从此完全从政治中脱离出来，作为一个具有丰富政治经验的领导人和光绪帝的“亲爸爸”，慈禧太后归政后仍然有办法继续为帝国政治出力，为光绪帝把关，而通关渠道不再是训政时期的权力二元，即所有奏折一式两份，分送皇太后和皇上，而是权力一元，由光绪帝独立处理政务，惟需要皇太后操心者，由皇上的生父，也就是醇亲王奕譞随时与皇太后单线直接联系，听取皇太后的意见。只是这个联系，并不是帝国体制中的硬性规定，更不会使训政体制继续下去。

慈禧太后希望完全归政的决心是坚定不可动摇的，其诚意也是不必怀疑的。然而现在看来这个决定究竟是利是弊，也都很难说。清末掌故《异辞录》在谈到这个事情时就说，假如慈禧太后当时接受了屠仁守的建议，继续训政时期的一些做法，那么后来的甲午战争、戊戌维新肯定都会不一样，慈禧太后也可以避免第三次垂帘听政的尴尬，可免大阿哥入嗣之举，可免义和团之乱、八国联军入都，乃至《辛丑条约》规定的数十年期限，本息加在一起多达九万万两的战争赔款。

历史当然无法假设，历史就这样走过了。光绪十五年正月二十七日（1889 年 2 月 26 日），十八岁的光绪帝大婚礼成。几天后，二月初三日（3 月 4 日），慈禧太后归政，光绪帝亲政。之后不久，慈禧太后就时断时续居住在颐和园，尽量不再过问帝国日常事务的细节。一个属于慈禧太后的时代就这样结束了，光绪皇帝的新时代就此正式揭幕。

从这些讨论回看醇亲王奕譞，他确实不是一个具有大格局的政治家，没有像他的六哥奕䜣那样开辟一个新时代的魄力。他本来可以在洋务新政十几年成就基础上推动中国的转型，让中国像日本那样加入全球化竞争。毕竟此时对全球来说是一个大殖民时代，弱肉强食，适者生存，中国如果在醇亲王奕譞接手后调整国家发展战略，内外兼修，参与全球竞争，那么在此后数年，中国绝对不会与日本拉开如此大的距离，一战即溃，打回原形。

不过，这些情形醇亲王奕譞并不知道。1891 年元旦，醇亲王奕譞因病去世。

奕譞病逝后，代表皇室处理清帝国中央日常事务的为庆亲王奕劻。奕劻生于 1838 年，乾隆皇帝曾孙。光绪十年（1884 年）慈禧太后改组政府时，受命担任总理各国事务衙门大臣。1894 年受封庆亲王。1898 年成为铁帽子王，也是清帝国最后一个铁帽子王，由此也可见庆亲王奕劻在晚清史上的地位。

读晚清史料，庆亲王奕劻是一个被高度妖魔化的满洲贵族，最流行的说法他是最贪腐的王爷。我们当然不能说奕劻清廉，说他不爱财，毕竟晚清言官举报最多的首推庆亲王。但是说他为清末贪官第一人，其实是严重低估了清帝国反贪腐的制度安排，低估了慈禧太后、光绪帝、恭亲王奕䜣的政治判断力，因为如果仔细复查那些言官的举报为什么最终并没有撼动庆亲王，其实这里面的问题就非常多，与中国传统政治制度的言官制度安排存在先天性不足有关。记得李鸿章在与伊藤博文谈话时，李鸿章曾对这一制度安排予以批评，伊藤也毫不客气建议中国政府应该废除这个制度，因为言官们以抓贪腐为其职责，为其考核的标准，抓得越多，功劳越大，因而言官体制下被诬告，主要是被夸大的官员不知凡几。庆亲王、李鸿章、袁世凯，都是晚清时期最能干的满汉能臣，但他们几个被举报的也最多。李鸿章赢得最高层充分信任，但他在处理事务时也不能不考虑言官，读恭亲王在甲午年让张荫桓前往天津面交的一封密信，恭亲王主要是叮嘱李鸿章要从国家大局考虑处理外交，不要顾忌那些言官，那些无稽无根的舆论。恭亲王知道很多言官就是捕风捉影，胡说八道。但制度安排又赋予言官这样的特权。庆亲王的情形，应该就是这个样子。读张謇的记录，他 1911 年进京曾与庆亲王有过一次推心置腹的谈话，说到伤心处，庆亲王"一个老男人"竟然号啕大哭，可见其内心的委屈，决非外人所能理解。

庆亲王是晚清能臣，但他真正发挥作用并不是在醇亲王奕譞去世后。奕譞去世后，政府并没有进行大改组，一切似乎都在如常进行。

恭亲王奕䜣去世后的清廷政治格局失去了平衡，与慈禧太后、光绪帝血缘关系最紧密的两位王爷恭亲王、醇亲王都不在了。而两位王爷的后辈，光绪帝是当今皇上；恭亲王奕䜣健在的儿子只有载滢，而载滢早就过继给道光帝第八子钟郡王奕詥为嗣；奕譞的几个儿子，即光绪帝的弟弟有载沣、载洵、载涛三人，他们都在后来的政治发展中深度介入，但此时年龄尚小，不足以应事。载沣生于1883年，1898年的时候只有十五岁；载洵生于1885年，此时只有十三岁；载涛生于1887年，此时只有十一岁。两位王爷的后人都无法此时出头组织政府，如奕䜣、奕𫍽那样在朝廷中负责。

历史的机遇如此就落到了庆亲王奕劻的肩上。在恭亲王奕䜣去世后，代表满洲贵族、皇室出面领导军机处、总理衙门的就是庆亲王奕劻。

奕劻生于1838年，小慈禧太后三岁。奕劻年轻时就深得慈禧太后信任，1884年罢斥奕䜣后，因慈禧太后、奕𫍽的原因，奕劻开始步入政治高层，以总理衙门大臣身份主持外交事务，与汉大臣李鸿章为晚清外交最高负责人，相互配合，对晚清发展、海军建设、交涉等都负有相当权势，属于皇室的重要代表。

许多研究者认为奕劻在戊戌事变发生后，坚定站在慈禧太后一边，反对光绪帝，后来又支持慈禧太后操控大阿哥的选择。这个说法并不真实。假如我们仔细阅读那时与庆亲王有许多直接接触的外国人，比如英国公使的外交报告，比如赫德留下来的记录，我们可以发现奕劻始终站在清帝国的立场上处理政务与外交，不论是戊戌时期，还是义和团战争时期。至于在大阿哥问题上，我反而倾向于认为庆亲王第一可能如研究者所说并不反对为光绪帝物色一个接班人，过继一个王子；但第二，庆亲王并不赞成让端郡王载漪的儿子溥儁为大阿哥；第三，在庆亲王心目中，假如一定要为光绪帝过继一个王子的话，为什么不可以考虑他的儿子？所以我在将戊戌事件与义和团事件进行综合研究时，有一个直觉判断，就是端郡王载漪在这之前并没有主持过外交事务，并没有表达过对政治、外交的看法，那么外国人为什么能够迅速认定载漪是守旧势力的代表，具有强烈的排外意识，因而不愿意承认端郡王领导的政府，不愿意承认大阿哥，进而导致中国外交停摆，冲突爆发。这究竟是什么原因，究竟是谁在与外国人的交往中有意，或者无意编排载漪的政治态度、政治立场？由于史料阙如，我们不敢进一步推测，但可以提供一个思考的方向，我觉得庆亲王奕劻在这件事情上最可疑，因为第一，他是那时外交事务最高负责人，与外国人交往最多；第二，庆亲王奕劻对于清廷没有从他的孩子中选择王位接班人相当不满，因为他的儿子载振远较溥儁优秀，仪表堂堂，能力也不错，再后来的政治变革、政治生活中可以观察到这是一个不错的苗子。

载振的障碍有两点，一是年龄偏大，他生于1876年，仅比光绪帝小五岁；第二，载振与光绪帝载湉同辈，过继为大阿哥显然不合适。但是从当时要设大阿哥的理由看，主要是因为光绪帝在戊戌事件后身体不佳、情绪不好，有撂挑子的意思。再一个就是光绪帝已经结婚十年，还没有龙子龙女。至于同辈，其实也不是根本障碍，光绪帝与同治帝就是同辈，并不影响光绪帝继位，关键是清廷的解释。

至于为什么庆亲王家没有在这场竞争中脱颖而出，反而让一个并不显山露水的端郡王家占了优势。我在阅读相关史料时觉得唯一的原因不应该从端郡王方面分析，而是因为庆王爷在政治高层太久了，自1884年至今十六年了，风头出尽，拉拢了一些人，得罪了更多人，两人之下，万人之上，因而在1899年最后几天清廷履行最原始的军事民主，由慈禧太后向各位王爷、各大家族征询意见时，在以某种方式对大阿哥选拔时，庆王爷不招人待见，太顺理成章了。这当然只是一个推测，并没有史料作支撑。不过历史上常见的现象是，越是重大问题，越是关键史料，越是无影无踪，历史总是有意无意考验历史学家的智力。